契丹仏教史の研究

藤原崇人

法藏館

口絵1　慶州釈迦仏舎利塔（バイリン右旗ソボルガソム）

口絵 2　上京城址（バイリン左旗林東鎮南郊）
　　　　上：伝観音菩薩像　中：城壁断面　下：城址西壁

口絵3　奉国寺（錦州市義県）　上：大雄殿正面　下：大雄殿内の過去七仏坐像

口絵4　中京大塔（赤峰市寧城県）　下：中京朱夏門址より北に大塔を望む

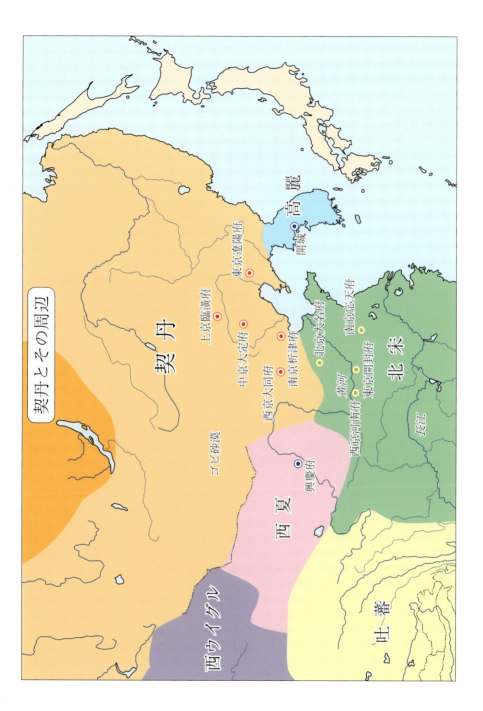

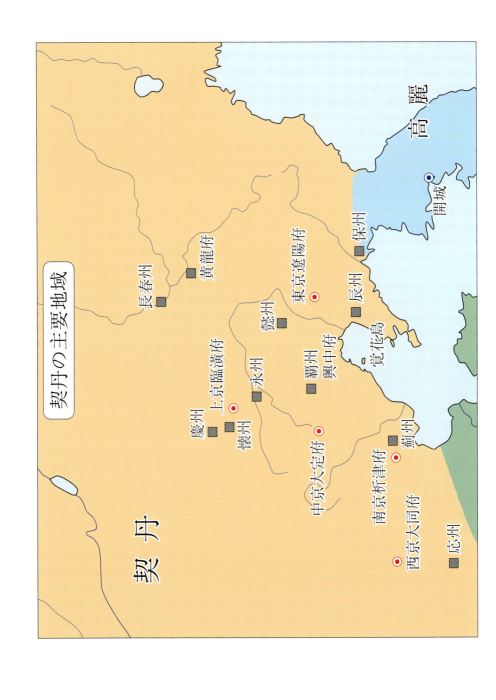

契丹帝系図

※円内のアラビア数字は即位順次，廟号・尊号の次は契丹名〔字または小字〕，（ ）内は漢諱を示す。破線囲みは未即位者。

契丹仏教史の研究

*

目次

序　論

I　問題の所在……………………………………………………… 3

II　研究史……………………………………………………………… 8

III　研究の視座と方法…………………………………………………12

IV　構成………………………………………………………………17

第1章　契丹帝后の崇仏の場──興宗朝における慶州の位相──

はじめに…………………………………………………………………20

I　慶州白塔発現の文字史料…………………………………………21

II　慶州における僧録司の存在………………………………………25

III　契丹僧官の設置箇所とその基準…………………………………29

IV　慶州白塔の建立と章聖皇太后……………………………………35

（1）　白塔建立事業に見る慶州と興宗只骨政権　35
（2）　興宗朝における章聖皇太后の立場　38

V　慶州僧録司設置の背景……………………………………………41

（1）　聖宗追善の場としての慶州　42
（2）　捺鉢の拠点としての慶州　43

小結………………………………………………………………………45

第2章　契丹皇帝と学僧──道宗朝の学僧鮮演とその著作をめぐって──

はじめに…………………………………………………………………51

I　「鮮演墓碑」について………………………………………………52

II　鮮演とその周辺……………………………………………………53

III　学僧と捺鉢………………………………………………………60

IV　鮮演の著作と高麗義天……………………………………………67

小結………………………………………………………………………74

〔附〕鮮演墓碑…………………………………………………………85

第3章 契丹皇帝と菩薩戒——菩薩皇帝としての道宗——

はじめに……………………………………………………………89

Ⅰ　契丹後期における菩薩戒認識……………………………90

Ⅱ　内殿懺悔主………………………………………………94

　（１）　内殿懺悔主の任用僧　94

　（２）　内殿懺悔主の創置意図とその位置付け　98

Ⅲ　御製『発菩提心戒本』…………………………………102

Ⅳ　内殿における伝戒の意義………………………………105

小結…………………………………………………………112

第4章 契丹の授戒儀と不空系密教

はじめに…………………………………………………………118

Ⅰ　契丹の授戒儀……………………………………………119

　（１）　雲居寺志仙記『発菩提心戒一本』（志仙本）　119

　（２）　志仙本と『発菩提心戒本』　122

　（３）　仏宮寺木塔発現『受戒発願文』（仏宮寺本）　128

Ⅱ　志仙本・仏宮寺本と不空訳『受菩提心戒儀』………131

小結…………………………………………………………138

第5章 契丹仏塔に見える密教的様相——朝陽北塔の発現文物より——

はじめに…………………………………………………………146

Ⅰ　北塔の概要………………………………………………147

Ⅱ　重熙年間における北塔の修復と仁寿舎利塔………149

　（１）　北塔修復の体制　149

　（２）　覇州官民の北塔に対する認識　151

Ⅲ　地宮奉納石経幢と慈賢の訳出陀羅尼………………155

　（１）　地宮奉納石経幢の概要　155

　（２）　石経幢上の慈賢訳出陀羅尼　158

目　次　v

Ⅳ　地宮奉納石経幢の幢座浮雕……………………………………… 164

小結………………………………………………………………… 169

第6章　立体曼荼羅としての契丹仏塔

はじめに……………………………………………………………… 176

Ⅰ　中京大塔の概要………………………………………………… 176

Ⅱ　中京大塔初層壁面の尊像……………………………………… 180

（1）　主尊坐像　180
（2）　脇侍立像　184

Ⅲ　契丹の過去七仏と八大菩薩曼荼羅…………………………… 189

Ⅳ　中京大塔初層壁面の語るもの ──結びにかえて──………… 194

結　論………………………………………………………………… 208

初出一覧……………………………………………………………… 215

史料・文献一覧……………………………………………………… 216

あとがき……………………………………………………………… 226

索　引………………………………………………………………… 229

契丹仏教史の研究

凡　例

1. 引用史料や参考文献の一部は下記のとおり略号で表記している。これらの書誌情報は巻末の「史料・文献一覧」にも示している。

略　号	正式書名・編著者・刊行元・刊行年次
『上京碑刻』	劉鳳翥・唐彩蘭・青格勒編『遼上京地区出土的遼代碑刻彙輯』社会科学文献出版社，2009年
『遼文』	向南編『遼代石刻文編』河北教育出版社，1995年
『遼文続』	向南・張国慶・李宇峰輯注『遼代石刻文続編』遼寧人民出版社，2010年
『遼碑』	王辰晶編『遼寧碑誌』遼寧人民出版社，2002年
『山碑』	山西省考古研究所編『山西碑碣』山西人民出版社，1997年
『北拓』	北京図書館金石組編，『北京図書館蔵中国歴代石刻拓本彙編』中州古籍出版社，1990年
『図志』	梅寧華主編『北京遼金史迹図志』北京燕山出版社，2003，04年
『大正蔵』／T.	高楠順次郎等監『大正新脩大蔵経』1924-34年
『続蔵』	中国仏教会影印卍続蔵経委員会『卍続蔵経』1968年
『秘蔵』	山西省文物局・中国歴史博物館編『応県木塔遼代秘蔵』文物出版社，1991年
『房山』	中国仏教協会編『房山雲居寺石経』文物出版社，1978年
『房山遼金』	中国仏教協会編『房山石経 遼金刻経』中国仏教図書文物館，1986-93年
『北塔』	遼寧省文物考古研究所・朝陽市北塔博物館編『朝陽北塔 考古発掘与維修工程報告』文物出版社，2007年

2. 本文中において契丹の歴代皇帝は「契丹名」もしくは「廟号（尊号）＋契丹名」で表記するが，章題では「廟号」のみを用いている。各皇帝の廟号（尊号）・契丹名・漢名は「契丹帝系図」を参照のこと。

序　論

I　問題の所在

　9世紀半ばから10世紀初頭にかけての東部ユーラシア[1]では，ウイグル，吐蕃，そして唐王朝が相次いで瓦解したことによって旧来の国際秩序が崩壊し，これ以後，新たな勢力による秩序の構築が促された。いわゆる「中華」と称される地域には軍閥割拠の五代十国時代を経て北宋王朝が誕生し，河西地域にはタングートの西夏が，その西方の天山山脈東部にはウイグルの亡命政権である西ウイグル王国がそれぞれ成立した。そしてウイグルの崩壊によって権力の空白地帯となったマンチュリアおよびモンゴリア東部をおさえたのが契丹（キタイ Khitai　907-1125）[2]であった。

　10世紀初頭から12世紀の第1四半期にかけて中華北方の草原地帯に君臨したこの契丹については，近年の活発な考古学調査と，その調査成果の利用環境が整備されたことによって，史料状況が格段に良好化している。2011年9月から2012年9月にかけて，福岡を皮切りに，静岡，大阪，東京を巡回した「草原の王朝　契丹」展は，かかる現状をうけて開催された画期的な展観であった。120余点が出品された本展観において，目玉であったトルキ山古墓（内モンゴル・通遼市ホルチン左翼後旗）の出土文物と並んで，あるいはそれ以上の存在感を示していたものが，慶州釈迦仏舎利塔（内モンゴル・赤峰市バイリン右旗ソボルガソム）より見つかった一連の仏教文物である。塔頂の覆鉢内に安置されていた精緻な細工をこらした法舎利塔（経筒），そのなかに納められた金銀製の陀羅尼経板と雕印経典類，塔内各層に置かれた大理石の彩色涅槃像など，契丹において仏教が熱心に信奉されていた状況を容易に想像させる品々と言える。

　まさしく契丹は一面において草原の仏教国であった。本書では，その後期（おおむね興宗只骨朝以降）に顕著となる政権と仏教の結びつき，および

PL.1 耶律阿保機像（遼上京博物館前）

当時における仏教信仰の様態を，石刻などの第一次史資料を活用して具体化する。

本題に入るに先立ち，まず契丹と仏教の関係を概観しつつ問題の所在を明らかにしたい。

契丹はもともと大興安嶺南麓を東西に流れるシラ＝ムレン（潢河，西拉木倫河）流域に遊牧していた契丹族がうちたてた国家である。契丹族の存在はすでに4世紀頃には知られており，北魏（386-534）の歴史をつづった『魏書』のなかにその名が見える。

契丹と仏教の関わりは早期から確認される。唐の天復2年（902）9月，太祖阿保機の即位以前，彼がまだ迭刺部のイルキンであったときに，シラ＝ムレン流域の南方に龍化州を造営し，州内に開教寺を建てた。「開教」の寺額は本寺が契丹社会において最初に建立された寺院であることを示唆する。龍化州内には大広寺という寺院もあり，909年4月に阿保機は左僕射の韓知古に命じて本寺に功徳碑を建立させている。また912年には河北方面に侵攻した際に捕虜とした50人の僧を西楼（上京臨潢府の前身）に連行し，ここに天雄寺を建てて住まわせた。契丹草創期におけるこのような仏教の導入は，「漢城」に移住させた漢人たちの人心掌握や安撫を主目的としたものと思しく，阿保機をはじめとする契丹人自身の仏教に対する熱心な志向を意味するものとは断じ難い。

太宗堯骨から景宗明扆までの時期における仏教の存在もそれほど目立つものではない。もちろん各種の金石書や石刻図録には当該時期の紀年をもつ仏教石刻（経幢など）を認めることができるが，その数量は明扆以後の時代のそれに比べると明らかに少ない。とくに目をひく事柄と言えば，明扆が昭敏なる僧を重用してこれに「三京諸道僧尼都総管」という肩書きと侍中の官を与えたことである。昭敏の詳細は不明であるが，彼については

「左道を以て徳を乱す」（『遼史』巻9 景宗紀賛語 p.105）と記されており，邪な呪術を用いたいわゆる「妖僧」の類であった。明扆は長子を文殊奴（のちの聖宗），次子を普賢奴，四子を薬師奴と名付けており（同書 皇子表 pp.986-988），帝が仏教を信奉していたことは間違いないようである。

政治・軍事の両面に通暁した母后（景宗睿智皇后蕭燕燕）の領導のもとに契丹の最盛期を創出した聖宗文殊奴が在位50年で崩御すると，皇統は興宗只骨（文殊奴の嫡子），道宗査剌（只骨の嫡子），天祚帝阿果（査剌の嫡孫）へと受け継がれた。この3代においては，内に皇族の不和が生じ，外にタタル諸部の離反が相次ぎ，徐々に国力が衰退していった。ついにはマンチュリアより勃興して「大金」を建てた女真（ジュシェン）族の攻撃をうけて阿果がとらわれ（1125年），ここに契丹は瓦解した。

この際，阿保機の8世の孫にあたる耶律大石が衆を率いて西に逃れた。大石は中央アジアに割拠するトルコ系のカラハン朝を破り，チュー河畔のフス・オルド（キルギス共和国トクモク付近）を拠点に契丹を再興して，グル＝カンを称した。第二次契丹政権と言うべきこの国家は，第3代のチルク（在位1177-1211）が娘婿のクチュルクに篡位されるまで，約80年にわたって中央アジアに耶律の皇統を保ったのである[3]。

興宗只骨から天祚帝阿果へ，安定から衰退・瓦解に至るこの時期は，契丹が東部ユーラシア随一の仏教国として最も強い輝きをはなった時期である。上は皇帝から下は庶民に至るまで国をあげて仏教に傾倒していたと言ってよい。

国内各地には寺院や仏塔[4]が軒を連ね，盛んに仏事が営まれた。遼西（遼寧西部）地域や燕雲（北京，河北・山西北部）地域などは唐代もしくはそれ以前から仏教信仰の盛んな場所であるが，契丹時代においてその標識となる史資料上の事象——寺院仏塔の創建・重修や経幢の建立など——は只骨朝以降に顕著となる。つまり通時代的に仏教に対する信仰の篤いこれらの地域においてさえ，その盛行の痕跡は只骨とそれ以降の時期に集中している。契丹のとくに後期における存在形態や，当時の東部ユーラシアにおける契丹の位置付けを正確に理解するためには，ここに行われた仏教の

存在を無視して通ることはできないのである。

　只骨と査剌の時期を中心に，仏教学研究すなわち教学が盛んとなり，これを担う学僧を数多く輩出している。彼らは唐代の教学を受け継いで華厳・唯識・律・密教などの研究に従事し，関連の著作を次々に刊行した。これらの著作の一部は高麗や北宋さらには日本にももたらされ[5]，また西ウイグルにも伝わっている[6]。

　この頃には僧俗ともに受戒可能な菩薩戒に対する志向も顕著となっており，燕京の慧聚寺（現戒台寺）にいた法均をはじめとして多くの伝戒僧が活躍している。

　契丹を代表する仏教事業として知られる『契丹大蔵経』（『契丹蔵』『遼蔵』）の雕造と，房山雲居寺（北京市房山区）刻経が促進されたのもこの時期である。

　前者『契丹大蔵経』は契丹が国家の威信をかけて刊行した仏典の一大集成である。大蔵経は早くも南北朝期にそのすがたを認めることができ，唐代に至ると「5048巻480帙」というひとつの基本形ができあがった。唐代までの大蔵経は写本であったが，宋代以降は印刷技術の進展により木版印刷本が主流となる。開宝4年（971），北宋の太祖趙匡胤（在位960-76）は征服してまもない蜀（四川）の地において占領地政策の一環として大蔵経の雕造を命じた。これは太平興国2年（977）に至って完成し，一般的には年号をとって『開宝蔵』と呼ばれている。北宋朝廷はこの『開宝蔵』（5048巻＋新訳経典41巻）を高麗，西夏，日本などの周辺諸国に賜与したが，契丹に対しては「書禁」を設けている関係でこれを与えなかった。そこで契丹は燕京の弘法寺を官営の印刷施設として独自に『大蔵経』の雕造を行った。開版の時期については聖宗文殊奴の時期と興宗只骨の時期の二説があるが，後説の方が有力である。

　従来『契丹蔵』の実物は確認されておらず，「幻の大蔵経」と呼ばれていた。ところが1974年に契丹時代の木造仏塔として著名な山西省朔州市応県の仏宮寺木塔の第四層に安置された釈迦如来坐像の胎内より数多くの仏教典籍が見つかった。このなかに『開宝蔵』の版式とは異なる千字文番号

を付した経典が含まれており、これらが『契丹蔵』の一部であることが判明したのである。当該経典に見出せる鋭角な字体で整然と雕印された経文と巻首に描かれた精緻な仏画は、契丹が北宋に対してひけをとらない高度な仏教文化を築き上げていたことを実感させる。

PL.2 房山雲居寺

『契丹蔵』雕造の背後には、東部ユーラシアに君臨する仏教大国としての契丹の強烈な自負を読み取ることができるのである。

　後者の房山雲居寺における刻経は、隋の幽州智泉寺の僧静琬が、末法の到来に備えて仏典を保存するべく開始した一大護法事業である。安史の乱や会昌の廃仏により中断した時期もあるが、契丹、金を経て元に至るまで綿々と続けられた。只骨は重熙7年（1038）に内帑金を出して刻経事業の長期的継続を図り、そのかいあって清寧3年（1057）に四大部経（涅槃・華厳・般若・宝積）の刻経が完了した。査剌もまた資金を提供して四大部経に続く刻経を助成している。この当時の刻経において下敷きとされたものが『契丹蔵』であった。

　上述の『契丹蔵』の雕造と房山雲居寺の刻経にも読み取れるように、只骨朝以降において政権と仏教は不可分の関係にあった。この事実はすでに指摘されているが、そのありかたについての個別具体的な考察はいまだ十分とは言えず、さらに考察の視点そのものにも不足を感じる。

　たとえば、契丹の仏教を特徴付けるひとつの事象として、華厳をはじめとする教学の隆盛がある。従来は教学自体の傾向やありように関心が寄せられ、それらの担い手である学僧の存在形態や彼らと政権との具体的な関係については、ほとんど踏み込まれていない。

また当時の社会においては，皇帝をはじめとする契丹支配階層を巻き込んで菩薩戒の授受（伝戒）が盛行したが，かかる事象は，近年石刻史料の利用環境が整備されるなかでようやく認識されるようになったものであり，その実態や位置付けについての議論が尽くされていない。

くわえて，そもそも只骨朝以降の政権と仏教の関係を考えるうえでは，当時における権力構造や，契丹がその末年まで保持していた遊牧系国家としての性格を無視することはできない。かかる特性が仏教への対応においてどのように具体化したのか，従来の研究においては，この視点と疑問に対する関心が概して希薄であったと言わざるを得ない。

いまひとつ問題となるものが当時の仏教信仰の様態である。ここでいう「信仰」とは，純粋な意味でのそれであり，仏・菩薩などの尊像や経典の所説にすがり，そこに何らかの利益を求める行為を指している。従来，契丹に展開した仏教の主流は，おおむね教学の傾向から帰納的に求められていた。たしかに教学には社会的要請の産物という側面も認められるため，大勢の把握には一定の役割を果たすことができるが，具体像を描き出すことはなかなか困難である。ここでは在地の史資料に基づく個別的なアプローチがどうしても必要となるのである。

II　研　究　史

7世紀から10世紀まで存在した唐は，よく知られているとおり，一時的とはいえ東部ユーラシアの大半を勢力圏におさめ，「世界帝国」と呼ぶに相応しい偉容を誇った。この唐という時代は中国仏教のひとつの到達点でもあり，華厳，唯識（法相），律に加え，禅や浄土教といった実践的・大衆的仏教，そして新たに系統付けられた密教（いわゆる「純密」）など多種多様な信仰が花開き，それにともなう教学研究が盛んに行われた。

この唐に展開した仏教の時代的継承に関して，従来は「唐→五代→北宋→南宋→元」という五代から南北両宋を経て元へと至る系譜を想定することが一般的であった。これはつまり唐および元との時代的連続性を漢族政権の宋に求めるものであり，中華王朝史観に則した視座と言える。これに

相対する視座を提示したのが竺沙雅章である。竺沙は南北両宋を経由する上記の系譜を「南方の流れ（南流）」と見なし，これと併存する「北方の流れ（北流）」として「唐→五代→契丹→金→元」という系譜の存在を指摘し，さらにこの「北流」においてとくにその起点となった契丹の存在に注目した［竺沙雅章2000］。これは従来の中華王朝を主体とする中国仏教史研究に一石を投じる重要な視座であり，また本書の背景を形成するものである。

では，契丹における仏教の具体像はいかなるものであったのか。まず信仰および教学の傾向に関して，鎌田茂雄［1965：604-618，2001：248］は華厳と密教をあげ，とくに華厳教学については唐・澄観のそれを受け継いでいたことを述べた。竺沙雅章［2000A］は応県の仏宮寺木塔および河北の天宮寺（唐山市豊潤区）より見つかった華厳典籍の分析を通じて契丹における澄観教学の継承を裏付ける。また竺沙は唯識（法相）への志向を具体化し，さらに従来等閑視された禅への対応を明らかとしている［竺沙雅章2000C，同2010］。なお朱子方・王承礼［1990］は華厳と密教にくわえて浄土教の発達著しいことを述べるが，現存史料による限り，浄土教が華厳・密教に比肩する立場にあったと断ずることは難しいように思われる。密教に関しては，松永有見［1930］が当時の密教学僧の著作に内在する金剛界法（『金剛頂経』系統の密教）への志向を指摘し，木村清孝［1992：260-265］はその学僧のひとり覚苑の著した『大日経義釈演密鈔』を分析し，彼の密教思想に華厳教学の影響を見出した。総じて契丹は顕・密二教の双修ないし融合の進んだ時代であったと言える。

『契丹蔵』については，はやく妻木直良［1912］がその雕造年代や蔵経の組織について考察を加えている。1974年に応県仏宮寺木塔から『契丹蔵』の残巻が発見されたことで実物に即した研究が可能となった。竺沙雅章［2000D］は仏宮寺木塔発現の千字文番号を付した12経典のうち7経典を『契丹蔵』の現物と認めた。また本蔵経の開版時期については聖宗文殊奴朝とする説［閻文儒・傅振倫・鄭恩淮1982］と興宗只骨朝とする説［羅炤1983］に分かれるなか，前者の文殊奴朝説に疑問を呈し，この時期に蔵

経が存在していたとしても，それは印刷本ではなく書写本である可能性が高いとする。さらに竺沙は房山石経を利用して『契丹蔵』の版本上の位置付けを行い，これが唐代の標準的な写経の系統をひく大蔵経であることを指摘した［竺沙雅章2000E］。中純夫［1996］は仏宮寺木塔発現の『契丹蔵』と見なされる経典を房山石経中のそれと対校し，双方の親近性を確認している。

　つぎに契丹の世俗社会と仏教の関係について。言うまでもなく当時の仏教は菩薩道につとめる「大乗仏教」であるから，これは僧尼の独占物ではなく，世俗社会に属する人々とも密接な関わりをもつことになる。

　田村實造［1937］は当時の寺院が信仰の中心であるのみならず，居民の交歓・遊楽の場であったこと，そしてこれが社会の上層と下層の融和混合を図る媒体として機能していたことを指摘する。井上順恵［1981］は寺院と庶民を結ぶ紐帯となった世俗者の信仰組織「邑会（千人邑会）」に注目し，その性質を考察している。

　政権を担う皇帝以下支配階層との関係も重要となる。野上俊静［1953A］は契丹が一代の国是として崇仏政策を敢行し，とりわけ聖宗文殊奴，興宗只骨，道宗査剌の三帝における崇仏が最も甚だしく展開したことを述べる。そのうえで契丹社会における契丹人と漢人が仏教を紐帯として結ばれていたとし，その背後に民族的・階級的差別観のない仏教をもって国内諸民族の融和を図ろうとした契丹朝廷の意向を見出した。本論考を収録する野上俊静［1953］は神尾弌春［1982］とともに数少ない契丹仏教史研究の専門書である。谷井俊仁［1996］は野上の説をうけて契丹政治史のなかに仏教を改めて位置付ける。聖宗文殊奴とそれ以降の皇帝の崇仏のありかたを分析し，文殊奴の信仰はいまだ個人としての志向の範疇にとどまっていたが，興宗只骨に至って国家・政権規模でこれが推進されたことを述べる。また「澶淵の盟」の締結後，契丹皇帝の権威付けが従来の対外積極策から仏教にシフトしたとの見解を示している。

　支配階層と寺院との関係については，宿白［1985］が天津市薊県に現存する独楽寺をとりあげ，これが契丹随一の漢人名族である韓氏一族（草創

期の功臣韓知古の血統）の外護寺院である可能性を指摘し，張暢耕・寧立新・支配勇［2001］は応県の仏宮寺木塔を興宗只骨の皇后蕭撻里の所建と考える。

仏教を介在させた対外関係については，竺沙雅章［2000H：72-76］が契丹と宋および高麗における仏典流通のありようを俯瞰し，西脇常記［2009：逆頁113-134；203-231］や松井太［2013：64-66］は西ウイグルにおける契丹の仏典の流入を論じる。横内裕人［2008A・B］や上川通夫［2012］は契丹を含めた東部ユーラシアの国際関係に着目し，そのなかに中世日本の仏教を位置付ける。

近年は石刻や寺院・仏塔の発現文物といった第一次史資料を活用した研究がようやく本格化しつつある。先に挙げた竺沙雅章の一連の研究はその嚆矢と言えるものである。

藤原崇人［2003］は慶州釈迦仏舎利塔より発見された建塔碑を用いて仏教都市としての慶州の位相を論じる。古松崇志［2006A］はこの慶州釈迦仏舎利塔の建立目的を探り，相輪樘覆鉢内に奉納された陀羅尼経板を手がかりとして，本仏塔が聖宗文殊奴の追善供養を最大の目的として建立されたものであることを明らかとする。また古松崇志［2006C］は燕京慧聚寺（北京市戒台寺）にのこる契丹屈指の伝戒僧・法均の遺行碑に注目し，その詳細な分析を通じて，上は皇帝から下は庶民に至るまで当時の契丹社会に広く認められる菩薩戒への傾倒を具体化している。藤原崇人［2009A］はこの菩薩戒に関連して，房山石経と応県の仏宮寺木塔の発現経典に含まれる契丹の授戒儀（授戒作法）を分析し，そこに唐の不空 *skt.* Amoghavajra の製した儀軌の影響を見出した。藤原崇人［2010］は内モンゴル東部で見つかった鮮演の墓碑を手がかりとして，道宗査刺と学僧の結びつきの具体相を提示する。大原嘉豊［2006］は朝陽北塔に注目し，その壁面装飾と奉納文物に対する分析から，釈迦信仰の基盤のうえに存する華厳と密教そして禅の兼修を指摘し，文字史料によって明らかとされた契丹仏教の傾向を美術史的観点から裏付ける。藤原崇人［2011］は同じく朝陽北塔の奉納文物の分析を通じて，その所在地（覇州＝朝陽市）における本仏塔の位置付

けと，契丹の訳経僧・慈賢の訳出経典の影響を明らかとする。藤原崇人［2009B］は中京大定府址に現存する大塔に注目し，その壁面装飾の表意を解明するとともに，遼西から内モンゴル地域に至る仏教文化情報の伝達を指摘している。

　なお契丹時代の仏塔については，ほかに竹島卓一［1944］，竹島卓一・島田正郎［1976］，村田治郎［1988］，Steinhardt［1997］などの研究があるが，おおむね建築史的観点からアプローチしており，仏教史研究としての視座は希薄である。

Ⅲ　研究の視座と方法

　契丹時代史を研究するうえで常に悩みの種となるものが文献類において顕著となる史料量の絶対的な不足である。契丹に関わる文献史料としては，元の至正4年（1344）に順帝トゴン・テムルの勅を奉じてトクトを総裁に編纂された『遼史』を根本史料として，葉隆礼『契丹国志』，沈括『熙寧使虜図抄』など北宋使者の見聞録，そして司馬光『資治通鑑』，李燾『続資治通鑑長編』所収の関連記載，など契丹以外の人々の手に成るものがいくつか現存しているにすぎない。そのいずれもが充分な史料量を備えているとは言い難い。

　かような状況は当代の仏教史分野においてさらに深刻さを増す。どの時代にもおおむねあてはまるが，独立して仏教と道教の項目を立てる『魏書』と『元史』は例外として，その他の正史をはじめとする一般史書に仏教関連の記事を載せることは少なく，見出せるものも断片的な記載に終始するものがほとんどである。『遼史』においても，さすがに崇仏皇帝として名を馳せた興宗只骨と道宗査剌の時期には仏教に関わる記事が増えるが，全体的に見ればほかの正史とそれほど大きな差は認められない。

　一方，目を仏教史籍に転じても状況は変わらない。南宋の志磐が撰述した『仏祖統紀』は釈迦から宋代までの高僧の事績や仏教的事柄を正史に倣い紀伝体で記した書物であるが，本典籍に収める契丹関連の記事は「法運通塞志」中のわずか1例にとどまる。契丹と北宋は澶淵の盟の締結以後，

共存関係を保っていたとはいえ，両国間には厳しい書禁が設けられており，現実はさて措き，たてまえとして情報源となる仏教典籍の往来は一切認められていない。このため宋国内では契丹の仏教について公然と記すことが憚られたのであろう。

　『仏祖統紀』以外の諸々の仏教史籍も大同小異であり，契丹国内の人々のあいだに仏教がいかなる形態をとって受容・信仰されたのか，そしてその導き手たる僧尼がどのような活動を行っていたか，その詳細を知ることは総じて困難と言える。

　このような史料的欠点を補うものこそ，各地にのこる当代の石刻や寺院（址）・仏塔から見つかった文物である。これらはいずれも契丹国内にあった人々の手によって生み出された同時代の史資料としてかけがえのない価値を有するものであり，文献史料からうかがうことの難しい在地の仏教信仰のありかたを具体的に提示してくれるのである。

　近年，これらの史資料を活用する環境が急速に整ってきている。この30年ほどのあいだに中国において契丹時代の石刻の収集整理がすすみ，その成果として史料集がいくつも公刊されている。主なものをいくつかあげると，まずその草分け的なものとして陳述編『全遼文』（陳述［1981］）がある。各種文献史料に加えて石刻を採録し，歴史語言研究所・北京大学・中国国家図書館（旧北京図書館）それぞれの所蔵拓本や金石書より刻文を移録する。仏教石刻は228碑ある。石刻に特化した史料集としては向南編『遼代石刻文編』（『遼文』）と向南・張国慶・李宇峰輯注『遼代石刻文続編』（『遼文続』）がある。陳述［1981］と重複する史料もあるが，2008年までに発見された石刻はこの2冊にほぼ網羅されている。ただし両書ともに石刻の録文を主体とし，拓影は巻頭に数碑を提示するにとどめる。仏教石刻は『遼文』が206碑，『遼文続』が90碑，計296碑を数える。

　石刻を利用する際には上記の先行録文と原碑を照合することが理想であるが，各地に散在する原碑をすべて実見することは物理的になかなか難しい。そこで拓本写真つまり拓影を活用することになる。拓影の提示を眼目とする史料集には，まず北京図書館金石組編『北京図書館蔵中国歴代石刻

拓本彙編』（『北拓』）がある。中国国家図書館が所蔵する各時代の石刻拓本の図録であり，その第45冊に契丹が割り当てられている。仏教石刻は86碑を数える。梅寧華主編『北京遼金史迹図志』（『図志』）は北京地域に現存する契丹・金両時代の遺跡文物と石刻を採録する。上冊に遺跡文物の図版と拓影，下冊に拓影と録文を収める。契丹の仏教石刻として33碑を認める。その研究篇として北京遼金城垣博物館［2005］がある。内モンゴル所在の石刻については蓋之庸編『内蒙古遼代石刻文研究』（蓋之庸［2002］）と劉鳳翥・唐彩蘭・青格勒編『遼上京地区出土的遼代碑刻彙輯』（『上京碑刻』）をあげることができる。前書は拓影と録文に加えて語注を付す。仏教石刻は21碑を収める。後書は拓影と録文および契丹文字墓誌の研究篇で構成される。拓影がなく録文のみの史料もある。最近公表された史料を含むため，前書に比べて墓誌類の収録数が増えている。一方で仏教石刻の数は大幅に減っており，拓影が2碑，録文のみのものが6碑，あわせて8碑である。このうち1碑は前書に未見のものである。『図志』，蓋之庸［2002］，『上京碑刻』はいずれも特定地域に所在する石刻に対象を限定しているが，『北拓』に未収録のものも多く，その利用価値は高い。仏教石刻の一大集成と言うべき房山石経については中国仏教協会編『房山雲居寺石経』（『房山』）と同『房山石経 遼金刻経』（『房山遼金』）があり，後書には契丹とこれに続く金において刻された石経の拓影が全て収録されている。

　また，現在に至るまで各地にのこる契丹時代の陵墓や寺院（址）そして仏塔の発掘調査が活発に行われるなか，そこにおいて発見された文物が次々に公表されている。一般的には『文物』をはじめとする考古系雑誌に初期報告や簡報が掲載されたのち，数年ないし十数年を経て刊行される最終報告書に詳細なデータを添えて図版化されることが多い。

　以下，主要なものをあげる。山西省文物局・中国歴史博物館編『応県木塔遼代秘蔵』（『秘蔵』）は『契丹蔵』研究の進展に大きく寄与した応県仏宮寺木塔発現経典の図版を全て収録したものである。陳明達編『応県木塔』（陳明達［2001］）および楊新編『薊県独楽寺』（楊新［2007］）は構成が似ており，前書は仏宮寺木塔の構造図面と塔の内外部の図版，後書は聖宗

文殊奴の時期に重建された独楽寺（天津市薊県）の構造図面と寺の内外部の図版より成る。ともに寺・塔の内部に安置された尊像や壁画の図版を収め，契丹仏教美術の解明に貴重な資料を提供する。遼寧省文物考古研究所・朝陽市北塔博物館編『朝陽北塔 考古発掘与維修工程報告』（『北塔』）は興宗只骨の時期に重修された朝陽北塔（遼寧・朝陽市城区）の発掘調査と修復工程の報告書である。本仏塔の天宮と地宮から見つかった石刻の拓影と文物の鮮明な図版を掲げ，これらに関する基礎的考察を付す。

　博物館や展観の図録にも有用なものが少なくない。中国歴史博物館・内蒙古自治区文化庁編『契丹王朝——内蒙古遼代文物精華——』（中国歴史博物館・内蒙古自治区文化庁 [2002]）は2002年に北京の中国歴史博物館において開催された「契丹王朝——内蒙古遼代文物精華展——」の図録である。この末尾近くには聖宗欽愛皇后蕭耨斤の建立した慶州釈迦仏舎利塔（内モンゴル・赤峰市バイリン右旗ソボルガソム）より見つかった仏教文物の一部を収録する。本仏塔の初期調査報告（徳新・張漢君・韓仁信 [1994]）において不鮮明なモノクロ図版や未掲載であった文物が大サイズの鮮明な彩色図版で提示されており有用度は高い。唐彩蘭編『遼上京文物擷英』（唐彩蘭 [2005]）は遼上京博物館（内モンゴル・赤峰市バイリン左旗林東鎮）の所蔵文物の図録である。本博物館はバイリン左旗管内において見つかった契丹時代の文物を数多く保管・展示しており，このなかには上京南塔や上京北塔などの仏塔や開龍寺址などの寺院址から発見された仏教文物や石刻が含まれる。九州国立博物館編『草原の王朝 契丹 美しき3人のプリンセス』（九州国立博物館 [2011]）は，2011年9月から2012年9月まで開催された「草原の王朝 契丹」展の図録である。第4章「蒼天の仏国土」に慶州釈迦仏舎利塔の奉納文物をはじめ，内モンゴルの赤峰市・フフホト市・通遼市で見つかった仏教文物の彩色図版を掲げる。また各論3に小泉惠英「契丹仏教と皇帝」を収録する。

　本書では，上述の史資料環境と著者自身の実施した現地調査によって得られた知見を活用して，仏教が国家的規模で受容された契丹の後期，すなわち興宗只骨以降の時期における政権と仏教との関わり，およびその当時

の社会における信仰の様態を具体化し，もって仏教国としての契丹の実像に迫ることにする。

まず只骨以降の政権と仏教の関わりについては，「Ⅰ　問題の所在」の提起を踏まえ，次の３点に留意して個別具体的な考察を行うことにする。

第１点が「契丹の国家的特性」である。契丹の権力構造と，契丹がその末年に至るまで色濃くとどめていた遊牧系国家としての性質は，当時の政権と仏教の関係形成に強く作用したと考えられるのである。

第２点が「学僧」である。従来の関心は，おおむね教学そのものの方向性や色合いに注がれ，これを担う学僧個々人のありかたに対しては淡白であったと言える。しかしながら只骨以降の政権と仏教の不可分性に思いを致すとき，彼ら学僧もまた当時の政権と浅からぬ関係を構築していたことが推測されるのである。

第３点が「菩薩戒」である。菩薩戒授受すなわち伝戒の盛行は，契丹社会における仏教信仰のひとつの特色であった。かかる風潮のなかで，道宗査刺が自ら菩薩戒典籍を著して治下の伝戒僧に賜与するなど，契丹国内における伝戒は，政権と密接に結びついていたのである。

当然ながら第２点および第３点に関しても第１点を念頭に置いている。この３点に即して只骨以降の政権と仏教の関係を解き明かしたい。

つぎに当時の社会における仏教信仰の様態について。一口に「信仰」と言っても，この用語はやや抽象的であり，広義でとれば教学そのものも範疇に包括されることになろう。ただ，当時の教学の内容に関しては，鎌田茂雄をはじめ仏教学の専門家による多くの優れた先行研究があるため，専門外の著者が中途半端に口を挟むことは慎みたい。そこで本書では，先にも述べたように，出家者のみならず在俗者を含めたあらゆる人々が，仏・菩薩などの尊像や経典の所説にすがり，そこに何らかの利益を求める，純粋な意味での「信仰」に対象を絞り，そのありかたの一端を具体化したい。

ここにおいては，当時この「信仰」に不可欠の要素となっていた「密教」に注目する。密教のなかで，とくに陀羅尼は，唐代以来，僧俗を問わず多くの人々に受容され，最も身近な信仰であったと言える。契丹におい

ても陀羅尼を刻した経幢が盛んに建てられており，現存するものも多い。
また「純密」（中期密教）に関しても，契丹の仏塔の壁面装飾には「金剛
界法」（『金剛頂経』系密教）の尊格を用いたものが確認される。衆人可視
の仏塔壁面にかような尊格が配置されていた事実は，当時において純密も
また僧俗一般にとって卑近な存在になっていたことを示唆するのである。

　従来，契丹における密教信仰は，主として既存の教学典籍のうえに指摘
されてきた。しかし近年，契丹の仏塔の発掘調査がすすむなかで，そこか
ら密教の典籍や文物が少なからず見つかっている。また当代の仏塔の壁面
装飾は従来の契丹仏教史研究においてほとんど活用されていないが，ここ
には上述のとおり密教の尊格が多く認められる。これらの史資料を用いる
ことによって，当時の密教信仰の新たな側面を浮き彫りにすることが可能
となるのである。

Ⅳ　構　　成

　本書は6章で構成する。第1章から第3章では，契丹後期における政権
と仏教との関わりについて，第4章から第6章では，この当時の社会にお
ける信仰の様態について，それぞれ考察する。各章の考察の方向は次のと
おり。

　第1章では，慶州に建立された仏舎利塔に注目し，興宗只骨の捺鉢と宮
廷における母后蕭耨斤の立場を踏まえて，本州に在京僧官たる僧録司が設
置された要因をつきとめる。これによって契丹支配階層の崇仏の拠点とし
ての慶州の位相を明らかとする。

　第2章では，上京方面に活躍した学僧の鮮演に注目し，道宗査剌と鮮演
の関係を手がかりとして契丹後期の皇帝と学僧の結びつきを具体化する。
あわせて政権の主導下に展開した学僧の著作の対外的流通についても論じ
る。

　第3章では，道宗査剌の菩薩戒に対する主体的関与を示唆する事象，す
なわち「内殿懺悔主」の創置と『発菩提心戒本』の撰述・流布に対する分
析を通じて，契丹後期の皇帝権力と菩薩戒の関わりを明らかにする。

第4章では，契丹後期に通行した菩薩戒の授戒儀（授戒作法書）に注目し，その内容の分析から，菩薩戒の受戒という当時の僧俗一般の信仰的営みのうちに浸透していた密教的要素を指摘する。

第5章では，遼寧省朝陽市に現存する北塔をとりあげ，その天宮と地宮に奉納された文物（石刻・石経幢）の分析を通じて，本仏塔の位置付けと契丹後期における密教信仰のありかたの一面を具体化する。

第6章では，契丹の中京大定府城址（内モンゴル・赤峰市寧城県）内にのこる大塔をとりあげ，その初層壁面に配置された尊像を経典の所説と照合して尊格を特定する。これによって当該壁面装飾の表意を明らかにし，第5章の考察結果とすり合わせる。

註

(1) 「東部ユーラシア」については，研究者によって包括地域に若干の出入りがあるが，大きなくくりとして「パミール高原以東」[森部豊2010：1，廣瀬憲雄2010：30] と認識されている。本書でもこの認識に従っているが，とくには中華本土（黄河と長江の中・下流域を中心とする一帯）と河西地域，東トルキスタン，マンチュリア（大興安嶺以東），モンゴリア（同以西），チベットを意識している。

(2) 「契丹」は部族連合体の名称でもあるが，本書においては，耶律阿保機を創始者とする国家・政権としての存在を「契丹」と表記する。国号を漢風に「大遼」と改めた時期もあるが，混乱をさけるため「契丹」で統一する。ちなみに近年の契丹文墓誌研究に基づくと契丹の自称は Hulis Kitai Gur であったという [愛親覚羅烏拉熙春2006：3-4]。

(3) 耶律大石の再興した契丹（1132-1218）は漢風に「西遼」とも呼ばれる。この国家の歴史については布資須納徳 [1955]，魏良韜 [1987]，Biran [2005] などの専著があるが，厳しい史料的制約のゆえに不明な点が多い。

(4) 中国国内だけでも契丹時代において創建ないし重修された仏塔が100基以上も現存しているという [王光2006：6]。とくに遼寧省西部における現存数が多い。モンゴル国にも契丹時代の仏塔がのこっている [白石典之2008：6-10]。

(5) 竺沙雅章 [2000H：72-76]。日本については，横内裕人 [2008B：34-35] が貞治3年（1364）の東大寺東南院経蔵の聖教目録に契丹の覚苑が撰述した『大日経義釈演密鈔』10巻および同じく契丹の思孝の撰述した『菩提心戒儀』3巻が著録されていることを指摘する。

(6)　ドイツ学術調査隊が20世紀初めに将来したトルファン文書（ベルリン・トルファン・コレクション）のなかには契丹の詮明が撰述した『法華経玄賛会古通今新抄』，同『上生経疏科文』，同『弥勒上生経疏会古通今新抄』の断片が含まれており［西脇常記2009：逆頁113-134；203-231］，契丹の学僧の著作が西ウイグルに伝達していたことが分かる。また『契丹大蔵経』もここに伝えられていたことが判明している［松井太2013：64-66］。

第1章　契丹帝后の崇仏の場
——興宗朝における慶州の位相——

はじめに

　内モンゴル自治区の東部，赤峰市バイリン右旗のソボルガソムにひろがる契丹の慶州城址には興宗只骨の治世下に建立された釈迦仏舎利塔，通称「白塔」が現存している。

　慶州は只骨即位の景福元年（1031）7月に営建した「奉陵州」である。奉陵州とは契丹帝后の陵寝の維持管理に当たる州郡を指し，特定のオルド[1]に所属するいわゆる「オルド属州」である。慶州は第六代皇帝の聖宗文殊奴の陵墓（永慶陵）への奉仕を目的として，その南方約14kmの地に営建されたものであり，文殊奴の女古オルド（興聖宮）に属している[2]。奉陵州のなかには寺院の存在が確認されるものもあり[3]，ここに生活する官民の信仰の場として，さらに所管の陵墓に葬られた帝后の追善の場として機能していた。

　1988年から1992年にかけてこの釈迦仏舎利塔（以下「慶州白塔」または「白塔」と表記）の修復と内部調査が行われた際に，塔内より数多の仏教文物が見つかった。本仏塔の建立の経緯とこれに携わった人々の名を記す「慶州白塔螭首造像建塔碑」（以下「白塔碑」と表記）はそのひとつである。本碑には慶州白塔の所在地である慶州において僧官の「僧録司」が設置されていたことを示す記載が見つかる。この事実は注目すべきものである。

　僧官とは特定の地域内の仏教教団（僧尼・寺院）を管理する組織であり，早くも東晋代にその存在が確認される［謝重光1986］。制度としては，南北朝，隋，唐，五代各朝を経て，契丹にも継承された。詳細は後述するが，契丹時代には僧録司に加えて僧正・都綱の両司が置かれ，当該三司の設置対象地は一定の基準に沿って明確に区別されている。これに従うと慶州は

僧録司の設置対象地とはならず，本来は僧正司が置かれるはずであった。しかしながら実際には僧録司が設置されている。つまり慶州に関してはこの僧官設置基準が適応されていないのである。管見の限りこのような状況は本州以外には確認されない。慶州における僧録司の存在は，当該僧官が管理する僧尼・寺院を含め，仏教信仰の場としての慶州自体の位置付けが特殊なものであったことを示唆するのである。

本章では，慶州白塔の建立事業に対する分析を通じて，契丹国内における仏教信仰の場としての慶州の立場を浮き彫りにし，もって本州に僧録司が設置された要因を明らかとしたい。

Ⅰ　慶州白塔発現の文字史料

慶州白塔は慶州城址内の西北区画にそびえ立つ八角七層の楼閣式塼塔である（口絵1）。現存する契丹の仏塔の大半が密檐式塼塔であるなか，楼閣式をとる本仏塔の存在は貴重である。現高は約73m，各層の四方壁面には経幢や神将（力士）などの浮雕を配している。塔の北側には建築物の台基址と思しき土盛りが認められ［中国歴史博物館遥感与航空撮影考古中心・内蒙古自治区文物考古研究所編2002：126-133］，仏塔と寺殿が南北に連ねて築かれていたようである。

慶州白塔には建立以後，幾度となく修復の手が入っている。塔内各所にのこる題記（題刻）に基づくと，契丹では大康6年（1080）と乾統5年（1105）の両次において，くだって清代では光緒26年（1900）において重修されている［張漢君・張暁東2000］。現在我々が目

PL.3　慶州白塔の東南にのこる陀羅尼経幢

にする慶州白塔は，先述のとおり1988年から1992年にかけて行われた内部調査を兼ねた修復工事を経たものである。

「はじめに」で触れた「白塔碑」は，慶州白塔の相輪樏覆鉢内下部の利座において刹杆の南側に安置されていたものである。碑額に施された龍（螭）の雕文に基づき「慶州白塔螭首造像建塔碑」と呼ばれる。同じく刹杆をはさんで北側には本仏塔の造営に従事した官僚や工匠たちの姓名・肩書きを記した石刻が安置されていた。上円下方の形態をとるためこちらは「円首建塔碑」と呼ばれている。この両碑のほかにも仏像・仏具・法舎利・経巻・経板・器皿など多数の文物が見つかっている。発現文物のあらましと細目については徳新・張漢君・韓仁信［1994］を参照されたい。現在これらの文物はバイリン右旗博物館と赤峰市博物館に移管され，一部が展示されている。

「白塔碑」は碑座・碑身・碑額の三部で構成されており，通高は約112cm である。碑座は高さ17.5cm，幅54.3cm，厚さ27.5cm。碑身は高さ73.2cm，幅42.5cm，厚さ9cm。碑額は高さ21cm，幅48cm，厚さ9.8cm。碑額の中央部には龕室を穿ち，そのなかに釈迦の坐像と阿難・迦葉両仏弟子の立像を彫り込み，龕室の周囲には龍を浮き彫り（浮雕）にする。

「白塔碑」は碑陽単面に12行340字を刻記し，碑側面にも1行9字の記名が認められる。拓影は徳新・張漢君・韓仁信［1994：21］，張漢君［1994：476］，蓋之庸［2002：389］などに収める。以下に録文と書き下し文を掲げておく。便宜上，行頭にアラビア数字で行番号を付している。

1　南閻浮提・大契丹国章聖皇太后，特建釈迦仏舎利塔。自重熙十六年二

2　月十五日，啓土開掘地宮，四月十七日，下葬舎利。積功至十八年六月十五日，及第七級，幷随

3　級内葬訖舎利。当年七月十五日，於相肚中，安置金法舎利，幷四面安九十九本根竿

4　陀羅尼及諸供具，莫不依法，臻至厳潔，安置供養。今具奉

5 宣提点・勾当職官員位・姓名如後。玄寧軍節度使検校太師守右千
　　牛衛上将軍提点張惟保。
6 威勝軍節度使検校太師勾当馬璋。威武軍節度使検校司徒同勾当郭
　　進。
7 越州観察使検校司空提点銭帛孫素。閑厩使検校右散騎常侍勾当工
　　匠侯外安。
8 右奉宸雑勾当李用和。前提轄使同勾当銭帛王懐信。
9 慶州僧録宣演大師賜紫沙門蘊珪。慶州前僧録宣教大師賜紫沙門道
　　清。
10 慶州前僧録崇教大師賜紫沙門普勒。慶州僧判官善利大徳沙門従教。
11 塔主講法華上生経精修大徳沙門守恒。塔主講経業論沙門巨峯。
12 重熙十八年歳次己丑七月壬辰朔十五日丙午記。
　　（碑側記名）鐫字人寇文宝・崔従善。

南閻浮提・大契丹国の章聖皇太后，特に釈迦仏舎利塔を建つ。重熙十
六年二月十五日より，土を啓き地宮を開掘し，四月十七日，舎利を下
葬す。積功して十八年六月十五日に至り，第七級に及び，幷せて随級
内に舎利を葬し訖わる。当年七月十五日，相肚中に，金法舎利を安置
し，幷せて四面に九十九本桱竿陀羅尼及び諸供具を安ずること，法に
依らざる莫く，臻至厳潔として，安置供養す。今 宣を奉じて提点・
勾当たる職官の員位・姓名を具うること後の如し。玄寧軍節度使検校
太師守右千牛衛上将軍提点張惟保。威勝軍節度使検校太師勾当馬璋。
威武軍節度使検校司徒同勾当郭進。越州観察使検校司空提点銭帛孫素。
閑厩使検校右散騎常侍勾当工匠侯外安。右奉宸雑勾当李用和。前提轄
使同勾当銭帛王懐信。慶州僧録宣演大師賜紫沙門蘊珪。慶州前僧録宣
教大師賜紫沙門道清。慶州前僧録崇教大師賜紫沙門普勒。慶州僧判官
善利大徳沙門従教。塔主講法華上生経精修大徳沙門守恒。塔主講経業
論沙門巨峯。重熙十八年歳次己丑七月壬辰朔十五日丙午記す。
（碑側記名）鐫字人寇文宝・崔従善。

「白塔碑」には上掲の刻記のほか，碑額と碑身の接合部に9行69字の墨書題記を見出せる。写真図版は公表されていないが，原字形を模した録文を張漢君［1994：476］が提示している。これを以下に移録しておく。□は判読困難な文字，□内の文字は判読困難ながら字形より推測される文字である。

    1   上京帰化軍左□二什将

    2   馬進等二百，奉

    3   宣建下功役。

    4   重熙十八年七月十五日。

    5   中京帰化軍

    6   郭□等四百人，奉

    7   宣建塔下功役。

    8   重熙十八年七月十五日。

    9   撫彰軍人劉王等一十人。

「円首建塔碑」の方は碑座と碑身（碑首）の二部で構成されており，通高は約68cmである。碑座は高さ9.5cm，幅40.5cm，厚さ24.6cm。碑身は高さ58cm，幅35.4cm，厚さ7cm。刻記は碑の両面に認められる。碑陽は10行160字，さらに碑上部の円首部分に7字を横刻し，その下に22字を同じく横刻する。碑陰は10行210字，さらに円首部分に10字を横刻し，その下に13字を横刻している。拓影は徳新・張漢君・韓仁信［1994：22-23］，張漢君［1994：477-478］，蓋之庸［2002：385-386］などに収める。以下に録文を掲げておく。

【碑陽】

    （碑上部に横刻）応接手勾当人等。

    （碑上部に横刻）上京帰化軍什将馬進。節級王貴。二伯人首領本典趨諫。

    1   勾当造食。東頭供奉官楊継閨。

2　勾当鋳鏡二人。前御院通進李存。右班殿直郭義方。

3　受納応用諸物二人。殿直張用之。殿直李日永。

4　六宅使・提点三窯坊高桂。

5　西窯坊二人。東頭供奉官田積善。内侍李成順。

6　東窯坊二人。左承制王行方。内侍高行善。

7　中窯坊二人。慶州知律皇甫至柔。内侍高行遠。

8　勾当焼石灰窯二人。右班殿直梁圭（宝？）。内侍李進。

9　塔下受納石灰。東頭供奉官李元吉。塔下本典王昌。

10　塔上勾当使塼。内侍大文羽□。勾当油画。殿直焦文改。

【碑陰】

（碑上部に横刻）孔目司幷諸色工匠人等。

（碑上部に横刻）塔匠都副作頭，長行共二十五人。

1　塔下行遣人等。前貢物庫副使提点行発劉約。

2　塩鉄使度支孔目官劉遂寧。慶州孔目官二人。高文素。劉廷煦。

3　塔匠都作頭寇守輦。副作頭呂継鼎。副作頭寇文宝。

4　三窯坊作頭，長行共一百二十三人。小作頭，長行二十五人。

5　東窯坊作頭王元。西窯坊作頭張璉。中窯坊作頭孫進。

6　凋木匠作頭李文顕。長行七人。鋳相輪匠作頭李顕。劉信。長行五
　　人。

7　方直作軍使鄭延信。長行八人。鍍相輪匠作頭高野里。長行六人。

8　鋳鏡匠作頭賈重仙。長行一十一人。鍛匠作頭田徳正。長行一十人。

9　画待照張文甫。作頭胡旦謹。長行七人。石匠作頭，長行共一十人。

10　貼金匠作頭陳宣。長行五人。油匠作頭高守真（貞？）。長行六人。

Ⅱ　慶州における僧録司の存在

　「白塔碑」の内容は，慶州白塔の建立における施主名と施工および完工
の年次，そして法舎利，陀羅尼，供具等の奉納の事実を記す前半部分（第
1 - 4 行）と，建立事業の責任者として提点ないし勾当の任に当たった人

26

物の姓名・官職等を列挙する後半部分（第5-11行）に分けることができる。このうち後半部分では，玄寧軍節度使の張惟保をはじめとする俗官7人の姓名と官職を挙げ，その後に次の6人の僧の名を記している。

　　慶州僧録　宣演大師　賜紫沙門蘊珪
　　慶州前僧録　宣教大師　賜紫沙門道清
　　慶州前僧録　崇教大師　賜紫沙門普勒
　　慶州僧判官　善利大徳　沙門従教
　　塔主　講法華上生経　精修大徳　沙門守恒
　　塔主　講経業論沙門巨峯

　この6人の僧のうち，蘊珪が現任の慶州僧録，道清と普勒が前任の慶州僧録，従教が現任の慶州僧判（僧録判官）であり，彼らの肩書きから慶州に僧録司が設置されていたことが分かる。僧録司は唐代のとくに元和年間（806-20）以降，おおむね在京僧官（中央僧官）として位置付けられていた。唐代には功徳使の管轄下に長安内の僧尼・寺院の事務を掌り，北宋代においては，職掌に大差はないものの，東京開封府（河南・開封市）と西京河南府（河南・洛陽市）に併置された[4]。

　「白塔碑」に刻名された6人の僧のなかで現任の慶州僧録である蘊珪に関しては，ほかの史料にもその名が現れ，人物像および履歴の一部を明らかにすることができる。契丹時代に覇州――のち興中府に昇格――と号した現在の遼寧省朝陽市の城区内には，方形十三層の密檐式塼塔二座がやや距離をおいて南北に屹立している。このうち北側に位置するいわゆる「朝陽北塔」からは，興宗只骨の重熙年間における本仏塔の重修の際に奉納された仏教文物が多数見つかっている[5]。これらの文物のうち，天宮より見つかった三重構造の経塔[6]に納められた第三重金筒に次の題記が認められる（『北塔』：71；pl.44）。

　　重熙十二年四月八日午時葬。像法只八年。提点上京僧録宣演大師賜紫

沙門蘊珪記。

　さらに本仏塔の地宮より見つかった石函（重熙13年〔1044〕奉納[7]）の蓋面に刻された『般若波羅蜜多心経』の末尾に「都提点前上京管内僧録宣演大師賜紫沙門蘊珪記」との題記が見える［『北塔』：85；96，宋暁珂2008：21］。

　上掲のふたつの題記に記名された沙門の蘊珪は，師号が一致することから明らかに「白塔碑」中の蘊珪と同一人物である。これより慶州白塔建立の責任者のひとりである慶州僧録の蘊珪は，重熙12年（1043）4月8日の段階で上京（臨潢府，内モンゴル・赤峰市バイリン左旗林東鎮南郊）僧録の地位にあり，翌13年には本職を退いていたことが分かる。

　両題記における蘊珪の肩書きには「提点」「都提点」と見えており，彼は朝陽北塔の修復事業の一環として重熙12年から同13年にかけて行われた天宮および地宮への諸供物の奉納を掌る責任者であったようである。慶州白塔の建立に際しても蘊珪は同様の任務に当たっていたと思われる。中京道の覇州に在った朝陽北塔の修復事業に，上京の僧録をつとめる蘊珪が参画していた事実は興味深く，当時における仏塔の建立ないし修復という事業が，その所在地域のみで自己完結的に行われたのではなく，他地域の仏教界との連繋のなかで実施されていたことをうかがわせる。

　なお覇州は慶州と同じく文殊奴の女古オルドの属州であり（『遼史』巻39地理志 中京道興中府覇州条，p.486），この両州に存する仏塔の建立・重修事業に携わった蘊珪は，本オルドに属する僧であったのかもしれない。

　さて，先述の如く蘊珪は重熙13年の段階で上京僧録の職をすでに退いている。「白塔碑」に目を戻すと，道清と普勒の両僧の肩書きを「慶州前僧録」と記しており，両人が前任者であったことを知らしめる。このことは僧録の職における任期の存在を示すものである。契丹時代の僧官に任期が設定されていたことは史料上に確認できる。たとえば清寧9年（1063）「奉福寺仏頂尊勝陀羅尼幢記」（『日下旧聞考』巻95 広恩寺条，pp.1587-1588）に次のようにある。

大師諱は非濁，字は貞照，俗姓は張氏。其の先は范陽の人なり。……
（重熙）八年冬，詔有りて闕に赴き，興宗皇帝賜うに紫衣を以てす。
十八年，勅して上京管内都僧録を授け，秩満ち，燕京管内左街僧録を
授く[8]。

　本幢記の主人公である非濁は『三宝感応要略録』３巻や『随願往生集』
20巻の撰者として著名な僧である[9]。非濁は重熙18年（1049）に興宗只骨
の勅によって上京管内都僧録に充てられ，のち「秩満ち」て燕京管内左街
僧録に遷っており，ここに僧官の任期の存在を読み取ることができる。そ
の期間を明示する史料は見出せないが，契丹の僧官と多くの共通点を有し，
契丹の制度をほぼそのまま踏襲したと思しき金代の僧官が３年を任期とし
ていた点より見れば（後述），これと同じと考えてよかろう。
　「白塔碑」によると慶州白塔の建立が開始されたのは重熙16年（1047）
２月15日，完工が同18年７月15日である。完工の時点で蘊珪は慶州僧録を
つとめているのであるから，僧官の任期を３年とすると，彼が慶州僧録に
着任した候補年次は，重熙16年，同17年，同18年の間となる。仮に重熙16
年に蘊珪が慶州僧録に着任したとすれば，この人事は慶州白塔の建立と連
繋したものと見ることもできる。蘊珪がこれに先立つ朝陽北塔の修復にお
いて一責任者をつとめた実績を有する点を考慮すると，この可能性も念頭
に置いておくべきであろう。
　なお『遼史』巻68 遊幸表 重熙12年８月の項に「慶州諸寺に幸し，焚香
す」と言い（p.1067），同様の記載が遊幸表の同16年７月の項にも見える
（p.1068）。興宗只骨の重熙年間中頃には慶州内に諸寺院が存在しており，
景福元年（1031）に本州が営建されて以降，州内に盛んに寺院が建立され
た状況を見て取ることができる。日ごとに増加していく寺院とここに居住
する僧尼の管理の必要性から，必然の措置として本州に僧官が置かれたの
である。

Ⅲ　契丹僧官の設置箇所とその基準

　では契丹においては全般的にどのような僧官が用いられ，また何処にこれらが設置されていたのであろうか。謝重光・白文固［1990：196-202］によると，契丹においては領域内の中心都市である五京[10]に「僧録司」を，州郡に「僧正司」「都綱司」を置くとする[11]。後者の僧正・都綱の両司が同一行政区画の州に併設されていることには注目すべきである。当然ながらここには両司の設置箇所を決定する基準が設けられていたと推測される。謝重光・白文固はこの点には触れていないが，慶州という一州郡における僧官の設置を考えるうえで，是非明確にしておく必要がある。なお「僧録」と「僧正」は唐代以前より用いられた僧官の名称であるが，「都綱」は五代の後唐において五台山僧官として使用されたほかは確認できない[12]。

　表1は石刻など諸史料から契丹の三僧官（僧録，僧正，都綱）の存在を抽出し，その設置場所を整理したものである。まず僧録司から見ていこう。この僧官の設置が確認されるのは，上京臨潢府，中京大定府，東京遼陽府，南京析津府，西京大同府の五京に慶州を加えた6カ所である。慶州を除くと僧録司の設置場所は謝重光・白文固の述べたとおりであることが確認できる。基本的に当時の僧録司は唐代と同様に在京僧官であった。

　上記の6カ所のうち南京析津府（以下，雅称に従い「燕京」と表記する）の僧録司には長官格として左右街都僧録，左街僧録，右街僧録の3人がいた。その名称より判断して，左街僧録と右街僧録は京城内の東地区（左街）と西地区（右街）に所在する寺院および僧尼をそれぞれ管理し，左右街都僧録は両者のうえにあって全体を統括する役割を担っていたと考えられる。現在のところ左街僧録と右街僧録の分設は燕京のみに認められる。この措置は，燕京が契丹国内随一の大都市として繁栄するなか，ほかの地域と比べて群を抜いて数の多い京内寺院および僧尼[13]に対する管理の便を図ったものであろう。

　つぎに僧正・都綱両司について。表1のとおり成州，覇州，応州，瀋州には僧正司，易州，順州，涿州には都綱司が置かれていた。いま各州の行

表1 契丹時代の僧官

	僧官名	設置場所	区分	年	出 典
僧録司	上京管内都僧録	上京 臨潢府	京府	清寧9年 (1063)	「奉福寺尊勝陀羅尼幢記」『日下旧聞考』95
	中京管内都僧録	中京 大定府	京府	年代不明	「中京諸寺沙門施財題名」『北拓』45：18
	東京管内僧録	東京 遼陽府	京府	大康3年 (1077)	「京西坡壜寺陀羅尼幢并記」『金石萃編』153
	燕京管内左街僧録	南京 析津府	京府	大安10年 (1094)	「大閣忠寺観音菩薩地舎利函記」『北拓』45：93
	燕京管内左街僧録	南京 析津府	京府	清寧9年 (1063)	「奉福寺尊勝陀羅尼幢記」『日下旧聞考』95
	燕京管内右街僧録	南京 析津府	京府	天慶7年 (1117)	「石経雲居寺釈迦仏舎利塔記 (碑陰)」『北拓』45：151
	西京僧録	西京 大同府	京府	大康10年 (1084)	「重修条乾河稿志」『天鎮県志』6
	慶州僧録	上京道 慶州	節度州	重熙18年 (1049)	「慶州白塔蟒首造像建塔題記」徳新・張漢君・韓仁信 [1994：21]
僧正司	成州管内僧政	中京道 成州	節度州	年代不明	「中京諸寺沙門施財題名」『北拓』45：18
	覇州管内僧正	中京道 覇州	節度州	重熙12年 (1043)	「(朝陽北塔) 塔下勾当邑人僧人題記」『北塔』：pl.38
	応州管内僧政	西京道 応州	節度州	年代不明（天祚朝）	「応州当寺沙門祈福頌文」『秘蔵』：516-520
	瀋州僧正	東京道 瀋州	節度州	重煕13年 (1044)	「塔湾無垢浄光舎利塔地宮石函銘文」『遼碑』：28-32
都綱司	易州僧綱	南京道 易州	刺史州	寿昌4年 (1098)	「大遼国燕京易州興国寺太子誕聖邑碑」『北拓』45：98
	順州管内都僧綱	南京道 順州	刺史州	開泰2年 (1013)	「浄光舎利塔経幢記」『図志』下：52
	涿州管内都僧綱	南京道 涿州	刺史州	天慶7年 (1117)	「石経雲居寺釈迦仏舎利幢記」『北拓』45：150

政区分に注目すると，成，覇，応，瀋の4州はすべて節度使を長官とする
節度州であり，一方の易，順，涿の3州は刺史を長官とする刺史州である。
つまり僧正司と都綱司は等しく州郡内の寺院・僧尼を管轄する僧官ではあ
るが，両司の設置対象は州格によって明確に区別されており，僧正司は節
度州に，都綱司は刺史州に置かれたのである。

　この設置基準は金代にもほぼ同様の形態をとって踏襲されている。金代
の僧官については南宋・張棣撰『金志』[14]浮図条にまとまった記載があり，

　　在京を国師と曰い，師府を僧録・僧正と曰い，列郡を都綱と曰い，県
　　を維那と曰い，披剃威儀は南宋と等し。……僧録・僧正は師府の僧職
　　なり。みな其の道行高き者を択び，三年を限りて一任と為し，任満つ
　　れば則ちまた別に人を択ぶ。官府を張り，人従を設け，僧尼訟う者有
　　らば，みな理めてこれを決遣す。幷びに紫褐裟を服す。都綱は則ち列
　　郡の僧職なり。また三年を以て任と為す。師号を有する者は紫を賜い，
　　無き者は常僧服の如し。維那は県の僧職なり。僧尼訟う者有らば，笞
　　以下はこれを決遣し，杖以上は幷びに僧録・都綱司に申解す[15]。

と記す。ここに見える僧録から都綱までの僧官は契丹のものと一致してい
る。宋代の州郡には都綱司を置かず僧正司のみを設置しており［謝重光・
白文固1990：171-172］，このことを考慮すると，金代の僧官制度は北宋の
制度ではなく契丹の制度に明らかに近似する。

　ここで表2を見てみよう。これは表1と同様に金代の三僧官（僧録，僧
正，都綱）の存在を抽出し，その設置場所を整理したものである。まず僧
録司は中都大興府（燕京）と上京会寧府，東京遼陽府，北京大定府，西京
大同府，南京開封府の五京に置かれ，さらに真定府，東平府，太原府，平
陽府にまで拡大している。中都大興と五京および真定府以下の諸府は
「総管府」と総称される。総管府の長官（大興府尹，諸京留守，諸府尹）は
府内行政を掌るのみならず，広域軍管区である「路」の兵馬都総管を兼任
して本路内の兵馬を統括指揮した（『金史』巻57 百官志 諸総管府条ほか，

表2 金代の僧官

	僧官名	設置箇所	区分		出典
僧録司	上京都僧録	上京 会寧府	総管府	大定28年(1188)	「宝厳大師塔銘」『満洲金石志』3
	東京管内都街僧録	東京 遼陽府	総管府	天徳2年(1150)	「光禄大夫張行願墓誌」『北拓』46：40
	中都管内左街僧録	中都 大興府	総管府	大定20年(1180)	「中都大昊天寺妙行大師碑銘」『北拓』46：143
	北京都僧録	北京 大定府	総管府	大定19年(1179)	「中都竹林禅寺第七代希吟和尚塔銘」『図志』上：251
	西京都僧録	西京 大同府	総管府	大定2年(1162)	「大金国西京大華厳寺重修言無言蔵経記」『山右石刻叢編』20
	南京僧録	南京 開封府	総管府	大定28年(1188)	「中都潭拓山龍泉禅寺言禅師塔銘」『図志』上：252-253
	真定府都僧録	河北西路 真定府	総管府	大定20年(1180)	「真定府都僧録改慈広恵大師舎利経幢銘」『常山貞石志』14
	東平府管内僧録判官	山東西路 東平府	総管府	大定22年(1182)	「陶山幽棲寺重修大殿記」『八瓊室金石補正』125
	太原府都僧録	河東北路 太原府	総管府	貞元4年(1156)	「河東北路太原府前都僧録妙行大師塔銘」『山碑』：241-242
	平陽府都僧録	河東南路 平陽府	総管府	皇統8年(1148)	「金皇統八年千仏印及其相関問題」『北方文物』2000（2）
僧正司	宜州管内僧正	北京路 宜州	節度使	明昌3年(1192)	「宜州大奉国寺続装両洞賢聖題名記」『北拓』47：16
	懐州都僧正司	河東南路 懐州	節度使	大定8年(1168)	「洪済院碑牒」『続武陟県志』13
	汾州管内都僧正	河東北路 汾州	節度使	皇統6年(1146)	「香積院重結居業会碑銘」『山右石刻叢編』19
都綱司	渭州都綱司	河北西路 渭州	刺史州	至寧元年(1213)	「崇福院勅牒碑」『重修渭県志』6
	通州都綱	中都路 通州	刺史州	明昌2年(1191)	「崇教院前本州都綱大德塔銘」『図志』上：260-261
	沢州都綱	河東南路 沢州	刺史州	泰和6年(1206)	「大金沢州松嶺法輪禅院記」『北拓』47：101
	石州管内都綱	河東北路 石州	刺史州	大定13年(1173)	「慈雲院碑」『山右石刻叢編』21

pp.1303-1306，1310-1311）。彼らが広域的兵権を掌握していたことは注目すべきであり，上掲『金志』浮図条に僧録司の設置箇所を指して「師（帥の誤り）府」と表記したことも頷ける[16]。表2に挙げた上京会寧府以下の10事例より判断するに，金国内各地に置かれた総管府（計19ヵ所）は等しく僧録司の設置対象地であったのだろう。

つぎに僧正司と都綱司に関して，僧正司の設置が確認される宜州，懐州，汾州はすべて節度州であり，都綱司の置かれた滑州，通州，沢州，石州はすべて刺史州である。僧正・都綱両司の設置対象地の州格は契丹のそれと一致している。まさしく金は契丹の制度に倣い節度州と刺史州の区分をもって両司の設置を分ける基準としていたのである。

なお上掲の『金志』浮図条には「三年を限りて一任と為し，任満つれば則ちまた別に人を択ぶ。官府を張り，人従を設け，僧尼訟う者有らば，みな理めてこれを決遣す」と言い，金代の僧官が3年を任期としていたこと，そして彼らが管下の僧尼に対する司法権を有していたことを記す。とくに僧官の司法権保有については南宋・洪皓の『松漠紀聞』にも言及されている。

僧職に正副の判・録有り，或いは司空と呼す。【割註】遼代の僧に兼官して検校司空に至る者有り。故の名称なお存するなり。出ずれば則ち馬に乗り印を佩び，街司五伯，各々二人前導す。凡そ僧事に統べざる所無く，罪有る者 これを撻つを得[17]。

『松漠紀聞』は洪皓が天会7年（1129）から皇統3年（1143）までの前後15年間に及ぶ金国抑留中に見聞した事柄を記したものであるから，上掲の記事の情況はこの期間，すなわち金朝の比較的初期のものとなる。この記事の末文に認められる僧官の司法権保有は契丹の制度を引き継いだものであろう。このことを示唆する史料として現存する契丹時代の木造塔・仏宮寺木塔（山西省朔州市応県）より見つかった「応州当寺沙門祈福願文」（『秘蔵』：516-520）を挙げておきたい。その第1葉に，

稟業見（＝現）任の僧政大師有り，僧徒範すこと有らば，戒律を施し以て刑を科し，釈侶帰すこと無くんば，慈悲を用いて□理す。既に匡廕を一期に承け，謹みて讃酬を百福に具う。伏して願わくは，大遼国五京の内に永えに僧権を掌らんことを，花厳経九会の中に常に法主と為らんことを[18]。

との一文が見える。この「願文」は天祚朝（1101-25）に作成されたものであり[19]，契丹末の事例となるが，応州僧政（正）が僧に対して科刑していたことが分かる。

かつて北魏において昭玄寺が殺人を除く僧尼の諸罪を内律に基づき裁いていたことや，北斉が僧尼に対する裁判権をもつ「断事沙門」と称する僧官を設置したことなどは［業露華1984，謝重光・白文固1990：49-83］，僧官への司法権付与を示す先例であるが，唐および北宋代にかかる事例は認められない[20]。すなわち上掲の「願文」において応州僧正が管下の僧侶に対して科刑したことは，唐や北宋の僧官職掌を踏襲した結果ではなく，契丹の当時に設けられた職掌規定に則ったものと言える。金代の僧官にも同様の職掌が確認されることは，契丹から金へと僧官の職掌が継承されていたことを示す。金代の僧官はその名称と設置基準のみならず，職掌の面でも契丹の制度を踏襲していたのである。

話を契丹の僧官の設置基準に戻すと，州格に応じた僧正司と都綱司の分置は，これが当時の地方官制と密接に関わっていたことを示している。上掲の「応州当寺沙門祈福願文」は，当寺の沙門つまり仏宮寺の僧侶たちが，各々の願望を表述してその成就を祈ったものである。このなかで応州僧正の大師某は「五京の内に永えに僧権を掌らんこと」を祈願する。五京内に僧権を掌握する存在とはすなわち京内の僧尼・寺院を統括する僧録にほかならず，彼の願いは五京中の僧録に就任することであったと考えられる。これは彼が僧録を僧正より上位の僧官と認識していたことを示唆するものである。

契丹・金両代の僧官の職掌を明示する史料は極めて少なく，その詳細は

把握し難いが，先の『金志』浮図条に記すように僧録と僧正はともに管轄下の僧尼に対する司法権を有しており，双方に根本的な職掌の差は認められない。さらにこれらの僧官は「上京管内都僧録」「成州管内僧政（正）」「順州管内都綱」と表記され，多く「管内」の語句を冠していることから分かるように単一の行政区画内のみを管理対象としており，僧録司と僧正司の間に統属関係は形成されていない[21]。それにもかかわらず応州僧正の大師某が上述の如き願望を表述していることは，当時の僧官の設置が行政区分に応じて固定されていたため，その設置対象地の行政上の格式——長官（五京留守・節度使・刺史）の官階[22]に表明される——に連動した名目的な身分意識が形成されていたと考えられる。

Ⅳ 慶州白塔の建立と章聖皇太后

慶州は玄寧軍の軍額を有する節度州であるが（『遼史』巻37 地理志 慶州条，p.444），「白塔碑」の記載が示すとおり本州には僧録司が設置され，先に述べた僧官の設置基準にはあてはまらない。このような変則的な措置は，契丹政権が仏教信仰の拠点としての慶州を本来の僧録司の設置対象地である五京と同格に認識していたことを示唆するものであろう。かかる認識が形成された要因を探るに先立ち，まずは慶州白塔の建立事業のありかたを通して，その所在地である慶州と只骨政権の関わりをながめ，さらにその建立を命じた章聖皇太后蕭耨斤の宮中における立場を確認しておきたい。

（1）白塔建立事業に見る慶州と興宗只骨政権

「白塔碑」の記載によると，慶州白塔の建立は只骨の重熙16年（1047）2月15日に地宮の開削より始まった。その約2カ月後の4月17日に至って地宮に舎利を納め，以後，各層の造営を行い，同18年（1049）6月15日に第七層までが完成し，各層に舎利を奉納した。同年7月15日には塔頂の相輪樏覆鉢内部に金法舎利[23]を安置し，その周囲四方に根竿陀羅尼[24]や諸々の供具を納め，ここに慶州白塔は竣工したのである。実に2年5カ月を要する大工事であった。

この事業は「白塔碑」第1行に「南閻浮提・大契丹国の章聖皇太后，特

に釈迦仏舎利塔を建つ」と記すとおり，「章聖皇太后」すなわち聖宗欽愛皇后蕭耨斤の命によって実施されたものである。蕭耨斤は蕭阿古只（太祖淳欽皇后述律月理朶の弟）の五世の孫にあたる。もとは聖宗文殊奴の妃のひとりであり，文殊奴が崩じて自身の生子たる只骨が嗣位したことを機に，謀略をもって正后の蕭菩薩哥（斉天皇后）を排除し，自ら皇太后の位に即いた（『遼史』巻71 本伝，pp.1203-1204）。重熙元年（1032）11月，只骨は彼女に「法天応運仁徳章聖皇太后」の尊号を奉っている（同書巻18 興宗紀，p.214）。

　実際の建立事業において責任者としての役割を担ったのは，「白塔碑」第5行以下に列挙された俗官7人と僧6人である。俗官を改めて提示すると次のようになる。

　　玄寧軍節度使 検校太師 守右千牛衛上将軍 提点張惟保
　　威勝軍節度使 検校太師 勾当馬璮
　　威武軍節度使 検校司徒 同勾当郭進
　　越州観察使 検校司空 提点銭帛孫素
　　閑厩使 検校右散騎常侍 勾当工匠侯外安
　　右奉宸 雑勾当李用和
　　前提轄使 同勾当銭帛王懐信

　上記7人のなかで，前4人（張惟保，馬璮，郭進，孫素）は地方官である節度使ないし観察使の肩書きをもつ。ただし実職としてそれを帯びていたのは玄寧軍節度使の張惟保だけで，ほかは契丹の領域外に名目的な任地を設定された遥領節度使である。先述のとおり玄寧軍は慶州の軍額であり，張惟保は本州の長官であった。彼は「提点」として初頭に刻名されているため，慶州白塔建立事業の現場総責任者と見なせる。

　この4人に続く「勾当工匠」の侯外安と「雑勾当」の李用和は，それぞれ閑厩使と右奉宸の肩書きを帯びている。閑厩使は輿輦の牛馬を掌る官であるが，『遼史』百官志には記されていない。唐代にこれが殿中省に属し

ていたことを踏まえると（『旧唐書』巻44 職官志 殿中省 尚乗局条，pp.1865-1866），契丹においても同様に殿中司（『遼史』巻47 百官志 南面朝官 殿中司条，p.780）に属していたのであろう。一方，右奉宸は奉宸司に属する北面御帳官のひとつで「供奉宸御の事を掌」るという（『遼史』巻45 百官志 北面御帳官 奉宸司条，p.700）。閑厩使と右奉宸は職掌が規定されているものの，実情としては契丹皇帝の帳幕に侍る近臣に与えられた肩書きと考えてよかろう。遥領節度使の馬璋，郭進，孫素，そして前任の提轄使（オルドの管理官）として現任職の確認されない王懐信も立場としては侯外安・李用和の両人とほぼ同様であったと思われる。

　さらに「円首建塔碑」に目を転じると，その碑陽には建立に必要となる物資・材料の調達や特定の工程の管理者たちの姓名が列記されており[25]，そのほとんどが「東頭供奉官」「殿直」「左承制」など近侍職を帯びる者や「内侍」すなわち宦官によって占められている。

　このように慶州白塔は只骨の母后蕭耨斤の命下に建立が始まり，州の長官である節度使を総責任者として，さらに只骨の近臣を派遣して造営に関わる各部門を分担して管轄させた。只骨政権がこの建立事業を主導していたことは明白である。このことは本仏塔の所在地である慶州自体が，その管理者と思しい蕭耨斤[26]を介して只骨政権と密接につながっていたことを示唆するのである。

　なお，さいごにこの建立事業における主体的労働力の供出先について付言しておく。「円首建塔碑」の碑陽上部には「上京帰化軍什将馬進。節級王貴。二伯人首領本典趨諫」との横刻が認められる。上京帰化軍の詳細は不明であるが，同じく五京のひとつ東京遼陽府には軍巡院が置かれ，ここに河朔の亡命漢人で構成された「帰化営軍千余人」が属していたという（『遼史』巻38 地理志 東京遼陽府条，p.456，巻48 百官志 東京軍巡院条，p.808）。おそらく上京帰化軍もこれと同様に上京臨潢府に駐屯していた亡命漢人の部隊であろう。この部隊に属する軍士が建立事業の最前線において労働に従事した者たちである。

　また先に提示した「白塔碑」墨書題記の第1－8行には「上京帰化軍左

□二什将馬進等二百，奉宣建下功役。重熙十八年七月十五日。中京帰化軍郭□等四百人，奉宣建塔下功役。重熙十八年七月十五日」とあり，中京大定府にも帰化軍が置かれ，その部隊員400人が，上京帰化軍の200人とともに労働力としてかりだされていたことが分かる。

（2）興宗朝における章聖皇太后の立場

　慶州白塔建立の主役が只骨の母后蕭耨斤であったことは「白塔碑」の記載から明白である。では彼女は只骨朝当時の宮廷においていかなる立場にあったのだろうか。この点について見てゆく。

　話は聖宗文殊奴の時代に遡る。文殊奴の正后である斉天皇后蕭菩薩哥は2人の子を生むが，ともに夭逝してしまった。そこで元妃蕭耨斤の生んだ只骨を自身の子として養育した。只骨は斉天皇后に仕えること甚だ恭謹であり，生母の蕭耨斤は大いに不満を感じていたようである。このこともあってか蕭耨斤は文殊奴の存命中より斉天皇后を敵視し，その追い落としを画策していた[27]。太平11年（1031）6月3日，文殊奴が61歳で崩御し，只骨がその柩前に第7代皇帝として即位すると，蕭耨斤は時をおかず行動にでる。わずか3日後の6月6日，子飼いの部下たちに斉天皇后と北府宰相の蕭泥卜および外戚の蕭匹敵の謀反を誣告させ，同月25日にその一派を粛清し，斉天の身柄を上京臨潢府にうつしたのち，人を遣わしてこれを殺害した［谷井俊仁1996：159-161］。

　ここにおいて蕭耨斤は宮中の実権を掌握，国政は全て彼女の手に帰し，只骨は飾り物の皇帝と化した。『遼史』巻18 興宗紀 景福元年（1031）12月条に，

　　　十二月癸丑，慶陵より至る。皇太后聴政し，帝は庶務に親しまず，群
　　　臣表請するも，従わず[28]。

とあり，この状況を明確に物語る。

　契丹国家の実質的な最高権力者となりおおせた蕭耨斤は，続いて皇帝のすげ替えを謀るに至る。文殊奴には6人の皇子がおり，そのうち2人が蕭

耨斤の所生である。ひとりが長子の只骨，いまひとりが次子の孛吉只，漢名で重元（宗元）と呼ばれる人物である[29]。蕭耨斤はライバルの斉天皇后に養育されて彼女になついていた只骨よりも，孛吉只の方を気に入っていたようで，大位をこの愛息に与えようとしたのである。

蕭耨斤は腹心である弟の蕭孝先とともにひそかに只骨廃立の計を練るが，当の孛吉只がこの謀計を兄の只骨に告げたことで事が露見した。只骨はすぐさま親衛の兵を動かして蕭耨斤を逮捕し，皇太后の符璽をとりあげて彼女を慶州に軟禁した（『遼史』巻71 欽哀皇后伝，p.1203）。重熙3年（1034）5月のことである[30]。

こうして只骨は母后から大権を取り戻したのであるが，その5年後には彼女の軟禁を解いて宮廷に奉迎するに至る［谷井俊仁1996：164-165］。谷井によると只骨は『報恩経（仏説報恩奉盆経）』を聞き，そこに説く地獄に堕ちた母の姿を見て仏法に目覚める目連と己を重ねあわせ，感悟して母を迎えたという。たしかに崇仏皇帝として名高い只骨に相応しいエピソードである。しかしこの背後にあったものは帝の純粋な崇仏心だけではあるまい。

先にも述べたように，蕭耨斤は太祖淳欽皇后述律月理朶の弟である阿古只の五世の孫にあたる。阿古只の一族は契丹の皇族と通婚する国舅族（后族）のなかでも指折りの血統である。たとえば阿古只の息女の撒葛只は世宗兀欲の皇后となり，四世（曽孫）の排押と恒徳は景宗明扆の皇女をそれぞれ娶っている。五世（玄孫）では蕭耨斤が文殊奴の妃となったほか，その弟のひとり孝先は文殊奴の第四女を娶り，そのほかの兄弟や従兄弟たちも皇族と婚を通じている[31]。さらに言うと，只骨もこの一族の女性を皇后としていた。興宗皇后蕭撻里は蕭耨斤の弟・孝穆の長女であり，蕭耨斤とは伯母と姪の関係にあった。

このように阿古只の一族は皇族耶律氏に寄り添って契丹支配階層の一翼を形成し，耶律氏に勝るとも劣らない勢力をほこっていたのである[32]。只骨即位時においては，国家の頂点に君臨する皇太后の蕭耨斤が必ずやこの一族の領袖としての立場にあったはずである。このような立場にあった人

物を長期間にわたって懲罰的に軟禁しておくことは，結果的にその一族の反発を招きかねない。場合によっては，かつて蕭耨斤自身が企てたように，一族の親任する人物の皇帝擁立，という只骨政権そのものを崩壊に導く事態に発展する可能性もある。只骨としては，母后と皇后の背後にある阿古只一族全体を敵にまわすことはなんとしても回避せねばならなかった。

　皇帝廃立未遂という国家を揺るがす大事件の発生から5年，只骨のなかで首謀者の母后に対する反感や懲罰感情がようやく沈静化に向かい，それにともない彼女の率いる阿古只一族に対する政治的配慮の必要性を冷静に判断できるようになったのではなかろうか。かくて只骨は母后の奉迎を決定するに至ったと見るのである。当然この奉迎には臣民を納得させるための大義が必要となる。そこで只骨は自らが熱烈に信奉する仏教を持ち出し，その経典のひとつ『報恩経』に注目した。本経典に説かれる地獄に堕ちた目連の母を蕭耨斤，その姿を見て仏法に目覚める目連を只骨自身に重ね，母后の奉迎を信仰的観点に基づく行為として正当化したのである。

　『続資治通鑑長編』には復帰した蕭耨斤と只骨の関係を「母子初めの如し」と記すものの，只骨の姿勢として「然れども出入舍止は，相十数里を距て，陰かにこれが備えを為す」と続けており[33]，帝が母后を強く警戒していた様子をうかがわせる。これは裏を返すと蕭耨斤が帰還後も宮中に一定の権力を握っていたことを意味する。このことを裏付けるものが『遼史』巻18 興宗紀 重熙8年（1039）11月条（pp.221-222）に見える次の記事である。

　　　戊申，皇太后再生礼を行い，大赦す。

　ここに言う「再生礼」とは『遼史』巻53 礼志 歳時雑儀条に見える「再生儀」のことである（pp.879-880）。これは陳設した三叉の木の股から這い出る皇帝を産婆がとりあげ，その身体をぬぐい清めて太巫と呼ばれるシャーマンが襁褓をささげるという，母体からの出産を擬した「若返り」の儀式である［島田正郎1979，同1993：89］。島田によると，この儀式は支配者

が常に壮者であるべきとの観念に基づくという。ただし再生礼の挙行者は皇帝に限定されていない。たとえば蕭耨斤と同じく皇太后の立場で再生礼を行った女性として景宗睿智皇后蕭燕燕を挙げることができる。蕭燕燕は生子の文殊奴がわずか12歳で即位すると称制し，政治・軍事両方面にわたる卓越した識見と技量をもって帝の治世の大半を主導した女傑である[34]。彼女は文殊奴が即位してまもなく三度にわたり再生礼を執り行っている[35]。この事例は再生礼の挙行者が女性（皇太后）である場合，その人物と宮廷権力の所在が一致することを示唆するものとして注目される。

　重熙 8 年，蕭耨斤は軟禁を解かれて慶州から宮廷に帰還すると，その年のうちに再生礼を行った。この儀式をもって蕭耨斤が只骨との確執を清算した［谷井俊仁1996：167］と見るだけでは足りないだろう。これはまさしく彼女が契丹に君臨する支配者として「再生」したことを宣言したものにほかならない。上掲の再生礼挙行の事実は，帰還後の蕭耨斤が実権を剥奪された「飾りもの」にとどまっていなかったことを示しているのである。

V　慶州僧録司設置の背景

　重熙年間に使者として契丹に赴いた沈括は，その道中録である『熙寧使虜図抄』（『永楽大典』巻10877「虜」）に，白塔の所在地である慶州の状況を「塔廟廛廬はほぼ燕中のごとし」[36]と書きとめている。彼は慶州城内に寺塔，廟堂，店舗，そして家屋などが立ち並ぶさまを観察して，これを「燕中」すなわち燕京に匹敵するものと評した。このことを裏付けるかのように『金史』巻24 地理志 北京路慶州条は，

　　慶州，下，玄寧軍刺史。……城中に遼の行宮有り，他州に比べて富庶たり。遼の時 此の郡に刺す者，耶律・蕭氏に非ずんば与えず。遼国の宝貨多くここに聚蔵さる[37]。

と記し，慶州がほかの州郡に比べて豊かであったことに言及している。
　沈括が慶州をなぞらえるに用いた燕京が，契丹国内随一の経済・文化都

市として繁栄していたことは良く知られている。『契丹国志』巻22 四京本末条に，

> 南京 もと幽州の地。……また燕京析津府と為す。戸口三十万，大内壮麗にして，城北に市有り，陸海の百貨，其の中に聚まる。僧の仏寺に居すこと，北方に冠たり[68]。

と言い，燕京内の市には各地の物品が集まり，寺院およびここに居住する仏僧の数は「北方に冠たり」と称される規模を誇っていた。

　先の『熙寧使虜図抄』の記載にいくらかの誇張が含まれているにせよ，慶州がこの燕京に比べて遜色のない信仰環境を備えていたことはほぼ間違いなかろう。このような環境の形成と慶州における僧録司設置の要因は相通ずるものである。以下，具体的に見ていこう。

（1）聖宗追善の場としての慶州

　只骨は即位早々の景福元年（1031）7月に父帝・文殊奴の陵墓の奉陵州として慶州を営建した。残念ながら現段階では，契丹における奉陵州の役割を具体的にうかがわせる史料は見出せないが，帝陵の維持管理や巡回警備を本務として必要人員を州内より供出し，さらに現皇帝が帝陵に参謁する際にはその拠点の宿営地となり，また一行の往来に必要となる物資の補給基地として機能していたと考えられる。

　只骨朝当時の慶州に関して言えば，上記に加えて文殊奴の追善供養の場としても位置付けられていた。このことを端的に示すものこそ白塔の存在にほかならない。

　そもそも白塔はいかなる目的をもって建立されたのか。この疑問について古松崇志［2006A］は明確なこたえを提示する。古松は本仏塔の相輪樘下部覆鉢の中室に奉納された「鳳衝珠銀鎏金法舎利塔」に収める『無垢浄光陀羅尼』（唐・弥陀山訳）経板に注目し，その刻経文を大蔵経テキスト（T19：No.1024）と照合した。その結果，当該刻経文は大蔵経テキストの経文全てを刻したものではなく，無垢浄光陀羅尼のもたらす各種功能のう

ち死者の滅罪・往生を説く箇所を中心に抄録されたものであることを明らかとした。そのうえで「鳳銜珠銀鎏金法舎利塔」をはじめとする各種供物が覆鉢五室（中・東・西・南・北室）内に奉納された時期が7月15日すなわち亡き祖先を供養する「盂蘭盆」にあたることを指摘し、慶州白塔は蕭耨斤が亡き夫帝文殊奴の追善供養を第一の目的として建立したものであると結論付けた。まことに従うべき見解である。

　白塔は文殊奴追善供養の場としての慶州を象徴する建造物である。慶州のもつこの性格こそが、沈括の言の如く燕京に匹敵する規模の寺院・仏塔の林立を本州にもたらしたひとつの要因であろう。

　さて、先述のとおり蕭耨斤は軟禁を解かれた後も宮廷に一定の権力を握っていたと考えらえる。その権力は、彼女の率いる阿古只一族の勢力に裏付けられるとともに、まさしく現皇帝である只骨の生母にして偉大な先帝・文殊奴の配である点に立脚する。とすれば蕭耨斤による白塔の建立には、夫の追善を介して彼女自身の権力の「よりしろ（＝文殊奴の配偶者たること）」を具象化し、これを衆視のもとに改めて知らしめる意図も含まれていたであろう。

　慶州において本来五京を設置対象地とする僧録司を特例的に設置したことは、すなわち文殊奴の追善に供する本州の権威付けを図ったものにほかならない。慶州が五京に匹敵する特別な州郡であることを宗教制度の形式上に表明し、もって先帝供養の舞台である本州の格式向上をねらったのである。これは只骨自身の意志であるとともに、より積極的には、権力のひとつの裏付けを夫帝文殊奴に対する追善に求めた蕭耨斤の意志であったと考える。

（2）捺鉢の拠点としての慶州

　慶州における僧録司の設置にはいまひとつ大きな要因と考えられるものがある。ここではまず契丹独特の「捺鉢」の存在に留意する必要がある。契丹の歴代皇帝は上京臨潢府や中京大定府などの都城に定住することはなく、后妃や皇族、国舅族（后族）そして臣僚たちをともなって季節ごとに一定の場所に移動し、そこに帳幕を設営して起居した。つまり契丹の宮廷

と政府が季節移動していたのである。これを「捺鉢」と言い，遊牧系国家としての契丹の特質を裏付ける重要な制度である。傅楽煥［1984］によれば，聖宗文殊奴以降，各季の主要宿営地は固定化する傾向にあり，おおむね次の如くであった。

【春季】混同江（松花江）流域とその上流の魚児濼（月亮泡）方面
【夏季】慶陵（聖・興・道宗三代の帝陵，慶州西北約14km）北の永安山方面
【秋季】慶州西境の諸山
【冬季】永州藕絲淀（広平淀，内モンゴル・赤峰市オンニュート旗新蘇莫蘇木東南）

　四季の捺鉢のなかでとくに重要であったのが夏と冬の捺鉢である。この両季の捺鉢において契丹皇帝は北面・南面双方の臣僚たちと政治および軍事について議し，国家の方針を決定したのである[39]。そうして上記の如く夏捺鉢の宿営地は永安山方面に，秋捺鉢の宿営地は慶州西境の諸山に設定されており，これらの地はともに慶州を拠点とするひとつのエリアと見なすことができる。夏・秋捺鉢と関わるこのエリアは，両季約半年のあいだ，契丹皇帝とその随行者の帳幕群すなわち宮廷および政府の所在域となっていたのである。

　慶州の営建以降，とくに重熙年間の中頃より，只骨の本州への巡行が確認されるようになる[40]。その時期は全て６月から８月に集中しており，これはまさしく夏と秋の捺鉢の期間にあてはまっている。つまり只骨の慶州巡行は夏・秋両捺鉢の一環としてこれと連動して行われていたことになる。当然，捺鉢は毎年繰り返され，その場所もおおむね固定されていたため，慶州は定期的に契丹皇帝の滞在先として機能するようになったのである[41]。

　くりかえしとなるが，この慶州を中心に夏営地（永安山方面）および秋営地（慶州西境諸山）を含むエリアは夏と秋の両季において契丹の宮廷・政府の所在域となる。沈括が書き記したように慶州において寺塔，廟堂，

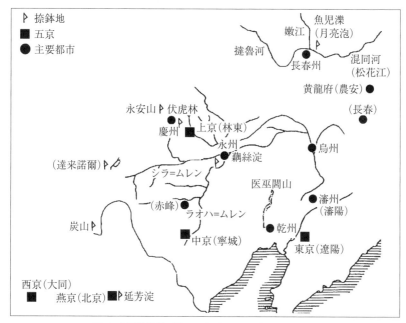

PL.4 主要捺鉢地（島田正郎［1993：57］付図に加筆）

店舗，家屋などの施設が燕京と遜色のない規模を備え得たのは，本州がこの「宮廷・政府の所在域」における拠点都市として，捺鉢に参ずる契丹皇帝以下の支配階層と定期的に接触していたことに起因しよう。当該エリアの中核にして燕京に匹敵する州内環境を備えた慶州は一介の州郡の枠をこえて，まさしく国都京城に相当するものとして価値認識されるに至った。とくに仏教信仰の拠点都市としての視点において，この認識を公的に表明したものが慶州における在京僧官・僧録司の設置であったと考えるのである。

小　結

　伝統的に婦権・母権の強い契丹において[42]，蕭耨斤もまた先帝文殊奴の配にして現皇帝只骨の生母としての立場と，出身母体である阿古只一族の権勢を背景に宮廷に大きな力を握っていた。この状況は只骨の廃立を謀っ

たかどで処された慶州幽閉が解かれた後も基本的にかわらない。蕭耨斤は亡夫文殊奴の追善供養を主目的として慶州に白塔を建立した。只骨政権は，この白塔の建立に象徴された文殊奴追善の舞台としての慶州を他の州郡と明確に区別していた。かかる意識が本州における僧録司の設置として具象化したのである。ここには文殊奴の追善に自己の権力の一淵源を見出した蕭耨斤の意向が強く働いていたと考えられる。

　また慶州は捺鉢の拠点都市であった。契丹皇帝は后妃や皇族そして臣僚などを随伴して季節毎に一定の場所に移動し，帳幕生活をおくる。契丹後期において慶州の近域は夏季と秋季の宿営地として設定されており，当該地域は約半年のあいだ宮廷・政府の所在域となる。このエリアの中心都市として皇帝以下の支配階層と頻繁に接触する慶州は，その格式において必然的に一介の州郡を超越することになる。かかる認識もまた本州に僧録司の設置を促した要因として挙げる必要がある。

　聖宗追善の場としての慶州の位置付けに加え，只骨朝の宮廷における母権の優位性と捺鉢という契丹の特性が相乗的に当時の僧官制度に作用した結果として，慶州僧録司は出現したのである。

　とりわけ捺鉢は遊牧系国家としての契丹の色彩を強調するものであり，これは契丹後期の支配階層と仏僧を結びつける媒体としても機能していた。この点については次章で述べることにする。

註

(1) オルド（斡魯朶 mong.Ordu）は「宮」とも表記され，皇帝の起居する帳幕とそれに随従する廷臣の帳幕群を指し，さらには契丹皇帝の護衛およびその私生活に資する人的組織，すなわち私兵や私民集団も包括する［島田正郎1993：37-38］。

(2) 『遼史』巻31 営衛志 宮衛条（pp.367-368），同書巻37 地理志 上京道慶州条（p.444），および張修桂・頼青寿［2001］参照。

(3) 一例を挙げると『続資治通鑑長編』巻88 大中祥符9年（1016）9月己酉条に薛映の記を引いて「……又五十里至長春館，西二十里許，有仏寺民舎，云即祖州，亦有祖山，山中有阿保機廟」（p.2015）とあり，太祖阿保機の陵墓（祖陵）の奉陵州である祖州（内モンゴル・赤峰市バイリン左旗西南石

房子村）に仏寺の存在が認められる。

⑷　唐代における僧録司については山崎宏［1939：43-56］，道端良秀
［1957：105-108］，謝重光・白文固［1990：118-122］を，北宋代における
僧録司については高雄義堅［1975：42-47］，謝重光・白文固［1990：158-
170］，顧吉辰［1993：33-37］，游彪［2003：1-9］を参照。

⑸　朝陽北塔とその発現文物については朝陽北塔考古勘察隊［1992］，張剣
波・王晶辰・董高［1992］，『北塔』（遼寧省文物考古研究所・朝陽市北塔博
物館編［2007］），および第5章を参照。

⑹　『北塔』によると経塔の通高は39cm。三重構造をとり，第一重（最外面）
は金筒で表面に金剛界大日如来坐像と八大霊塔およびその名号を線刻する。
第二重は銀筒で表面に三仏を線刻する。第三重は金筒で金剛界大日如来坐
像とその周囲八方位に八大菩薩を線刻し，その横に重熙12年（1043）の紀
年をもつ題記を付す。第三重金筒のなかには諸陀羅尼を刻した銀板が巻物
状に収蔵されていた。

⑺　本石函に紀年は確認されない。ただしこの石函と同時に地宮に奉納され
たと思しき石経幢の第四層に刻された陀羅尼の末に「大契丹国重熙十三年
歳次甲申四月壬辰朔八日己亥午時再葬訖。像法更有七年入末法。石匠作頭
劉継克鐫。孟承裔鐫」との題記があり（『北塔』：pl.72），その奉納年次が重
熙13年であったことが分かる。

⑻　「大師諱非濁，字貞照，俗姓張氏。其先范陽人。……八年冬，有詔赴闕，
興宗皇帝賜以紫衣。十八年，勅授上京管内都僧録，秩満，授燕京管内左街
僧録」

⑼　『三宝感応要略録』は『大正蔵』（T.51：No.2084）に収める。一方の『随
願往生集』は現存しないが，高麗・義天の『新編諸宗教蔵総録』巻3
（T.55：1178b）に著録している。

⑽　上京臨潢府（内モンゴル・赤峰市バイリン左旗林東鎮南郊），東京遼陽府
（遼寧・遼陽市），中京大定府（内モンゴル・赤峰市寧城県），西京大同府
（山西・大同市），南京析津府（北京市）。各京府の営建時期には時差がある。

⑾　『遼史』巻8　景宗紀上　保寧6年（974）条「十二月戊子，以沙門昭敏為
三京諸道僧尼都総管，加兼侍中」（p.94）に見える「三京諸道僧尼都総管」
も僧官と見なせるが，当史料以外には存在が確認されず詳細は不明である。

⑿　『宋高僧伝』巻28　光嗣伝（T.50：884a-b）。なお唐代に同じく五台山僧官
の僧長の副官として山門都綱が置かれているが（『広清涼伝』巻下　釈法興，
T.51：1121b-c），これが五代期に至り五台山僧官の長へと変化したのであ
ろうか。

⒀　『契丹国志』巻22　四京本末条「自晋割棄建為南京，又為燕京析津府。戸
口三十万，大内壮麗，城北有市，陸海百貨，聚于其中，僧居仏寺，冠于北

48

　　方」（pp.296-297）

⒁　崔文印校證『大金国志校證』pp.612-620。『金志』の詳細とその史料的価値については三上次男［1970］を参照。

⒂　「在京曰国師，師府曰僧録・僧正，列郡曰都綱，県曰維那，披剃威儀与南宋等。……僧録・僧正師府僧職也。皆択其道行高者，限三年為一任，任満則又別択人。張官府，設人従，僧尼有訟者，皆理而決遣之。并服紫袈裟。都綱則列郡僧職也。亦以三年為任。有師号者賜紫，無者如常僧服。維那県僧職也。僧尼有訟者，笞以下決遣之，杖以上者并申解僧録・都綱司」（p.616）

⒃　『金志』浮図条は同じく僧正司の設置箇所も「師（帥）府」とするが，これは総管府に僧録・僧正の両司が併設されたことを言うのではなく，両司の設置対象地の性格を示したものと見なせる。本論中に後述するとおり金代においても僧正司は節度州に置かれている。節度州の長官である節度使は行政官である一方，「総判本鎮兵馬之事」（『金史』巻57 百官志 諸節鎮条，p.1311）と言うように軍官としての性格を色濃く保持している。

⒄　「僧職有正副判録，或呼司空。【割注】遼代僧有兼官至検校司空者。故名称尚存。出則乗馬佩印，街司五伯，各二人前導。凡僧事無所不統，有罪者得撻之」（p.207a）

⒅　「有稟業見任僧政大師，僧徒有範，施戒律以科刑，釈侶無帰，用慈悲□理。既承匡廬於一期，謹具讚酬於百福。伏願，大遼国五京内永掌僧権，花厳経九会中常為法主」

⒆　「願文」第2葉に「大和仁文睿武神謀聖孝天祚皇帝」の語句が見える。

⒇　唐・北宋両代の僧官の職務として確認されるものは管轄内の僧尼・寺院の簿籍管理や住持任命に関わる庶務であり［謝重光・白文固1990：101-122；155-195］，宗教事務以上の職権の存在は見出せない。

㉑　金代の事例となるが，懐州の僧正司が管内寺院の寺額下賜を奏請する際に，本州の属する河東南路の総管府（平陽府）に置かれた僧録司を経由せず，直接に尚書礼部に宛てている（「洪済院牒」『続武陟県志』巻13 金石志，pp.417-419）。この事例は僧録司と僧正司の間に統属関係が存在していないことを示すものであろう。

㉒　契丹の地方官の官階については『遼史』百官志に明記されていない。金代においては五京留守が正三品，節度使が従三品，刺史が正五品と規定されている（『金史』巻57 百官志，p.1305，1311-1313）。契丹における五京留守以下の官階が金のそれと完全に一致していたと断ずることはできないが，少なくともそれらに規定された官階の高下順に相違はなかろう。

㉓　「金法舎利」は相輪橖覆鉢内の中室に安置された鳳衛珠銀鎏金法舎利塔に納める金板「相輪橖中陀羅尼」および銀板「相輪橖中陀羅尼功能法・無垢

浄光陀羅尼」を指す。

(24) 「根竿陀羅尼」は相輪樘覆鉢内の東・西・南・北室に安置された柏木製の法舎利塔（合計106基）に納める銅板「相輪樘中陀羅尼」，雕版「仏形像中安置法舎利記」，雕版「根本陀羅尼」の三巻一式を指す。

(25) 彼らの帯びる「勾当造食」「勾当鋳鏡」「受納応用諸物」「提点三窯坊」などの肩書きについては古松崇志［2006A：143-146］を参照。

(26) 『遼史』巻31 営衛志 宮衛条に「遼国之法，天子踐位置宮衛，分州県，析部族，設官府，籍戸口，備兵馬。崩則扈従后妃宮帳，以奉陵寝」（p.362）とあるように，契丹皇帝が崩御すると，そのオルドは后妃と共に先帝の陵寝に奉仕した。蕭耨斤が慶州における白塔建立を主導した事実より，先帝のオルドの実質的な管理者はその后妃と見てよかろう。聖宗文殊奴の女古オルドとその属州である慶州は，本来であれば正后の蕭菩薩哥が管理すべきものであったが，蕭耨斤が彼女を謀殺して皇太后となったことで，蕭耨斤にその管理が委ねられたと考えられる。

(27) 『続資治通鑑長編』巻110 天聖9年（1031）6月条「斉天善琵琶，通琵琶工燕文顕・李有文，元妃屢言其罪，隆緒（＝聖宗文殊奴）不治。又為蕃書投隆緒寝中，隆緒得之日，此必元妃所為也。命焚之」（pp.2559-2560）

(28) 「十二月癸丑，至自慶陵。皇太后聴政，帝不親庶務，群臣表請，不従」（p.213）

(29) 『遼史』巻64 皇子表によると聖宗文殊奴の六子は上から只骨，重元，別古特，呉哥，狗児，侯古である（pp.988-991）。ただしこの兄弟順は作為的に蕭耨斤の所生を上位（長子と次子）に繰り上げた可能性が高い。蓋之庸［2002：226-227］は侯古の墓誌（咸雍8年「耶律宗愿墓誌」）の注釈中に聖宗六子の兄弟順を考察し，長子を呉哥（宗訓），次子を侯古（宗愿）とする。

(30) 『遼史』巻18 興宗紀 重熙3年（1034）5月条「是月，皇太后還政于上，躬守慶陵」（p.216）

(31) 蕭阿古只の一族とその通婚の状況については愛親覚羅烏拉熙春［2006：226-258］に詳しい。

(32) 清寧4年（1058）「聖宗欽哀皇后哀冊」［蓋之庸2002：162］に「若昆若季，乃王乃侯，一門之盛，千古無儔」と言い，同様の内容を『遼史』巻71 欽哀皇后伝に「后初摂政，追封曾祖為蘭陵郡王，父為斉国王，諸弟皆王之，雖漢五侯無以過」（p.1204）と記す。興宗只骨朝の事例ながら阿古只一族の盛んな状況が見て取れよう。

(33) 『続資治通鑑長編』巻127 康定元年（1040）4月条「初，契丹主幽其母法天后於慶州，既改葬斉天后，或勧契丹主復迎之，且以覬中国歳聘之利。契丹主聴講報恩経，感悟，即遣使迎法天后，館置中京門外，筮日以見，母子如初，加号法天応運仁徳章聖皇太后，然出入舍止，常相距十数里，陰為之

備」（p.3006）

(34) 『遼史』巻71 景宗睿智皇后伝「景宗崩，尊為皇太后，摂国政。……后明達治道，聞善必従，故群臣咸竭其忠。習知軍政，澶淵之役，親御戎車，指麾三軍，賞罰信明，将士用命」（p.1202）

(35) 蕭燕燕による再生礼の挙行年次は，統和2年（984）7月，同4年（986）9月，同年10月である（以上『遼史』巻10，巻11 聖宗紀，p.113，124，125）。

(36) 「……復蹂沙陀十余疊，乃転趨東北道，西一里許，慶州，塔廟廛廬，略似燕中」

(37) 「慶州，下，玄寧軍刺史。……城中有遼行宮，比他州為富庶。遼時刺此郡者，非耶律・蕭氏不与。遼国宝貨多聚蔵於此」（p.562）

(38) 「南京本幽州地。……又為燕京析津府。戸口三十万，大内壮麗，城北有市，陸海百貨，聚于其中。僧居仏寺，冠于北方」（pp.296-297）

(39) 『遼史』巻32 営衛志「夏捺鉢。……四月中旬起牙帳，卜吉地為納涼所，五月末旬，六月上旬至。居五旬。与北・南臣僚議国事，暇日遊猟。七月中旬乃去。……冬捺鉢。曰広平淀。在永州東南三十里，本名白馬淀。……其地饒沙，冬月稍暖，牙帳多於此坐冬，与北・南大臣会議国事，時出校猟講武，兼受南宋及諸国礼貢」（pp.374-375）

(40) 現在のところ興宗只骨の慶州巡行は，重熙12年（1043）8月，同16年（1047）7月，同19年（1050）6月，同21年（1052）7月，同23年（1054）6月の計5例が確認される（『遼史』興宗紀および遊幸表，p.237，241，244，246，1067，1068）。このうち重熙12年と同16年の巡行において只骨は慶州の諸寺に至って焚香している。

(41) 島田正郎は慶州や上京など契丹時代の城址の内部に遺構の全く認められない区画が存在することに注目し，ここを巡行した皇帝一行の帳幕群を設営するスペースと考える［島田正郎1993：133-140］。『金史』巻24 地理志 北京路慶州条に「城中有遼行宮」と記しており，慶州城内に契丹皇帝以下の帳幕を置く区画があったことは間違いなかろう。

(42) 太祖皇后の述律月理朵や景宗皇后の蕭燕燕は夫帝をしのぐ女丈夫として有名である。また太宗皇后の蕭温はつねに尭骨の軍旅・田猟に従い，興宗皇后の蕭撻里は道宗査剌の即位後に孛吉只（重元）が叛くと，自ら衛士を督してこれを破ったという（以上『遼史』巻71 后妃伝，pp.1199-1204）。妻や母の力が強いのは遊牧世界にほぼ共通する事象である。契丹は皇族耶律氏と国舅族蕭氏との連合政体としての性格が根強く保持されていたため，必然的に皇后や皇太后の発言力は強いものとなる。もちろんここには彼女たちの個人的資質も大きく関わってくる。

第2章　契丹皇帝と学僧
——道宗朝の学僧鮮演とその著作をめぐって——

はじめに

　序論に述べたとおり，契丹においては唐代以来の伝統的な華厳・唯識・律・密教などが信仰とともに学問研究（教学）の対象として積極的に受容されていた。教学の盛行は契丹の仏教の大きな特徴と言ってよい。

　この教学を推進したのが学僧である[1]。とりわけ契丹随一の崇仏皇帝として知られる第8代の道宗査剌[2]の治世において，彼ら学僧の活動は目立って活発化している[3]。この時期の学僧の存在を無視して，契丹の仏教的特徴ならびに契丹と周辺国との関係を語ることはできない。

　ところが当時の学僧の詳細を把握することは困難をともなう。そもそも査剌の時期に限らず契丹時代全般を通じて学僧の事績はほとんど明らかでなく，その著作の序文や題記，あるいは後人の手に成る略伝中の僅かな情報を手がかりに人物像を組み立てるよりほかない[4]。野上俊静［1953B］や朱子方・王承礼［1990］など，契丹の学僧とその著作を総体的に扱った研究が，おおむね学僧の著作を通じて当時の教学の内容や傾向を探ることに力点をおき，学僧自身のありかたに深く踏み込んでいないことは，上記のような史料的制約に因るところがあろう。

　こうした史料状況のもと，著者は鮮演という学僧に注目した。鮮演は査剌の治下に活躍した学僧で，仏教学とくに華厳学研究の方面における研究対象として著名な人物である。

　1986年，鮮演の事績を記した石刻（「鮮演墓碑」）が，内モンゴルの東部において見つかった。契丹の学僧に関わる第一次史料が希少であるなか，その史料的価値は極めて高いと言えるが，本碑はいまだ本格的な研究の俎上に載せられていない。

また，高麗・義天の『大覚国師外集』には契丹の官僚が義天に宛てた書簡を収めており，ここに，鮮演の著作がやや特異とも言える形態をとって契丹と高麗の間に流通していたことが確認される。この点については先行研究に全く言及されていない。

そこで本章では鮮演に関わる上述の両史料を用いて査剌政権のもとにおける学僧のありかたを考察し，あわせて当時の契丹・高麗間における仏教文化交流の一例を提示したい。

I 「鮮演墓碑」について

鮮演について論ずる際に根本史料として用いるべきものが「鮮演墓碑」である。本碑は1986年6月に赤峰市バイリン左旗林東鎮北郊の小山中の塼室墓より見つかったものである。林東鎮のすぐ南には契丹の上京臨潢府城址（口絵2）がひろがる。碑寸は高さ63.5cm，幅37cm。上円下方の形状をとる。刻記は両面に認められ，碑陽15行，碑陰13行，行内文字数は不同で13字から36字，総計で28行，859字が刻されている。刻記の年次は天祚帝阿果の天慶8年（1118）4月21日。撰者は上京臨潢府内の県令をつとめる某奎である[5]。

現在，本碑は林東鎮内の遼上京博物館に移管されている。碑身と台座よりなるが，この台座が本来のものか否かは判然としない。「鮮演墓碑」の呼称は本博物館におけるものである。本碑には表題がないため便宜的につけられたものであろう。本章ではとりあえずこの呼称に従っている[6]。

「鮮演墓碑」を初めて紹介したのは王未想［1987］と朱子方［1987］である。前者は本碑の発見の経緯と内容を略述し，拓影と録文および記事の註釈を付す。後者は前者の註釈を補足したものである。前者の拓影はいささか不明瞭で文字判読が難しい。唐彩蘭［2005：153］と『上京碑刻』：42にも本碑の拓影を収め，前者の方は比較的鮮明で大半の文字の判読が可能である。録文は上記の王未想［1987］のほか，蓋之庸［2002：369-370］にも収めるが，ともに脱字がある。このため筆者は，遼上京博物館所蔵拓本に基づく録文を改めて提示した［武田和哉他2006：151］。また『上京碑

刻』：136-137にも録文を収めており，こちらは脱字が補われている。

「鮮演墓碑」の発見以前は，鮮演についての情報が非常に乏しく，そもそも彼がいつ活躍した人物であるのかさえ断定されていなかった。唯一現存する彼の著作『華厳経談玄決択』[7]（以下『決択』と略記）各巻の表題に続けて付す「上京開龍寺円通悟理大師賜紫沙門鮮演述」との記名，そして同書巻6における彼自身の学問や『決択』撰述の理由についての述白[8]が，本人に関わるわずかな情報を提供したにすぎない。木村清孝［1980］はこれらと湛睿手沢本の巻1末に添える題記[9]を手がかりとして，鮮演を契丹の学僧と認め，彼が若年に唯識を学び，ついで華厳教学に取り組んだこと，そして『決択』を著した頃には500人もの門人を抱え，華厳学の第一人者として法座を開いていたことを論じた。

鮮演に関わる情報量は「鮮演墓碑」の発見により一挙に増大した。彼が契丹の学僧であることが確定し，俗姓，本貫，師僧，住寺履歴などが判明したほか，『決択』のみならず数多の著作をものしたことも明らかとなり，本碑を通して我々は鮮演という人物の輪郭を明確に捉えることが可能となったのである。

Ⅱではこの「鮮演墓碑」に基づき鮮演の事績を概観する。なお遼上京博物館所蔵の拓本によって著者が作成した鮮演墓碑の録文を本章末に付しているので，こちらもあわせて参照いただきたい。

Ⅱ　鮮演とその周辺

「鮮演墓碑」が出土した林東鎮から西に向かうこと約40km，バイリン左旗とバイリン右旗の旗境を越えると崗根蘇木と呼ばれる地に至る。ここは契丹の治下に懐州と号し，「鮮演墓碑」には「懐美之州」と表現される。外周約2kmのほぼ正方形を呈した城址が残っており，城壁の一部が現存し，城内には建物の遺構も確認される。この北約3kmの地に太宗堯骨と穆宗述律の陵である懐陵が存在する。懐州はこの懐陵の維持管理に当たる奉陵州として位置付けられていたものである。

興宗只骨の治世も半ばを過ぎた重熙16年（1047），鮮演はこの懐州に生

をうけた[10]。俗姓は李氏。父の名を従道，母を楊氏といい，その先は太宗堯骨の会同年間（938-47）に懐州に移住させられた燕京方面（北京市）の漢人と見られる[11]。学問的素養を有する夫婦で，とくに母の楊氏は仏教信者であったらしく，鮮演に対して儒教のみならず仏教の典籍を用いて教育を施している。後に出家というかたちで具体化する鮮演の仏道に対する志向は，第一に母の教育によって形成されたと見てよい。

　鮮演は儒典・仏典のさわりを教わるだけでこれに長じたと言い，その非凡さはたちまち世間に伝わり，やがて同じく懐州を出身とする上京開龍寺の太師大師（法諱は不明）の耳に届いた。開龍寺は「鮮演墓碑」が出土した林東鎮北郊小山の塼室墓一帯にその所在地が比定される[12]。本寺は『遼史』巻11 聖宗紀 統和4年（986）7月条にも見えている。

　　辛巳，捷を以て天地に告ぐ。宋の帰命せる者二百四十人を以て従臣に
　　分賜す。また敵を殺すこと多きを以て，上京開龍寺に詔して仏事を建
　　てしむること一月，僧万人に飯す[13]。

　北宋では雍熙3年に当たるこの年の3月，太宗趙匡義は，北に対峙する契丹の君主の聖宗文殊奴が即位してまだ日が浅く，かつ年少——当時16歳——であるため，ここに攻め入る好機と考え，曹彬・潘美・田重進らに兵を与えて河北と山西の諸州を攻略させた。侵攻をうけた契丹側は，軍事に長けた承天皇太后（景宗睿智皇后蕭燕燕）が文殊奴を伴って親征し，諸将の活躍を得て北宋軍の兵站を断ち，大いにこれを撃ち破った[14]。

　この戦役において多数の北宋将兵を殺したことを理由に，文殊奴は開龍寺に詔を降して1カ月にわたって法会を執り行わせ，僧1万人に施飯している。今次の法会は，北宋の戦没将兵を供養することにより，文殊奴の慈徳を内外に知らしめることを主目的としたものであろう。この法会は上述のように極めて大がかりなものであった。その催行を可能とした開龍寺が相応の規模を誇る大刹であり，かつ契丹帝室と密接な関わりを有する寺院であったことをうかがわせる。

太師大師はこの開龍寺に住し，なおかつ「太師」の官銜を帯びることから[15]，帝室と関係をもった上京方面の有力僧と見てよい。「鮮演墓碑」によると，太師大師は巷に広まる鮮演の評判を聞くや，自らその居家に赴き，一見して彼の資質を見抜き，これを伴って開

PL.5　上京開龍寺址

龍寺に帰ったという。これより鮮演の仏教者としての人生が始まる。

　開龍寺に出家した鮮演は，太師大師のもと，13歳で得度し，同時に具足戒を受けて比丘となった[16]。清寧5年（1059）のことである。その後，鮮演は各地の高徳に参ずべく開龍寺を離れて遊行に出る。彼はまず中京大定府（内モンゴル・赤峰市寧城県）に赴き，ついでさらに南下して燕京に入った。ともに契丹五京のうちに数えられ，多くの寺院が軒を連ね，仏塔がそびえ立つ国内屈指の仏教都市である。これらの地においていかなる僧を訪ねたのか「鮮演墓碑」は何ら語るところがないが，この遊行は鮮演の学問的基盤を形成した重要な時期であったと考えられる。

　鮮演は遊行で訪れた燕京においてひとつの転機を迎えた。この地において日々講席に臨むなかで，鮮演の名は次第に高まり，秦楚国大長公主すなわち文殊奴の第二女・巌母菫の知るところとなった。鮮演は巌母菫に請われて燕京竹林寺の講主に就任したのである。

　竹林寺は，清寧8年（1062）に巌母菫が燕京城内の左街顕忠坊にあった私邸を施捨して改め，査刺が賜額した寺院である[17]。巌母菫の母は聖宗欽愛皇后蕭耨斤である。第1章に論じたように，蕭耨斤は亡き夫・文殊奴の追善を主目的として慶州城内に八角七層の釈迦仏舎利塔を建立するなど，熱心な仏教信者であった。

PL.6 懿州城址（西壁から東に塔営子塔を望む）

文殊奴と蕭耨斤の間にはいまひとり娘がいた。第三女の槊古である。彼女は自己の投下領の懿州（遼寧・阜新蒙古族自治県北）において私邸を施して宝厳寺（薬師院）を建て，州内では「薬師公主」と呼ばれていた（『遼東行部志』pp.2533a-2534a）。また清寧5年（1059）には燕京城内の棠陰坊にあった私邸を施して一寺を創建している。その造営にあたっては道宗査剌と槊古の娘である懿徳皇后蕭観音が助成し，寺が落成するや，帝は自ら筆を振るって「大昊天寺」と賜額した。本寺の初代住持は契丹人であり，法諱を志智という。蕭耨斤の弟（蕭孝穆または蕭孝恵）の一族である[18]。

厳母菫と槊古姉妹の仏道への志向は，父の文殊奴と母の蕭耨斤の薫陶により形成されたものと思しく，この姉妹と同腹の只骨が，のちに崇仏皇帝として名を馳せたことも首肯される[19]。当時の契丹帝室が家族ぐるみで仏教を信奉していた様子が見て取れる。

査剌の清寧年間以後，燕京城内には，竹林寺と大昊天寺という厳母菫・槊古二人の帝室女性の邸宅を前身とする勅額寺院が並立していたことになる。鮮演はこの一方の講主を任されたのであり，当時20歳になるかならないかの彼にとっては破格の待遇と言わざるを得ない。ここには，鮮演本人の力量もさることながら，彼が上京仏教界の大物と思しき開龍寺の太師大師の弟子であったことも多分に影響していよう。

竹林寺の講主をつとめること1年余，鮮演の評判を耳にした査剌は，彼に紫衣と慈恵大徳号を賜与した。ちょうどこのころ，燕京には『釈摩訶衍論通賛疏』10巻の撰者として知られる学僧の守臻[20]がいた。守臻もまた鮮

演の存在を知り，これを高く評価していたようで，咸雍3年（1067）に燕京に駐蹕した査刺[21]に対して鮮演を推薦している。これをうけて査刺は，鮮演を上京開龍寺と黄龍府（吉林・長春市農安県）の講主に任命した。守臻が査刺に対して一定の発言力を有していたことがよく分かる。このとき鮮演は21歳であった。

　これ以後，鮮演は教学研究に打ち込み，生涯に多数の著作を生み出した。「鮮演墓碑」には『仁王護国経融通疏』『菩薩戒纂要疏』『唯識論掇奇提異鈔』『花厳経玄談決択記』『摩訶衍論顕正疏』『菩提心戒』『三宝六師外護文』そして諸経の戒本を掲げる[22]。

　『仁王護国経融通疏』は護国経典として名高い唐・不空訳『仁王護国般若波羅蜜多経』の研究書である。護国経典はその性質から政権上層における受容が顕著となる。たとえば先述の蕭槼斤が建立した慶州釈迦仏舎利塔の相輪下部覆鉢内には数多の仏教文物が奉納されており，このなかに『仁王護国般若波羅蜜多経』と比肩する護国経典『金光明経』の残巻を見出せる［徳新・張漢君・韓仁信1994：32］。本仏塔は聖宗文殊奴の追善供養を主目的とする一方，鎮護国家の機能も期待されていたことが分かる。契丹支配階層を中心に高まる仏法に基づく護国思想。鮮演が本書を著した背景には，かかる状況が浮かび上がるのである。

　『菩薩戒纂要疏』と『菩提心戒』および諸経の戒本は，僧俗を問わずあらゆる人々が受持可能な菩薩戒に関わる典籍である[23]。契丹においては菩薩戒の授受（伝戒）が盛行しており当時の学僧は多く伝戒僧でもあった。鮮演も査刺の聖旨を奉じて前後72回にわたって戒壇を開き，数多の人々に菩薩戒を授けている（「鮮演墓碑」第18行）。『菩薩戒纂要疏』以下の著作は，鮮演が菩薩戒の実践者（伝戒僧）であるとともに，戒学者でもあったことを示唆するものである。

　『唯識論掇奇提異鈔』は唐・玄奘訳『成唯識論』の研究書と見られる[24]。契丹において唯識（法相）学は華厳学と比肩する地位を得ており，燕京方面を中心に講席が盛んに開かれるなど活況を呈していた［竺沙雅章2000C：4-12］。こうした唯識学の第一人者が『弥勒上生経疏科』や

『同・会古通今鈔』などの撰者として知られる燕京憫忠寺の学僧・詮明（詮暁）である。鮮演は『決択』のなかでも唯識学の重要性を明確に説いており[25]，これは先のIに触れたように彼が若年より唯識を学んでいたことと無関係ではなかろう。

『花厳経玄談決択記』すなわち『決択』は唐の澄観が著した『華厳経疏』の巻3までと，その復注の書である『華厳経随疏演義鈔』の巻15までの重要な語句について解釈を施したものである[木村清孝1980：306]。契丹仏教を支えたひとつの大きな柱が華厳学，とくに澄観のそれであったことがすでに指摘されており[竺沙雅章2000A]，鮮演の華厳学もまたその系統のうえに位置するものであったことが分かる。

『摩訶衍論顕正疏』は後秦・筏提摩多訳『釈摩訶衍論』の研究書である。とくに査刺の治世下には，帝自身の志向を含めて，『釈摩訶衍論』への関心が高まっていた[塚本善隆1975：515-519]。本書は，守臻の撰した『釈摩訶衍論通賛疏』，医巫閭山崇仙寺の志福の撰した『釈摩訶衍論通玄鈔』，そして中京報恩伝教寺の法悟の撰した『釈摩訶衍論賛玄疏』ともども契丹における『釈摩訶衍論』研究の盛行を裏付けるものである。

『三宝六師外護文』については判断が難しい。「鮮演墓碑」第14行には本典籍を「万行の深を筌蹄し，千経の奥を筆削」するものと述べており，これより見れば仏法の要諦を述べた論説の類であろうか。

以上，鮮演の各著作について簡単に触れた。これらの著作の存在は，鮮演の学問が契丹に展開した主要な宗派・思想を網羅していたことを明確に物語るのである。

さて，鮮演は大安5年（1089），43歳のときに円通悟理大師の号を賜り，その5年後，大安10年（1094）冬に興中府興中県（遼寧・朝陽市）に移ることを奏請して許された。遷住の動機は明らかではなく，新たな住寺も特定できない。

興中府のあたりは，漢代には柳城，唐代には営州と呼ばれ，4世紀前半に鮮卑系の慕容皝（前燕太祖）がここに都を置いて以来，遼西の要地として知られる。興中府は，その南に接する大凌河流域の肥沃な土壌と，遼

東・高麗方面と上京・中京・南京方面を結ぶ中継点としての立地を背景に，遼西随一の都市として繁栄した。現在の朝陽市城区内に屹立する北塔と南塔，そして郊外の鳳凰山に聳える雲接寺塔とその北に位置する大宝塔など，本市域内にすがたをとどめる契丹時代の堂々たる仏塔は，その創建・重修を支えた興中府の官民の高い資力を知らしめるとともに，本府における仏教信仰の盛行を裏付ける。

　興中府内外には寺院も数多く存した。そのなかのひとつ和龍山（現在の鳳凰山）華厳寺は，天授皇帝すなわち世宗兀欲の建立した寺院と言われる[26]。査剌の時期においては『華厳経随疏演義集玄記』6巻や『華厳経随疏演義逐難科』1巻の撰者である華厳学僧の道㢸がここに居していた[27]。当時の華厳寺がこの道㢸のもとに興中府方面における華厳学研究の一拠点として機能していたことは想像に難くない。また興中府の西方には経・律・論の三学を修める学問寺としての性格をもつ三学寺が置かれていた[28]。これらの事実にその一端がうかがえる如く，興中府一帯は仏教学研究の盛んな地域であり，このような環境が鮮演を誘ったのかもしれない。

　興中府への遷住から2年を経た寿昌2年（1096），鮮演は崇禄大夫・検校太保を授かった。ときに50歳である。この5年後の寿昌7年（1101）正月，鮮演の最大の理解者であった査剌が混同江上流の宿営地に崩御し，皇孫の阿果が即位，乾統と改元した。契丹最後の皇帝となった天祚帝である。阿果は査剌の薫陶もあってか，祖父に劣らぬ崇仏者であった。帝は即位早々に鮮演を特進・守太保とし（55歳），乾統6年（1106）には特進・守太傅に進めた（60歳）。その6年後，天慶2年（1112）に至って鮮演は隠居した。その場所は明記していないが，「鮮演墓碑」出土の事実から見て，上京の開龍寺に戻ったのであろう。同8年（1118），病を得て72歳で示寂した。

　「鮮演墓碑」第20-22行には，鮮演の「廕を承く者」として，門人の親弟興操（賜紫・師号），興義（賜紫・崇禄大夫・鴻臚卿），興密，興智，興祚（以上，賜紫・徳号），および俗弟亨（左承制兼監察御史），俗姪永晟（礼賓副使兼殿中侍御史），俗姪永安，俗姪永寧（ともに在班祇候）の名を挙げる。

またこれに続けて，乾統4年（1104）に，父の従道を太子左翊衛校尉に，母の楊氏を弘農県太君にそれぞれ追封したことを記す。契丹の仏僧の事績を記した石刻・僧伝類において，とくに在俗の親族に対する恩蔭や父母の追封の事実を記録したものは珍しい。これが当時の高位僧に対する一般的な処遇であったのか否かは定かでないが，ともあれ鮮演の父母・親族に対する追封や恩蔭の適用は，当代の史料上に多見する出家者への俗官（三師三公など）授与の事例とともに，官制の影響下にあった当時の仏僧の立場を明示するのである。

　以上，このⅡでは「鮮演墓碑」に基づき鮮演の事績を概観した。ここには契丹後期の学僧の特徴的なありかたが垣間見えており，Ⅲではこの点について詳しく論じたい。

Ⅲ　学僧と捜鉢

　「鮮演墓碑」第15-17行には鮮演と道宗査剌の関係を明示する次の一文が見える。

> 　故に我が道宗，聖人の極みたるや，常に冬夏を以て，召して庭闕に赴かしめ，玄妙を詢賾し，便宜を謀議す。ただ師のみ敷揚を善くし，聴覧に協う。

　査剌は冬夏両季において鮮演を宮廷に召し出し，彼に対して仏法の深奥をたずね，また政務上の方策を議したという。

　まず「便宜を謀議す」との文言について触れておくと，仏僧が政権の枢務に携わった事例は少なからず存在しており，この一文にうかがえる，政治ブレーンとしての鮮演の立場を事実無根の虚構とはねつけることはできない。ただし，現段階でこの立場を裏付ける具体的事例は確認されないため，ここでは彼が仏法のみならず世俗の事柄に関しても査剌の諮問に応え得るだけの幅広い識見を有していたことを示すものと捉えておきたい。

　本題との関わりから重要となるのは，冬夏両季における鮮演の宮廷召致

である。ここでは「捺鉢」の存在に留意しておかねばならない。第1章の
Ⅴの（2）にも述べたとおり，契丹皇帝は一年を通じて都城に生活するの
ではなく，皇族・国舅族・臣僚たちを伴って季節毎に特定の場所に宿営し，
帳幕に起居した。これを捺鉢という。聖宗文殊奴以降，主要宿営地は季節
毎にほぼ一定している。春季が混同江（松花江）流域と，その上流の洮児
河と嫩江の合する魚児濼（月亮泡）に，夏季が聖宗・興宗・道宗三代の帝
陵として著名な慶陵からさらに北にわけいった永安山方面に，秋季が慶州
西境の諸山に，冬季がシラ＝ムレン（潢河）とラオハ＝ムレン（老哈河）
の合流域付近の永州藕絲淀（広平淀，内モンゴル・赤峰市オンニュート旗新
蘇莫蘇木東南）にそれぞれ滞在することが一般的であった。査刺とその次
の天祚帝阿果が治下の諸僧を冬営地および夏営地に召し出していたことは，
すでに古松崇志［2006C：19-20］が指摘している。鮮演の召された「庭
闕」は，上京臨潢府や中京大定府などの都城内のものではなく，上掲の夏
営地と冬営地に設けられた皇帝の帳幕（宮帳）を指すことが明らかである。
　注目されるのが，宿営地における鮮演の召致が，「常に冬夏を以て」し
たこと，つまり定期性を帯びていたことである。このことは，彼が開龍寺
と黄龍府の講主の兼任を命ぜられたこと（「鮮演墓碑」第11行）とも密接に
関わる。
　そもそも開龍寺の在る上京臨潢府と黄龍府は直線距離にして約500km
を相隔てており，一般的に見て両地域における講主の兼任は甚だ困難と言
わざるを得ない。では，どちらかの講主が虚銜ないしそれに近い存在であ
ったのだろうか。鮮演が実際に開龍寺に居たことは『決択』各巻冒頭の記
名および彼の墓碑が本寺址より出土した事実に裏付けられる。鮮演の主た
る活動の拠点は本寺にあったと見てよい。一方の黄龍府講主はどうか。こ
のように地名を冠する講主の事例はほかに確認されず，契丹一代を通じて
の常置の僧職とは思えない。類例が無いため詳細は不明と言わざるを得な
いが，名称より推察するに，黄龍府所在諸寺院の僧尼が参加する講会を掌
る立場にあったと見られる。名目のみの全くの虚銜と断ずることはできな
いが，さりとて常駐を要する繁劇の職とも見なし難い。

創建当初には「皇都」と号し[29]，契丹の首邑と位置付けられていた上京臨潢府。この上京に存する大利・開龍寺の講主を実際につとめる鮮演が，本京より地格の下がる黄龍府の講主をわざわざ帯びたことには何らかの意味があったはずである。通常は上京の開龍寺に生活していたであろう鮮演と，はるか東方の黄龍府を結びつけるものは何か。先述の如く鮮演が冬夏毎に査刺のもとに召され，いわば1年を通じた帝の捺鉢のサイクルのなかに組み込まれていたとすれば，彼と黄龍府との接点は，冬営地の藕絲淀から春営地の混同江方面に至る査刺一行の移動行動のなかに見出すことが最も合理的であろう。

傅楽煥［1984：106-158］に収める「遼史遊幸表證補」によると，査刺が同一年次に混同江と魚児濼の両地域に宿営した事例が散見する。そこでは，おおむね混同江の名が日程的に先に現れ，その後に本河上流の魚児濼の名が挙がる。つまり査刺の一行は，南方から北行して混同江に接近し，本河流域に宿営した後，これを遡り魚児濼に赴いたことが分かる。このことを念頭に置き，藕絲淀から混同江・魚児濼に至る査刺一行の移動ルートを求めると，藕絲淀からシラ＝ムレンとラオハ＝ムレンが合して注ぎ込む西遼河に沿って東行し，現在の開魯県・通遼市等を経て，遼源市付近で道を東北にとり，伊通河ないしその東方の飲馬河に沿うかたちで北上，黄龍府を経由して伊通・飲馬両河の注ぎ込む北流松花江に至り，ここから東流松花江の上流を目指して西北行したと考えられる[30]。

伊通河の中流域西岸に位置する黄龍府は，契丹国東方の軍事拠点であり，かつ南は東京遼陽府へ，西は上京臨潢府へ，北は混同江からさらにマンチュリアの奥地へと通ずる交通の要衝，中継都市として知られる［田村實造1939：79，項春松2007：40］。査刺一行は，北上の途上に物資の補給や休息のため一旦黄龍府に入るか，本府近郊に宿営することが少なくなかったであろう。鮮演と黄龍府との接点はここに認めるべきで，すなわち彼は黄龍府を経由する冬営地から春営地への移動に従行していたと考えるのである。

鮮演が黄龍府滞在の後，開龍寺に帰還したのか，それとも査刺一行にそ

のまま随伴して春営地まで赴いたのかは定かでないが，ともあれ黄龍府講主の肩書きは，冬営地から春営地への鮮演の従行に根拠（あるいは正当性）を与えたものと言える。またこれが肩書きとして存在すること自体が，鮮演の従行が単発的なものではなく一定の頻度を伴うものであったことを示唆する。鮮演は査剌の召致に応じて冬夏毎に宿営地に赴き，とくに冬季に関しては，春営地への移動時まで侍側期間の食い込むことがあったことになる。

　ところで当時は宿営地に仏僧を召致していかなる行事が営まれていたのか。これについてはすでに古松崇志［2006C］の言及があるが，いま改めて整理すると次のようになる。

　①【皇帝による講経】

　大安5年（北宋・元祐4年，1089）秋8月に賀遼国生辰使として契丹に入朝した蘇轍の言によると，査剌は夏季毎に五京の諸僧および群臣を宿営地に会せしめ，自ら経典をとり，彼らに講義したと言う[31]。蘇轍が使いした時点では，すでに夏捺鉢が終了しているはずであるから，上記の光景は彼自身が実際に目にしたものではなく，契丹側の人間より聞かされたものと思われる。「尤も釈典を精しくし，讃・序・疏・章の作有り」[32]と称されたように仏典に精通した査剌なればこその行動と言える。

　②【皇帝の仏法聴講】

　査剌は召致僧より仏法の講義をうけ，また彼らと議論していたことが確認される。前述①【皇帝による講経】にもうかがえる帝の仏法に対する深い理解は，このような行動のなかで培われたものと言えよう。個別事例を挙げると，このⅢの冒頭に見たとおり，査剌は冬夏毎に鮮演を宮帳に呼び寄せて「玄妙を詢隨し」たほか，『釈摩訶衍論賛玄疏』の撰者である法悟を繰り返し宮帳内に侍らせて講義を聞き，さらに燕京永泰寺の恒策を冬営地の耦絲淀に召し出し，彼が当地に設けた戒壇に足を運んで問法している[33]。また『大日経義釈演密鈔』の撰者である燕京円福寺の覚苑に詔を降して講会を開かせており[34]，これも同一の範疇に包括されるものであろう。

③【支配階層に対する伝戒】

契丹における伝戒すなわち菩薩戒授受は，皇帝をはじめ皇族や大臣など支配階層を巻き込んで盛行した。査剌は燕京馬鞍山慧聚寺の著名な伝戒僧である法均を縟絲淀の宮帳に招いて受戒した［古松崇志2006C：9-10］ほか，守道や志達なる僧を同様に冬営地に呼び寄せて宮帳の内殿に伝戒させている。また鮮演に命じて行わせた前後72回に及ぶ伝戒のなかにも宿営地宮帳におけるものが少なからず含まれていよう[35]。天祚帝阿果も即位早々に燕京開悟寺の法頤を召して同様に伝戒させたことが確認される。とくに守道・志達・法頤の事例は『遼史』中に見えるものである[36]。一般的に仏教に関わる事柄を書きとめることの少ない正史において，かかる事例が複数収録されていることに，我々は当時の宿営地宮帳における伝戒の盛行をうかがい知ることができるのである。なおこの宿営地宮帳の伝戒に関わり，契丹皇帝が治下の伝戒僧に「内殿懺悔主」という肩書きを与える場合があった。史料上には査剌の時代に初めて確認され，恒策と正慧大師（法諱不明）が帝の内殿懺悔主をつとめ，法頤と恒簡そして引き続き正慧大師が天祚帝阿果の内殿懺悔主をつとめている。これについては第3章において詳しく論じる。

以上に示した①から③が宿営地における仏僧召致を伴う主要行事として史料上に確認されるものである。これらは契丹皇帝と大臣たちが国政および軍事行動を議して決定を下す冬夏両季の宿営地において主に執り行われていた。査剌の頃から仏事が政治・軍事とともに政権の枢要事項と認識されていた状況が見て取れる。

ここで宿営地における仏僧の召致について，とくに学僧に注目して，そのもつ意義を考えてみたい。まず学僧にとって仏法が精緻な経典研究のうえに追究さるべきものであることは言を俟たない。彼らは経典・論書（および関連する注釈書などの先行研究書）を一字一句吟味し，解釈して，その所説の深奥を探り出す。こうして得た知見を自己理解にとどめておくことは，「利他」を本質とする大乗の仏徒たる立場に悖る行為である。ゆえに

彼らはその知見をもって他者を導くべく活動する。その主たる手段が，講経に代表される仏法の対面講義——かりに「講法」と称す——である。

前掲②【皇帝の仏法聴講】は，召致学僧の立場で見れば，皇帝すなわち査剌に対する講法である。講法を受け持つ学僧の力量が最高権力者たる査剌の御心に適ったとき，そこに彼らの本分に関わる恩恵がもたらされる。たとえば法悟について以下のように見える。

しばしば内殿の談に陪い，深く中宸の旨に副う。たまたま衆請に因りて聡聞に達するを獲，たちまち特に兪音を降し，広く隠義を求めしむ。是の由に精ら慧器を滌い，密かに詞鋒を淬ぎ，研精甫めて十旬を僅かにし，理を析け遂に五巻を成す。たまたま進奏に当たり，果たして褒称せられ，乃ち号を賜いて賛玄疏と曰う[37]。

上は法悟の著作『釈摩訶衍論賛玄疏』の成立の経緯を述べた一文である。査剌は，衆人（主に僧侶であろう）の請に基づき，法悟に『釈摩訶衍論』の深奥の義理を求めること——具体的には本論に関わる研究書の撰述——を認可した。査剌をこのように促したものは，帝自身の『釈摩訶衍論』に対する志向と，『釈摩訶衍論』研究者としての法悟に対する高い評価であろう。右文冒頭の「しばしば内殿の談に陪い，深く中宸の旨に副う」との一文に読み取れる如く，査剌は頻繁に法悟を宮帳内殿に召し入れ，恐らくは『釈摩訶衍論』を中心とする仏法談義を行うなかで，己を満足させる法悟の優れた学識を実感していた。法悟による『釈摩訶衍論』の研究書撰述を求める衆人の請が査剌の耳に達するや，帝がすぐさまこれに応えて法悟に許可を与えたことは，衆人の人選が帝自身の感覚と一致したからにほかならない。こうして成った法悟の著作に，査剌は『釈摩訶衍論賛玄疏』の名を賜与した。契丹皇帝が賜名した書である以上，本書の雕印は政権レベルで行われたと見てよい[38]。

覚苑についてもほぼ同様の状況が確認される。その著『大日経義釈演密鈔』の自序に，

茲に旨を邃くし，夙に宸懐を促し，爰に瑣才に命じて，秘呪を宣べし
む。……大康三年，忽ち綸旨を降し，神変経（＝『大日経』）の疏・
鈔・科を進めしめんとす。則ち密教司南の時至るなり。是において敬
みて聖澤に酬い，兼ねて輿情に副わんとし，強いて群詮を撫い，謬り
て斯の解を成し，これを目して演密鈔と曰う。たまたま前冬に，詔あ
りて行在に赴き，面奉進呈するに，勅して雕印せしむ[39]。

とある。覚苑が査剌の命により「秘呪を宣べ」たというのは，同書に付す
趙孝厳の引文に言及されるとおり，帝の詔によって彼が講会を開いたこと
を指すものであろう（前掲②【皇帝の仏法聴講】参照）。「秘呪」とは「秘密
呪」すなわち真言・陀羅尼のことであり，転じてこれらに象徴された密教
の教義や経典を指すと見てよかろう。この講会を経て，体験的に形成され
た査剌の覚苑に対する評価が，のち大康3年（1077）に，帝が彼に対して
『大日経』研究書の撰述を命ずるひとつの前提になったと考えられる。覚
苑はこのときに撰した書を『大毘盧遮那成仏神変加持経（大日経）義釈演
密鈔』と題し，冬営地に在った査剌に召されて，これを奏呈したところ，
帝は勅して本書を雕印させている。

　上の両事例において，査剌が宿営地に召し出した法悟と覚苑の講法を受
けた結果として両人に命じて著作を撰述させ，これらを雕印したことに注
目したい。著作の撰述と雕印はすなわち著者の教学を有形化してこれを流
通させることを意味する。先に冬夏両捺鉢の宿営地における仏事挙行の事
実をとりあげて述べたとおり，査剌以降において仏事は政治・軍事ととも
に政権の枢要事項と認識されていた。ここに見出せる政権と仏法の不可分
性を，政権の最高位にある査剌自身が可視的なかたちで表明したものこそ，
帝命のもとに撰述・雕印させた召致学僧の著作にほかならない。当該著作
の読者は崇仏の在俗知識人層と僧尼にほぼ限られていたであろうが，その
刊行を査剌が主導した事実そのものが重要な意味をもつ。自国の学僧たち
の優れた教学を見出してかたちを与え，これを国内に（場合によっては国
外にも）流通させることは，「菩薩国王」と讃えられるなど[40]，仏法をもっ

て臣民を導く君主と見なされていた査剌がつとめるべき行為のひとつであった。

また召致学僧の側にとっても査剌の命による著作の撰述と雕印は重要な意味をもつ。帝の権威[41]と政権レベルの事業としての規模を背景に，自己の教学の広域的通行とその所説への注目を促すことが期待できるのである。

なお鮮演に関しても，査剌に対するその侍側の頻度と期間を考慮すると，「鮮演墓碑」に列挙された彼の著作のなかに政権の支援下に刊行されたものが含まれていたことは十分に考えられる。

Ⅳ　鮮演の著作と高麗義天

『決択』をはじめとして数多の著作をものした鮮演の存在は，隣国の高麗にも知れ渡っていた。「鮮演墓碑」第15行には次の一文が見える。

　　　是の由に高麗外邦，僧統傾心し，大遼中国，師徒翹首す。

僧統とは高麗の祐世僧統すなわち義天のことである。文宗（在位1047-82）の第四子である義天は，宣宗2年（1085）に入宋し，江南華厳宗の中興の祖たる浄源をはじめとして各地の高僧に参じ，帰国後は興王寺に住して教蔵都監を設け，契丹・北宋・日本より広く仏教典籍を求めた。このときに収集した典籍の目録として『新編諸宗教蔵総録』を編み，また国内の既存典籍と併せて『高麗続蔵経』を刊行したことはよく知られている。

対外的に仏典を求めていた義天は鮮演にも関心を示し，その著作を所望するに至った。『決択』は義天が入手した鮮演の著作のひとつである。本書は義天が住持し教蔵都監が置かれた興王寺において，寿昌2年（1096）に『高麗続蔵経』の一部として雕印されている（註〈9〉参照）。この年次以前に義天が『決択』を手に入れていたことが分かる。

このほか鮮演の著作が義天の手元に渡ったことを示す注目すべき史料として『大覚国師外集』巻8所収の「大遼御史中丞耶律思斉書　第三通」（以下「第三通」と略記）がある。この史料についてはつとに大屋徳城が言及

するも，文面の難解さゆえに内容には踏み込んでおらず［大屋徳城1988：
33］，のちにこれをとりあげた王承礼と李亜泉も同様の状況にとどまって
いる［王承礼・李亜泉2001：59-61］。ゆえにこのⅣでは改めて「第三通」
の読解と内容の分析を行い，これに基づいて当時の契丹と高麗の間におけ
る仏教文化交流の具体例を提示したい。

　「第三通」の表題に見える耶律思斉は，寿昌3年（高麗・粛宗2年 1097）
12月に高麗国王（粛宗）冊立の使者として入麗した人物で，当時は「臨海
軍節度使検校太傅兼御史中丞」の肩書きを帯びていた[42]。『遼史』には立
伝されていない。『大覚国師外集』巻8には耶律思斉が義天に宛てた書簡
3通を収める。これらが受信順に序数詞を付して移録・排列されたもので
あれば，「第三通」は時間的に最も新しいものとなる。

　まず「第三通」に先立つ2通の書簡（「第一通」「第二通」と略記）につい
て簡単に触れておきたい。「第一通」は義天への思慕の念と惜別の情を綴
ったものである[43]。史料上，耶律思斉が義天と直接面識をもったと思しき
機会は，上述の寿昌3年12月の入麗時以外には確認されないため，この時
に両者は知り合ったと考えてよかろう。

　当時，義天は契丹国内でも著名な存在であり，契丹の使者が入麗すると，
みな請うて義天に参拝し，高麗の使者が契丹に至ると，必ず義天の安否を
尋ねたという[44]。耶律思斉とは別の時期に使者として高麗に赴いた王蕚な
る人物が，義天の住した興王寺の小鐘の見事さを賛美し，これを聞いた義
天が王蕚に対してこの鐘を査刺に献上することを申し出たとの話がある[45]。
これなどは入麗した契丹の使者が義天のもとに参じていたことを示す好例
である。

　耶律思斉も王蕚と同様に興王寺に赴いて義天にまみえ，その人物に触れ
るなかで，彼を仰慕するに至ったと見られる。その文面からは義天を崇敬
し彼との離別を悲しむ耶律思斉の心のうちが手に取るように分かる。本書
簡は耶律思斉が使者としての役目を果たして帰国する際に，あるいは帰国
後ほどなくして，したためたものであろう。

　なお耶律思斉の帰国は寿昌4年（1098）春と推測され［王承礼・李亜泉

2001：60］，義天は乾統元年（1101）10月に示寂しているため，「第一通」
以下の3通の書簡は，この約4年の期間に届けられたものとなる。

　「第二通」は義天より仏教典籍を贈られたことに対する返礼の書簡であ
る[46]。義天がいかなる典籍を耶律思斉に贈呈したのか，その具体名は明記
されていないが，思斉はそれらを「西竺の玄風」および「南宗の密印」と
いう文言で表現している。まず後者の「南宗の密印」は中国禅の南北二宗
のうち曹渓慧能を祖とし荷沢神会によって大成された南宗禅の関連典籍と
認めてよかろう。契丹においては，慧能の著した『六祖壇経』や南宗禅の
由来を説く智炬の『宝林伝』を，査刺が偽妄の書として焚毀するなど［竺
沙雅章2000D：102］，南宗禅は異端視されていた。当時の契丹国内に南宗
禅典籍が大々的に通行していたとは思えず，義天はこのような事情を汲ん
で高麗国内に存した当該典籍（義天自身が北宋から入手したものか）を贈呈
したと考えられる。もちろん耶律思斉が契丹国内に入手困難であることを
もって自ら所望した可能性もある。そうしてこれらのことを踏まえると，
前者の「西竺の玄風」についても契丹において希少ないし未見の仏教典籍
であった可能性が高い。あるいは義天が持ち帰った北宋の新訳経典であろ
うか。

　そして本題の「第三通」である。書き下し文ではいささか意味がとりに
くいため，この史料のみ日本語訳したものを次に掲げる。

　前の書簡のなかで，鮮演大師に章疏を撰集させることをお求めになり
ましたので，前回宮帳に到ったおり，すぐに大仁恵提点とともに奏上
いたしました。皇帝の聖旨があり「次の冬に諸大師たちがやって来る
のを待ち，再び奏上せよ」との仰せでした。ところが大仁恵に事があ
り，現在まで行わせることができていません。いま家兄の王華が副提
点となっており，今回再びゆくのをまって，きっと諸事終わることで
しょう。また太師の智佶大師につきましては健やかにされています。
彼が撰集した教義は，新たにすでに奏上して雕印・流通しています。
わたくしが慮りますに以前の草稿に疎漏や誤りがあり，また新しく雕

印したものを持って参りました。太保の鮮演大師もまた健やかにされています。彼の記文はかの地で雕印して進呈されたことにより，後にまた大朝によって雕印させ流通させています。鮮演大師が平生にいかに感謝しているのかを述べつくすことはできません。このたび持っていた書をくわしく読んだところ，抄写した人に筆を誤られ，音は同じでも文字を間違ったところが少なくないため，新しく雕印したもの一部を持たせて献呈致します。また前の慶録大師の撰集した釈摩訶衍論の記文一部，および御義五巻，あわせてわずかばかりの献上品をお持ち致します。このほか，少し商品がございますので，法尊に託してあらかじめ手配して密かに献じさせ，また別に売買を行いたいと思います。慈悲を賜り，方便をもって事情をお察し頂き，早々に委細をお伝えくださいますよう[47]。

　冒頭の原文「前録内，欲令鮮演大師撰集章疏」は２通りの主語（義天もしくは耶律思斉）を想定できる。ただ義天が『新編諸宗教蔵総録』の編纂後も引き続き典籍収集を図っていたことを踏まえると[48]，上文の「欲」以下の内容を耶律思斉の自発的行為と見るよりは，義天の要望とする方がより可能性が高いと思われる。ゆえにいまは義天を主語として，彼から耶律思斉に対して鮮演の章疏撰集を求める旨の書簡が届いたと解釈しておく。
　耶律思斉は義天の要望に応えるべく宿営地の宮帳に赴き，提点の大仁恵とともに査剌に奏上して鮮演による章疏の撰集を請うた。大仁恵の帯びる「提点」は，この場合，典籍刊行の責任者の肩書きと考えられる[49]。耶律思斉と大仁恵の奏請をうけた査剌は，両人に対して，次の冬に諸僧が至るのを俟って再び奏上せよ，との聖旨を降した。査剌は諸僧にまざってやって来る鮮演本人の意見を聞くために結論を保留したと見られる。諸僧の来る場所は，査剌の冬の在所すなわち冬捺鉢の宿営地にほかならない。この聖旨は前のⅢに言及した，査剌の冬営地における仏僧召致を裏付ける史料としても注目される。
　結局，査剌の指示した２度目の奏請は大仁恵の都合で実行に移されなか

った。このようななか耶律思斉の兄の王華[50]が副提点となり，奏請を行うことになった。大仁恵を提点，王華を副提点として鮮演の章疏を刊行する体制が整えられたことが分かる。

「第三通」前半は上の如く義天の要望についての現段階での対応を報告したものである。耶律思斉はこの報告に続いて，智佶なる僧の息災であることを報せ，その著作を持たせたことを述べる。智佶の僧伝や遺行碑の類は現在のところ確認されていない。ただ『大覚国師外集』巻11に智佶が義天に贈った詩を収録しており，その序文の末に「大遼天慶寺伝戒苾蒭智佶奉上」との記名が見える[51]。智佶は義天と親交のある契丹の僧であった。俗官（太師）を帯びることから査剌とのつながりも読み取れ，帝の宿営地に召致されていた僧のひとりであろう[52]。また彼は著作を有する点で学僧と思しく，「伝戒苾蒭」の肩書きが示すように菩薩戒の授戒を行う伝戒僧でもあった。その住寺の天慶寺は中京大定府と興中府の両処に存在を確認できる[53]。智佶は興中府の天慶寺にいたようである[54]。

智佶の話題の次はいよいよ鮮演について言及している。まず智佶と同じく鮮演が息災であることを報せ，ついで彼の著作を持参させたことを述べる。この著作は義天が鮮演に対して撰集を求めた章疏とは別ものである。「第三通」はこれを「記文」と記すのみで，表題や内容は分からない。

この「記文」は「かの地」（原文は「彼處」）で雕印して進呈されたことによって，その後「大朝」つまり契丹によって雕印・流通されたという。順序が逆になるが，まず「大朝」による雕印・流通とは，契丹の官設の印刷施設すなわち燕京弘法寺の印経院[55]において刊行したことを指すと見て良い。当然ながらこれは査剌の命下に行われたものである[56]。

つぎに「かの地」における雕印と進呈について。「かの地」とは何処を指すのか。この疑問を解く鍵は，後段の「鮮演大師が平生にいかに感謝しているのかを述べつくすことはできません」との文言にある。耶律思斉が，鮮演の感謝のさまをわざわざ義天に伝えたことは，鮮演の謝恩の対象が義天であったことを示す。鮮演が義天に感謝した理由は，すぐ前段の文言が示唆している。すなわち鮮演の「記文」をして政権支援下の刊行（弘法寺

印経院における雕印・流通）という栄誉を獲得せしめた要因を義天が与えて
くれたからであろう。その要因とは「かの地」において「記文」が雕印・
進呈されたことにほかならない。とすれば「かの地」は義天の祖国の高麗
を指すと考えることが自然である。

　要するに鮮演の「記文」は契丹国内に大々的に通行する以前に高麗の義
天の手元に渡っていたのである。義天が入手した時点での「記文」は鮮演
のもとで小部数が書写ないし雕印される程度のものであったと考えられる。
あるいは義天への贈呈を目的に鮮演が撰述した孤本であったのかもしれな
い。いずれにせよ契丹国内の広域的な流通ルートにのった典籍でなかった
ことは確かである。義天はこの「記文」を手に入れると，おそらくは教蔵
都監の置かれた住寺の興王寺において雕印し，その刊本を契丹に進呈した
のである。

　査剌は義天より進呈された「記文」を燕京弘法寺の印経院において雕印
して国内に流通させた。査剌のかような行動は，義天が「記文」を雕印し
て高麗に流通させたことをうけたものと見て良い。義天の行為が査剌の崇
仏事業に強く作用していた状況を読み取れる。そうしてこの刊本は耶律思
斉により改めて義天に贈られたのである。

　従来，我々が認識するところの契丹・高麗間の仏教典籍の流通は，自国
の典籍あるいは第三国である北宋や唐・新羅など前王朝の典籍の単方向的
なやりとりである。ところがこれ以外にも，契丹の典籍が高麗を経由して
再び契丹に流入するという，逆輸入のようなかたちの流通がなされていた
ことが明らかとなった。両国間にかような流通形態が存在していた事実を
知らしめる点で，「第三通」のもつ史料的価値は極めて高いものである。

　さて，耶律思斉は智侁と鮮演の著作のほかにも，「前の慶録大師」の撰
にかかる『釈摩訶衍論』の「記文」一部，『御義』5巻，それにいくつか
の献上品をもたらした。

　まず『釈摩訶衍論』の「記文」を撰した「前の慶録大師」について，
「慶録」は大師号の冠称としてはいささか不自然であり，これは「慶州僧
録」を略したものと考えたい[57]。このように解すれば「慶録大師」に付さ

れた「前の」という文言の意味も通り，「前任の慶州僧録である大師（の某）」と釈読できるのである。その個人名の特定には至らないが，守臻・志福・法悟・鮮演の手に成る既知の『釈摩訶衍論』研究書のほかにも同様の書があったことになり，もって当時における『釈摩訶衍論』研究の広がりがうかがえる。

つぎに『御義』5巻に関して，第三通では「御」字の上に空格を設けており，査刺の御製典籍と考えて良かろう。先述の智佶が義天に贈った詩の序文に「御解大義」という典籍の名が見えており，これと同一のものと推察される。

「第三通」の末には，以上に述べた典籍等の贈呈とは別に取引を行いたい旨を記し，その商品を密かに持参させたという。この箇所の原文は「外有些小行貨，取法尊准備密献，為復別做買売」である。中段落の最初の3字「取法尊」の意味は判然としない。「取」には「依託する，たよる」の語義があるため[58]，「法尊」を耶律思斉の意を受けて義天との取引にあたった人物（僧）の名と捉え，ひとまず「法尊に託して」と釈読した。

当時の契丹と高麗の間における主な物流の手段は，姜吉仲［2004］の考察によると，朝貢を含めた使者とその随伴商人による取引，権場貿易，そして私貿易（密貿易）であった。ただ権場貿易については，統和23年（1005）に保州（北朝鮮平安北道新義州近辺）に権場を置くものの，同28年（1010）の聖宗文殊奴による高麗征伐を機に，高麗側の国防上の理由から振わず，閉鎖・放棄に追い込まれた。両国間の物流は，私貿易を除くと，公的使節の往来に支えられていた側面が強い。とすれば，「第三通」およびこれに付随した贈呈典籍と物品も，査刺政府の派遣した使者またはその随行員の手によって義天のもとにもたらされたと見るべきである。「第一通」と「第二通」についてもまた同様であろう。

契丹・高麗両国が派遣した使者による取引には，正規のもの——たとえば朝貢による献上品の贈呈など——とともに私的性格を帯びるものがあり，往々にして使者たちは個人的に物品の売買や贈受を行っていた。姜はこれを使者の「夾帯貿易」と呼んでいる。耶律思斉が「第三通」の末にしたた

めた隠密取引を希望する旨の文言は，まさしくこの「夾帯貿易」の存在を
裏付けるのである。

　以上のとおり「第三通」の語る事柄は多岐にわたり，いずれも重要な内
容を有している。これらのなかでとくに注目されるものが，鮮演の著作の
扱いに現れた契丹・高麗間における仏教典籍の流通形態である。本書簡に
いう鮮演の「記文」はまず高麗の義天が入手して雕印し，彼はその刊本を
契丹に進呈した。契丹の仏教典籍が高麗に流入して刊行され，これが再び
契丹に伝わるという流通のかたちが認められる。さらに，義天が契丹に進
呈した「記文」は，査剌の命下に官設の印刷施設（燕京弘法寺印経院）に
おいて刊行され，その刊本が耶律思斉によって義天の手元に届けられた。
「記文」は契丹→高麗→契丹→高麗と二重に流通したのである。

　上に述べたような，やや特異とも言える両国間の仏教典籍の流通形態に，
果たして何が読み取れるのか。この点に関する著者の見解を含めてまとめ
にうつりたい。

小　　結

　本章で論じてきたことの要点を提示する。まず「鮮演墓碑」において注
目すべきは，鮮演が冬夏毎に査剌の宿営地宮帳に召致されていたこと，そ
して帝によって上京開龍寺と黄龍府の講主に充てられたことである。ここ
には年間を通じて移動生活のなかに身を置く遊牧系国家の支配階層と学僧
の特徴的な関わり方が示されている。黄龍府は冬営地（藕絲淀）から春営
地（混同江流域）への移動ルート上に位置している。鮮演に与えられた黄
龍府講主の肩書きは，査剌の捺鉢のサイクルに組み込まれていた彼が冬営
地から春営地への移動に従行していたことを示唆するのである。

　くだって元代，カアンが夏の都である上都と冬の都である大都のあいだ
を移動していたことはよく知られている。この動きにリンクしてチベット
仏教界の最高権力者にしてカアンの宗教顧問たる帝師もまた両都間を往来
していた［中村淳1993：58-65］。このような遊牧君主の季節移動と連動す
る仏僧のすがたは，すでに契丹後期の学僧の鮮演において先例として示さ

れているのである。

契丹の国家運営の中核を担う捺鉢。査剌は冬夏両季において学僧たちを
この捺鉢の宿営地に召致していた。捺鉢の夏営地と冬営地は，学僧を召し
出す査剌にとっては，彼らと仏法を談義してその学識を確認する場であり，
政権と仏法の一体性を表明するべく，彼らの教学の有形化，すなわち著作
としての刊行を選択決定する場であった。逆に召致される学僧たちにとっ
ては，日々の学問的研鑽の成果を査剌に披瀝する場であり，政権主導下の
刊行という栄誉——自己の教学の流布と所説への注目を促すという実利を
伴う——を獲得する機会の場であった。政権主導のもとでの教学の有形化
は，査剌による教学の取捨選別の結果と捉えることもできる。査剌が『釈
摩訶衍論』の研究書の刊行に情熱を注ぐ一方，『六祖壇経』や『宝林伝』
を偽妄の書として焚毀したことを忘れてはいけない。

つぎに「大遼御史中丞耶律思斉書 第三通」に関して。本史料からは多
くの情報を引き出すことができるが，とくに注目されるものが鮮演の撰し
た「記文」の流通のありかたである。この「記文」があたかも逆輸入の如
く高麗から契丹に伝わったことに，両国間における仏教典籍の流通形態の
多様性が見て取れる。

主に公的使節の往来に依拠していた当時の契丹・高麗間の物流の実情よ
り見て，義天にとって契丹の使節が仏教典籍収集の重要な入り口であった
ことは間違いない。義天は入麗した契丹の使節と通好し，彼らを介して契
丹国内の人々（主に支配階層⁵⁹と僧尼であろう）とのつながりを築き，この
人脈に基づいて契丹の仏教典籍に関する情報とその実物の収集を行った。
「第三通」はこのような義天の行動の一端を伝えたものと言える。

義天が最初に「記文」を手に入れた時，本典籍は契丹国内に大々的に通
行していたものではなかった。義天がこの段階での「記文」を入手し得た
事実は，彼が上述の人脈に基づいて目の細かい仏教典籍の収集網を契丹国
内に張り巡らせていたことを察せしめる。

義天は入手した「記文」を自国において雕印し，その刊本を契丹に進呈
した。これは『新編諸宗教蔵総録』自序（註〈48〉参照）に表明された義

天の信念——収集典籍を秘蔵せずに刊行して公に発信し，これを後代まで伝える——に基づく行動である。当然ながらこの行動の前提には，鮮演の「記文」が世間に流通して後代に伝承されるに相応しい典籍であるとの義天の判断がある。義天より「記文」を贈られた査剌は，本典籍を官設の印刷施設（燕京弘法寺印経院）において刊行させた。義天の価値認識とこれに基づく行動に倣う査剌のすがたがここに読み取れる。当時の義天は一介の仏典収集者にとどまらず，高麗のみならず査剌以下契丹の崇仏層にも強い影響を与えた一個の宗教的権威であったのである。

　ところで「第三通」の冒頭には，義天が耶律思斉に対して，鮮演による章疏の撰集を請うたことを示す一文が見える。鮮演が章疏の撰述を完了した折には，これを刊行して高麗に流通させることを義天は意図していたのである。思斉は義天のこの請願を査剌に奏上して許可を求めており，契丹学僧の著作の流通が，国内のみならず国外の場合もまた査剌政権の主導下に行われていたことを示唆する。

　既述のとおり，当時の契丹・高麗間の交易は原則として公的使節の往来に依拠して行われていたのであり，そこには政権の意向が容易に作用・介在しよう。ここで義天が収集した契丹の教学典籍の撰者に注目すると，合計13人を見出せ，このうち査剌の治世下に活躍した人物として７人（守臻・法悟・覚苑・志福・道弼・志実・志延）を数えることができる（本章の註〈３〉参照）。この７人のうち守臻から道弼までの５人は全て大師号と俗官を帯びており[60]，鮮演と同様に政権と比較的近い距離にあった高位の学僧と考えて間違いない。志実については史料上に師号・俗官の賜与は確認されないものの，彼は査剌御製の『華厳経随品讃』の注釈書を撰述するほどに帝の信任厚い学僧であった[61]。義天の入手した査剌朝に刊行[62]された教学典籍の撰者がおおむねこのような立場の人物に集中していた事実も，契丹から高麗に至る当時の教学典籍の流通に査剌政権が関与していたことをうかがわせるのである。

註

(1) 本章では経典や論書などの研究に従事し，その方面の著作を有する僧を「学僧」と表記する。

(2) 査剌の非常な崇仏姿勢は，『遼史』巻26 道宗紀賛語に有名な「一歳而飯僧三十六万，一日而祝髪三千」（p.314）との帝の行為に象徴的に示されている。

(3) 契丹時代の学僧とその著作を概括的に把握するうえで我々が主に依拠しているのは，高麗王族の義天（王煦）の手に成る仏教典籍目録『新編諸宗教蔵総録』（1090年成立）である。つとに神尾弍春［1982：115-136］が本目録より契丹の学僧を抽出しており，これによると詮明・希麟・澄淵・非濁・思孝・保衡・守臻・法悟・覚苑・志福・道弼・志実・志延（順不同）の計13人を見出せる。彼らの大体の活動時期は，詮明と希麟が聖宗文殊奴朝かそれ以前，澄淵から保衡までの４人が興宗只骨朝，守臻から志延までの７人が道宗査剌朝である。とくに査剌の時期の学僧数は全体の過半数を占め，契丹随一の崇仏皇帝の治世下に学僧たちが精力的に活動していた状況を推察させる。

(4) 例外として『随願往生集』などの撰者として知られる非濁には碑記（清寧９年〔1063〕「奉福寺仏頂尊勝陀羅尼幢記」『日下旧聞考』巻95，pp.1587-1588）があるが，彼は主に興宗只骨朝に活躍した人物であり，その事績より査剌治下の状況を把握することは難しい。

(5) 「鮮演墓碑」第27-28行に「奎，郷係析津，職糜潢水，政懃製錦，学愧涠金，見託在茲，勉為記爾」と見える。本碑の撰者は名を奎と記すのみで，姓が分からない。「潢水」は潢河すなわちシラ＝ムレンのこと。本河川の中流域北方に上京臨潢府が置かれた。「製錦」は郡邑官への任官のたとえ（『左伝』襄公三十一年）。某奎は臨潢府尹（上京留守）もしくは本府属県（臨潢県以下10県あり）の県令の職にあったと考えられる。ただ，天慶６年（1116）に蕭撻不也に代わり蕭韓家奴が臨潢府尹となり，同10年（1120）には再び蕭撻不也が本官に在ったことが確認されるため（呉廷燮「遼方鎮年表」『二十五史補編』6，p.8072），本碑の立石された天慶８年にはこの蕭撻不也か蕭韓家奴のいずれかが臨潢府尹であった可能性が高い。とすると某奎の職は臨潢府内の県令と見る方が適当であろう。

(6) 唐彩蘭［2005：153］は本碑を「鮮演大師墓誌」と表記する。唐代以降，墓誌の形状は方形をとることが一般的であり，契丹時代の墓誌──表題に明記のあるもの──も明らかにこの様式を踏襲している［澤本光弘2008］。これに対して「鮮演墓碑」は上円下方の形状をとる。たしかに晋代や北魏代には上円下方の立碑形式の墓誌も確認されるが［趙超2003：50-51］，契丹時代の様式の主流には当てはまらず，本碑を「墓誌」と呼ぶには違和感

がある。なお墓室中に納める石刻には墓誌・墓碑のほかに墓記と呼ばれるものもあり［趙超2003：43-45；204］，「鮮演墓碑」第28行に見える「勉為記爾」との文言に注目すれば，本碑は「墓記」であった可能性も否定できない。

(7)　全6巻。『続蔵』第11冊に巻2から巻6を収める。また金沢文庫が弘安8年（1285）の紀年をもつ湛睿の手沢本を所蔵しており，こちらは全巻が揃う。『金沢文庫資料全書』巻2華厳篇に『続蔵』に欠く巻1を収録する。なお「鮮演墓碑」には本書を『花厳経玄談決択記』と記し，書題が若干異なる（「華厳」を「花厳」と表記するのは契丹時代の特徴）。続蔵本と金沢文庫本の書題は，竺沙雅章［2000A：146-147］が指摘する如く伝写の際に誤ったものであろう。

(8)　『続蔵』第11冊：502左上；506左下。

(9)　「写本記云，高麗国大興王寺，寿昌二年歳次丙子，奉宣雕造。大宋国崇呉古寺，宣和五年癸卯歳，釈安仁伝写。淳熙歳次己酉，呉門釈祖燈科点重看。時年七十二歳也」

(10)　「鮮演墓碑」第25-26行に「寿踰六紀，示相託疾，時過七旬，餌霊薬以無徴，成恵身而有恨」とある。1紀は12年，6紀で72年，示寂が本碑の刻記された天慶8年（1118）であるから，寿齢72で逆算すると生誕は重熙16年となる。

(11)　懐州は太祖阿保機が天賛5年（926）正月に陥落させた渤海扶余城の居民を移して築いたものである。会同年間に燕・薊方面の居民を掠取してここに住まわせた（『遼史』巻37 地理志 懐州条，p.443）。

(12)　1987年6月に当該地域において「開龍寺堆燈」の5字を墨書した匣板も出土している［王未想2002：44］。著者は2007年に現地を訪れたが，墓はすでに埋め戻され，寺院址はほとんど確認できない状態になっていた。

(13)　「辛巳，以捷告天地。以宋帰命者二百四十人分賜従臣。又以殺敵多，詔上京開龍寺建仏事一月，飯僧万人」（p.123）

(14)　この戦役に関する北宋側の記事は『長編』巻27 太宗雍熙3年（986）条（pp.602-619）に見える。

(15)　契丹においては僧侶に三師三公や崇禄大夫などの俗官を授けることがあり，これは興宗只骨の頃より顕著となる。『契丹国志』巻8 興宗紀 重熙10年（1041）条「尤重浮屠法，僧有正拜三公三師兼政事令者凡二十人。貴戚望族化之，多捨男女為僧尼」（p.113）

(16)　具足戒は20歳で受けることが本来的なかたちであるが，契丹では20歳未満で受具する事例が散見する。たとえば金城山白瀑院（北京市門頭溝区白瀑寺）の円正は，大康7年（1081）に15歳で受具している（「正公法師霊塔記」『図志』下：89）。宋においても15-16歳で具足戒を受ける事例が多く見

第2章　契丹皇帝と学僧　79

出せるという［竺沙雅章2000B：449］。

⒄　『元一統志』巻1　大都路古蹟　竹林寺条（p.33），および朱子方［1987：56］を参照。

⒅　燕京大昊天寺と初代住持の志智については古松崇志［2006B：47-50］を参照。

⒆　興宗只骨の崇仏については谷井俊仁［1996：159-173］を参照。なお当該論考中に，一事例として只骨の受菩薩戒をとりあげ，その授戒師を非濁と見なしているが，これは誤りで，正しくは古松崇志［2006C：15］も指摘する如く非濁の師の澄淵である。

⒇　守臻については第3章のⅡの（2）で論じているのでそちらを参照のこと。

㉑　史料上，査刺の燕京巡行は清寧5年（1059）10月と咸雍3年（1067）9月の両次が確認される（『遼史』巻21，巻22道宗紀，p.257，267）。「鮮演墓碑」第11行に載せる査刺の燕京巡行の記事は，秦楚国大長公主（巌母菫）が鮮演に対して竹林寺の講主を請願した記事より後に位置するため，当然この巡行の時期は竹林寺の創建（清寧8年）以後のことになる。これより「鮮演墓碑」にいう燕京巡行は咸雍3年9月のものを指すと判断できる。

㉒　このほか「鮮演墓碑」第14-15行に「楞厳の鈔文を刊すれば云々」との文言が見え，この「楞厳の鈔文」も彼の著作であった可能性がある。ここにいう「楞厳」とは主に禅宗に重んじられて流布した唐・般刺蜜帝訳『首楞厳経』を指すものであろう。禅思想にも通じていた鮮演が［木村清孝1980：317-318］，禅宗に重視された上記『首楞厳経』の研究書を撰述していたとしても不思議ではない。

㉓　書題として用いられた「菩提心戒」は密教の行者が入壇灌頂前に受ける戒として知られているが，契丹時代には一般の僧俗が受戒可能な菩薩戒として主に認識されていた（第4章参照）。諸経の戒本は各種の菩薩戒経典に説かれる大乗戒の授戒作法書であろう。

㉔　「唯識論」を名乗る典籍にはほかにも後魏・瞿曇般若流支訳『唯識論』と陳・真諦訳『大乗唯識論』がある。ただし鮮演が『決択』中に援用した唯識学の理解が『成唯識論』の解釈を踏まえていたことより見れば［木村清孝1980：316-317］，彼の著『唯識論掇奇提異鈔』は『成唯識論』の研究書であった可能性が最も高いであろう。

㉕　『決択』巻5（『続蔵』第11冊：482右b）「法相要義，不可不知。願諸後学，勿倦文繁」

㉖　『元一統志』巻2　大寧路古蹟条「華厳寺。遼天授皇帝常猟和龍山，建華厳寺」（p.214）

㉗　大康10年（1084）「重修古塔碑記残文」（『遼文』：400）「大遼興中府和龍

山花厳寺，崇禄大夫守司空悟玄通円大師賜紫沙門道弼等，奉為天祐皇帝万歳，皇族・於官・父母・師僧・一切有（情），重修古塔，載安舎利」本碑は朝陽市鳳凰山の雲接寺塔より見つかったものである。道弼とその著作については竺沙雅章［2000A：139-151］を参照。

⑵ 大定7年（1167）「興中府尹銀青改建三学寺及供給道粮千人邑碑銘」（『満洲金石志』巻3，pp.780-782）「迫及有遼建三学寺於府西，択一境僧行清高者為綱首，挙連郡経・律・論学優者為三法師，遞開教門，指引学者」三学寺については古松崇志［2006C：8-9］を参照。

⑵ 『遼史』巻37 地理志 上京臨潢府条「……神冊三年城之，名日皇都。天顕十三年，更名上京，府日臨潢」（p.438）

⑶ 地理的状況より考えて，田村實造［1939：79-80］がその存在を指摘する，上京と黄龍府を結ぶ大路（上京―黄龍府路）を途中まで利用したと思われる。本論中に示した羈絲淀から黄龍府までのルートは本路をトレースしたものである。

⑶ 『欒城集』巻42 北使還論北辺事劄子「北朝皇帝好仏法，能自講其書。毎夏季輒会諸京僧徒及其群臣，執経親講」（p.940）

⑶ 覚苑『大日経義釈演密鈔』自序（『続蔵』第37冊：1左b）。史料上に確認される道宗査剌の述作としては『華厳経随品讃』10巻と『発菩提心戒本』2巻があり（『新編諸宗教蔵総録』巻1，T.55：1167c），このほか『釈摩訶衍論』にも注釈を施している（『釈摩訶衍論賛玄疏』所引「皇上解」「御解」，『続蔵』第72冊：416左a-b）。

⑶ 『釈摩訶衍論賛玄疏』自序「法悟，畳承中詔，侍講内庭」（『続蔵』第72冊：416右b），『遼史』巻68 遊幸表 寿昌2年（1096）11月「幸沙門恒策戒壇，問仏法」（p.1073）後者『遼史』遊幸表の記事に関して，寿昌2年10月12日に査剌一行は羈絲淀に宿営しているため（『遼史』巻26 道宗紀，p.309），帝が翌11月に問法のために赴いた恒策の戒壇は，この冬営地に設けられたものと考えられる。恒策については第3章のⅡの（1）を参照。

⑶ 『大日経義釈演密鈔』趙孝厳引文「詔開講会，最上乗之至理，由此発揚」（『続蔵』第37冊：1右b）

⑶ 「鮮演墓碑」第18行に「奉＊旨開壇，七十有二，応根度衆，億兆有余。＊北闕名高，西楼器重」といい，鮮演の伝戒の事実に続けて「北闕」における彼の名の高まりを述べる。この「北闕」について，原碑では「北」字の上に空格がある。ゆえにこれが査剌の在所，すなわち宿営地の宮帳を指すことは明らかである。鮮演が宿営地宮帳に伝戒した結果，ここに彼の名が高まったと解釈することができる。

⑶ 『遼史』巻24 道宗紀 大康5年（1079）11月条「丁丑，召沙門守道，開壇于内殿」（p.284），同書巻26 道宗紀 寿昌6年（1100）11月条「丙子，召医

巫閭山僧志達，設壇於内殿」（p.314），同書巻27 天祚帝紀 乾統元年
（1101）3月条「甲戌，召僧法頤，放戒于内庭」（p.318）天祚帝紀に見える
「法頤」が「法蹟」の誤りであることはすでに古松崇志［2006C：18］が指
摘している。守素と志達の両僧は僧伝の類が存在せず，詳細不明であるが，
法蹟については後述「大安山観音堂記」（p.94参照）に事蹟を収める。なお，
この法蹟の伝戒のみ3月すなわち春営地（混同江上流域）において行われ
ている。今次の伝戒は古松崇志［2006C：18-19］が推量する如く査剌の追
善供養の要素も含むものであろうが，これ以外の意図も見出せる。このこ
とについては第3章で考察する。

(37) 『釈摩訶衍論賛玄疏』耶律孝傑引文「屢陪内殿之談，深副中宸之旨。会因
衆請獲達聡聞，旋特降於愈音，俾広求於隠義。由是精溮慧器，密淬詞鋒，
研精甫僅於十旬，析理遂成於五巻。適当進奏，果見褒称，乃賜号曰賛玄疏」
（『続蔵』第72冊：415右b）

(38) 志福は釈摩訶衍論の鈔文（『釈摩訶衍論通玄鈔』）を撰述し，本書が完成
すると査剌に奏呈し，その雕印・通行および書名を含めた引文の下賜を請
うている（『通玄鈔』道宗御製引文，『続蔵』第73冊：81右a-b）。この事例
は，査剌の賜名を前提とする典籍が，著者の奏請という過程を経て，政権
によって刊行されていた状況を示唆する。

(39) 『大日経義釈演密鈔』自序「于茲遂旨，夙促宸懐，爰命瑣才，俾宣秘呪。
……大康三年，忽降綸旨，令進神変経疏・鈔・科。則密教司南時至矣。於
是敬酬聖澤，兼副輿情，強摭群詮，謬成斯解，目之曰演密鈔。会於前冬，
詔赴行在，面奉進呈，勅令雕印」（『続蔵』第37冊：1左b-2右a）

(40) 道殿『顕密円通成仏心要集』巻下「今居末法之中，得値天佑皇帝菩薩国
王。率土之内流通二教，一介微僧幸得遭逢。感慶之心終日有懐，似病人逢
霊丹妙薬」（T.46：1004b）

(41) 大康10年（1084）「重修桑乾河橋記」（『天鎮県志』巻6 芸文上）による
と，西京僧録の崇雅が桑乾河某所に架かる橋の架け替えを図り，その資金
調達を目的として，査剌より下賜された御製『発菩提心戒本』を用いて伝
戒を試みたところ，数多の僧尼が受戒に応じ，多額の施財が集まったとい
う（第3章のⅢ参照）。この伝戒の成功は御製『戒本』によるところが大き
く，もって当時の仏教界に査剌の権威が強く作用していた状況を読み取る
ことができる。

(42) 『高麗史』巻11 粛宗世家 粛宗2年（1097）条「十二月癸巳，遼遣耶律思
斉・李湘来賜玉冊・圭印・冠冕・車輅・章服・鞍馬・匹段等物。冊曰，
……是用遣使臨海軍節度使検校太傅兼御史中丞耶律思斉，使副大僕卿昭文
館直学士李湘，持節備礼，冊命爾特進検校太尉兼中書令上柱国高麗国王食
邑一千戸食実封七百戸」（第1冊 p.161a-b）

(43) 「右思斉，伏以瞻言宝刹，高棲上士之心，幸覩慈標，頓拭常流之目，已関依帰之素，殊増銷黯之懐」（巻8 第3葉左）

(44) 仁宗3年（1125）「高麗国五冠山大華厳霊通寺贈諡大覚国師碑銘」（『大覚国師外集』巻12 第1-16葉，『朝鮮金石総覧』上：305-316）「遼人来使者，皆請見以土物藉手而拝，吾使入遼，則必問師之安否」なお『朝鮮金石総覧』の方は5字目の「者」以下を欠く。

(45) 『高麗史』巻90 王煦伝「遼使王蓂見興王寺小鐘，歎美曰，我朝所未有。煦謂蓂曰，吾聞皇帝崇信仏教，請以此鐘献之。蓂曰可。煦請鋳金鐘二簨，将献于遼帝，遂属回謝使孔目官李復，先奏其意。遼帝以蓂奉使妄有求索，加崚刑，令勿献，及復還刑部奏治其罪」（第3冊 p.35a）

(46) 「右思斉，伏蒙僧統特遺経教者，捧看無斁。揚西竺之玄風，探蹟攸深，導南宗之密印，方勤邁靡。敻阻謝塵，既深黯欝之懐，又積銘蔵之素」（巻8 第3葉左）

(47) 「前録内，欲令鮮演大師撰集章疏，前回到闕，尋与大仁恵提点同共奏訖。＊聖旨，比候向前冬裏，諸大師等来到，再行挙奏。却値大仁恵有事，至今未令行得。即目家兄王華是副提点，比候此迴再去，必望諸事了畢。又據大師（＝太師）智佶大師安楽。伊集到教義，新已奏行彫板流通。切慮前起草本透悞，又将得新印行本来。大保（＝太保）鮮演大師亦安楽。伊記文因彼處彫印進呈了，後亦令大朝彫印流通也。其鮮演大師過生知感，不可具陳。為此時将到本尋読了，被抄写人筆悞，音同錯字不少，又令将新印行一部来献呈。又将到前慶録大師集到摩訶行（＝衍）論記文一部，及＊御義五巻，并小可上物。外有些小行貨，取法尊准備密献，為復別做買売。特乞垂慈，方便照察，早賜端的」（巻8 第4葉，＊は空格）

(48) 義天が『新編諸宗教蔵総録』の編纂後にも典籍の探求を企図していたことは，同書自序中の「今以所得新旧製撰諸宗義章，不敢私秘，叙而出之。後有所獲，亦欲随而録之，脱或将来編次函帙，与三蔵正文，垂之無窮，則吾願畢矣」（T.55：1165c-1166a）との箇所にもうかがえる。

(49) 類例としては仏宮寺釈迦塔発現の守瓊『釈摩訶衍論通賛疏』巻10の題記に「咸雍七年十月，燕京弘法寺奉宣校勘雕印流通。（勾当僧一名，校勘僧二名の記名を省略）印経院判官朝散郎守太子中舎驍騎尉賜緋魚袋臣韓資睦提点」と見える（『秘蔵』：306）。

(50) 耶律思斉とは姓が異なる。妻の兄すなわち義兄であろうか。

(51) 「近日，伏覩御解大義後叙，及蒙施到山水衲衣一條，因述一章，遥奉僧統大師。幸垂詳覧。大遼天慶寺伝戒苾蒭智佶奉上」（巻11 第5葉右）

(52) たとえば大安7年（1091）「馬鞍山故崇禄大夫守司空伝戒菩薩戒壇主大師遺行碑銘并序」（『図志』上：161）に「……越明年（咸雍六年），師道愈尊，上心渇見，爰命邇臣，敦勉就道。因詣闕，再伝仏制，以石投水，如火得薪，

其志交孚，非喩可及。……翌日特授崇禄大夫・守司空，加賜為今号」とあり，慧聚寺の法均は，査刺の宿営地（ここでは冬営地の鸊鷉淀）に赴き，宮帳に伝戒した翌日に崇禄大夫・守司空と師号を授かっている。仏僧に対する俗官の授与は，多くこのように宿営地に召致したうえで行われたと考えられる。

⑸　【中京大定府大天慶寺】陳襄『使遼語録』「（咸雍三年）七月一日，至中京大定府。……二日，送伴使副請臣等同遊鎮国寺。次至大天慶寺」（p.2545a）覚苑『大日経義釈演密鈔』自序「因咸雍初，提総中京大天慶寺」（『続蔵』第37冊：1左b），【興中府天慶寺】『民国朝陽県志』巻7　寺観条「天慶寺，在臥仏寺下四里許。遼時建，康熙十七年修。寺有石胎観音立像，高七尺，囲五尺有奇。遼寿昌五年沙門智□等唱和詩石刻尚存」（p.314）

⑸　前註⑸のとおり中京の方は「大天慶寺」と号している。金代まで時期が下るが，とくに皇帝の恩遇を蒙る寺院には，寺名の前に「大」字を冠せしめて他の諸寺と区別していた（「大金薊州玉田県永済務大天宮寺記」『豊潤県志』巻4，p.642）。契丹治下の諸寺にも「大」字を冠するものとそうでないものが確認されるため，上述の制度は契丹の制度を継承したものと思われる。智佶が義天に贈った詩の序文末の記名には「大遼天慶寺」として寺名に「大」字を冠していない。このことから智佶の住寺は興中府の天慶寺と判断できる。

⑸　燕京弘法寺の印経院については竺沙雅章［2000E：320-321］を参照。

⑸　前註⑷に提示した『釈摩訶衍論通賛疏』巻10の題記中に「奉宣校勘雕印流通」と見え，燕京弘法寺における刊行が査刺の宣命を奉じて行われていたことが分かる。

⑸　慶州には管内の教団を管理する僧官として僧録司が置かれていた（第1章参照）。

⑸　韓愈「贈太傅董公行状」「回紇之人来日，唐之復土壇，取回紇力焉」（『朱文公校　昌黎先生文集』巻37，p.231a）

⑸　義天は道宗査刺とも通好し，互いに仏教典籍等の贈受を行っていたことが確認される。前註⑷「高麗国五冠山大華厳霊通寺贈諡大覚国師碑銘」および『大覚国師文集』巻8所収「上大遼皇帝暁公章疏表」（巻8　第6葉左）を参照。

⑹　5人の帯びる師号と俗官は以下のとおりである。【守臻】守司徒通慧大師，【法悟】崇禄大夫守司空詮円通法大師，【覚苑】崇禄大夫検校太保行崇禄卿総秘大師，【志福】崇禄大夫守司徒通慈行大師，【道弼】崇禄大夫守司空悟玄通円大師。なお査刺の時期以前であれば以下の3人が大師号と俗官を帯びている。【澄淵】守太師兼侍中国師円融大師，【非濁】崇禄大夫検校太尉純慧大師，【思孝】崇禄大夫守司空輔国大師。

⑹　第3章のⅣ参照。なお志延については先にも掲げた仏宮寺木塔発現の守
　　臻『釈摩訶衍論通賛疏』巻10の末尾に「咸雍七年十月日，燕京弘法寺奉宣
　　校勘雕印流通。殿主講経覚慧大徳臣沙門行安勾当。都勾当講経詮法大徳臣
　　沙門方矩校勘。右街天王寺講経論文英大徳賜紫臣沙門志延校勘。印経院判
　　官朝散郎守太子中舎驍騎尉賜緋魚袋臣韓資睦提点」（『秘蔵』：306）とあり，
　　燕京右街の天王寺（現在の天寧寺）の僧であったことが分かる。官営の印
　　経施設たる燕京弘法寺において教学典籍の雕印に携わり，かつ紫衣を賜っ
　　ており，査刺政権とつながりを有した僧と見てよかろう。彼は咸雍4年
　　（1068）記「陽台山清水院創造蔵経記」の撰者でもある（『金石萃編』巻153,
　　pp.496-497）。

⑿　詮明・希麟・澄淵・非濁・思孝・保衡の著作もおおむね義天が入手した
　　ものであろうが，彼が収集を開始する前に何らかのかたちで高麗国内に入
　　っていた可能性もある（とくに文殊奴朝に刊行された教学典籍に関しては
　　権場交易での流入も否定できない）。義天が両国間の公的使節の往来に依拠
　　して入手したことがほぼ確実な典籍は，彼と同時代すなわち査刺の治世下
　　に刊行された学僧の著作である。

〔附〕鮮演墓碑

表題	なし(「鮮演墓碑」と仮題)
紀年	天慶8年(1118)4月21日
撰者	某奎(上京臨潢府属県県令)
出土地	内モンゴル自治区赤峰市バイリン左旗林東鎮北山開龍寺僧墓
寸法	高63.5cm×幅37cm×厚3.7cm
行数	碑陽15行 碑陰13行(両面刻記)
行内字数	不同(13-36字)計859字
字径	約1.2cm
所蔵	遼上京博物館(バイリン左旗林東鎮内)

PL.7 鮮演墓碑〔2008年著者撮影〕

【碑陽】

1　夫釋氏之教，其興也勃焉。歷代寶之，以爲玄理。非至賢者，孰能興弘
　　此哉。恭惟

2　守太傅大師，古今之傑也。諱鮮演，家族係于懷美之州，俗姓出于隴西
　　之郡。其父諱從道，性聰

3　善慮，辭辯能書，隱而不仕，逝于中年。其母楊氏，素蘊貞姿，夙懷淑
　　德。先以儒典誘

4　師之性，次以佛書導師之情。觸而長之，心乎愛矣，不類于俗，可驚于
　　人。有同鄉太師大

5　師，聞之歡嘉不已，因而傳化至于居所，一目之間曰，雖小藏器，用之
　　大遂。乃方便誘化，自

6　然省悟。隨詣上都，禮太師大師爲師，出家住大開龍寺。芯蒭軌範，不
　　學成能，凡所見

7　聞，皆長于衆。同門謂之曰，麒麟之於走獸，鳳凰之于飛鳥，拔乎其萃
　　也。清寧五年，未

8　及弱齡，試經具戒，擢爲第一。不日間，辭衆遊方，導師就學。始于
　　白雪，次于幽燕。凡踐論

9　場，聲名日益。有秦楚國大長公主，謂師曰，願爲善友，請入竹林寺，
　　永爲講主。周載之餘，

10　聲聞于＊上，特賜紫衣・慈惠德號。自爾名馳獨步，振于京師。偶遇

11　道宗幸燕，有通贊疏主，特具薦揚，復承＊聖渥，改充大開龍寺暨黃龍
　　府講主。凡敷究

12　之暇，述作爲心，撰仁王護國經融通疏，菩薩戒纂要疏，唯識論掇奇提
　　異鈔，花嚴經玄

13　談決擇記，摩訶衍論顯正疏，菩提心戒，暨諸經戒本。卷秩頗多，唯三
　　寶六師外護文一十五

14　卷，可謂筌蹄乎萬行之深，筆削乎千經之奧。通因明大義，則途中暴雨，
　　而不濡其服，刊楞

15　嚴鈔文，則山內涸井，而自湧其泉。由是高麗外邦，僧統傾心，大遼中

國，師徒翹首。故

【碑陰】

16　我道宗，聖人之極也，常以冬夏，召赴庭闕，詢賾玄妙，謀議便宜。唯＊師善于敷揚，協于聽

17　覽。大安五年，特授圓通悟理四字師號。十年冬，奏係興中府興中縣。壽昌二年，遷崇祿

18　大夫・檢校太保。奉＊旨開壇，七十有二，應根度衆，億兆有餘。＊北闕名高，西樓器重。

19　逮于＊今主上，眷茲舊德，錫爾新恩。乾統元年，加特進階守太保。六年，遷特進・守

20　太傅。首廳門人，親弟興操，紫衣二字師號。興義，紫衣・崇祿大夫・鴻臚卿。興密，興智，

21　興祚，紫衣德號。其餘承廳者，罔克算也。次廳俗弟曰亨，左承制兼監察御史。俗

22　姪永晟，禮賓副使兼殿中侍。次俗姪永安，永寧，並在班祗候。至于乾統四年，其父追

23　封太子左翊衛校尉，其母追封弘農縣太君。當此之時，緇徒爵號，慶萃一門，俗眷身

24　名，光生九族。至于天慶二年，固辭

25　帝闕，潛養天齡，寒暑屢遷，氣形仍固，奈何和光順生，壽踰六紀，示相託疾，時過七旬，

26　餌靈藥以無徵，成惠身而有恨。今則送終禮畢，遷奉儀修，宅兆之事已完，琬琰之

27　文乃建，資于實錄，示于將來。奎，鄉係析津，職縻潢水，政慙製錦，學愧涸金，見

28　託在茲，勉爲記爾。時天慶八年四月二十一日。

※行頭のアラビア数字は便宜上付した行番号，＊は空格を示す。
※本論のなかに引用する場合は新字（常用字）に改めている。

PL.8 鮮演墓碑拓影 ［唐彩蘭2005：153］

第3章　契丹皇帝と菩薩戒
──菩薩皇帝としての道宗──

はじめに

　契丹後期の仏教を特徴付ける事象のひとつが，前章に扱った教学の盛行とそれを担う学僧の活躍であるが，これにくわえて，いまひとつ忘れてはならないものが，菩薩戒授受（伝戒）の流行とそれを掌る伝戒僧の存在である。この時期に活動した仏僧の事績を録する史料，とくに遺行碑や霊塔記などの仏教石刻（地方志所収のものも含む）に目を向けると，伝戒に関わる記事が非常に目立ち，当時の契丹社会における菩薩戒への志向が明確に読み取れる。くわえて皇帝をはじめとする契丹の支配階層もまた菩薩戒に対して並々ならぬ関心を示していた。たとえば興宗只骨は『四分律刪繁補闕行事鈔評集記』の著者として知られる燕京奉福寺の国師円融大師澄淵から菩薩戒を受けている[1]。

　菩薩戒は悟りを得て仏となるべく修行する者つまり菩薩が遵守すべき戒めである。菩薩としての立場を自覚するための規範と言い換えることもできよう。出家・在俗の身分を問わずに受戒できる点に特徴がある。菩薩となることは未来における成仏の前提となる。只骨の受戒に象徴される契丹支配階層の菩薩戒に対する志向が，究極的に成仏を意識したものであることは間違いなかろう。ただし国家の支配階層に属する人間の宗教的営為を信仰という私的動機のみに帰結させることはできない。すでに河上麻由子が明らかとされたとおり，南北朝期から唐代に至るまで，かかる立場にあった人々の受菩薩戒には個人的な信仰心のみならず政治的な意図が含まれていた［河上麻由子2005，同2010］。

　そこで本章では，この観点に沿いつつ，とくに道宗査剌に注目し，帝による伝戒の主導を示唆する特徴的な事象，すなわち「内殿懺悔主」の創置

と『発菩提心戒本』の撰述・流布を手がかりとして，契丹後期の皇帝権力と菩薩戒の関わりを具体化したい。

I　契丹後期における菩薩戒認識

　まずは契丹後期において菩薩戒がどのように認識されていたのか，この点について確かめておきたい。

　ここでキーワードとなるものが「懺悔」である。周知のとおり懺悔は己の犯した罪過を仏・菩薩や僧の前に告白してその滅除を請う行儀のことである。大乗仏教においてはこの懺悔が菩薩戒の授受すなわち伝戒と不可分の関係にあった。

　中国仏教史上初の菩薩戒受戒者と目される北涼の道進は，受戒に先立って師の曇無讖より懺悔の徹底を命ぜられており，菩薩戒はその導入の当初より懺悔と密接に結びついていた [船山徹1995：13-21]。また5・6世紀の中国に成立し，以後広く通行した菩薩戒経典の『梵網経』や『菩薩瓔珞本業経』には，受戒の前提として懺悔すべきことを説く[2]。さらには，隋の煬帝に帰依された智者大師智顗が説き，その弟子の灌頂が記した『菩薩戒義疏』巻上には6種の菩薩戒授戒儀（授戒作法）を提示しており，そのうち3種に懺悔が項目として盛り込まれている[3]。懺悔は授戒儀式を構成する重要な作法のひとつになっていたのである。

　契丹後期の社会における懺悔と伝戒の関係を確かめるとき，まず目を向けるべき史料が大安7年（1091）立石「馬鞍山故崇禄大夫守司空伝菩薩戒壇主大師遺行碑銘幷序」（『北拓』45：84，『図志』上：161，以下「法均遺行碑」と略記）である[4]。本碑は燕京馬鞍山の慧聚寺（北京市門頭溝区の戒台寺）にいた法均（1021-75）の事績を記したものであり，その門人の裕窺たちが録した彼の行状に基づき乾文閣直学士知制誥の王鼎が撰文している。

　法均については古松崇志 [2006C] に詳論されているため，具体的な事績はそちらに譲るが，碑題にも認められる彼の特徴的な師号「伝菩薩戒壇主大師」──咸雍6年（1070）所賜──にうかがえるとおり，菩薩戒の伝授に尽力した僧である。本碑によると，法均は住寺の慧聚寺や道宗査剌の

捺鉢宿営地[5]において伝戒し，また上京臨潢府（内モンゴル・赤峰市バイリン左旗林東鎮南郊）や中京大定府（赤峰市寧城県）など契丹国内各地の人々の要請に応じてこれらの地を遍歴し菩薩戒を授けている。このような活動の結果として「前後に懺を受け弟子を称する者五百万余」に至ったという[6]。この「五百万余」と誇張される人々は当然ながら法均より菩薩戒を受けた者（受戒弟子）を指すはずである。ところがここでは「懺を受け」た者と記し，「受菩薩戒」を「受懺悔」に置換して表現しているのである。

いまひとつ注目すべき史料が，大安6年（1090）立石「六聘山天開寺懺悔上人墳塔記」（『北拓』45：82）である。本碑は六聘山（北京市房山区上方山）にあった天開寺の住持をつとめた守常の事績を記したものである。俗弟子の王子温が行状を録し，「法均遺行碑」と同じく王鼎が撰文している。本碑に載録された守常の具体的な業績はそれほど多くなく，諸経論の講義と30年に及ぶ天開寺住持の在任，そして，

　　兼ねて菩薩戒壇を放つこと十余次，度す所の白黒四衆は二十余万なり。

との開壇伝戒の事実のみである[7]。守常は本碑の表題および本文中に「懺悔上人」と尊称されているが，この称謂に関わると思しき彼の業績は上記の開壇伝戒よりほかには見出せない。

上に掲げた「法均遺行碑」と「六聘山天開寺懺悔上人墳塔記」には，契丹後期における懺悔の位置付けが示されている。すなわち当時においても懺悔は伝戒と明確に結合し，二者は一体視されていた。くわえて懺悔・伝戒という一連の行儀において，とくに懺悔が強調されていたことが読みとれるのである。

さて，中国において懺悔という行為には現実的な功能が期待されていた。このことを裏付けるものが大乗懺悔経典や仏名経典などを所依とする対仏懺悔儀式すなわち「礼懺」である。この礼懺の実態については塩入良道に精緻な一連の研究がある。これらによると，礼懺は罪業の滅除はもとより，とりわけ滅罪の結果として攘災避邪・治病延命・蘇生・降雨など現実世界

における利益の顕現を期待するものであり，4世紀頃の出現以降，膨大な数の行法儀則を生み出しつつ，近代に至るまで脈々と受け継がれ，行われてきた［塩入良道1963，同1964，同1984］。

　契丹においても，たとえば利州（内モンゴル・喀喇沁左旗蒙古族自治県）太子寺の徳雲が集し，燕京奉福寺の非濁が続集した『一切仏菩薩名集』全22巻を房山雲居寺の石経中に見出せる（『房山遼金』22：251-483）。大蔵経の諸経典中に見える諸仏・菩薩の名号を列記した本典籍には，覚花島（遼寧・興城市菊花島）海雲寺の学僧である思孝が興宗只骨の詔を奉じて撰した序を付している。ここに，

　　　今 三世の名号，披尋の際に当たりては，凡そ一如来に遇い，及び一
　　　菩薩に遇わば，或いは各々礼して三拝し，三毒を離し，以て三悪を超
　　　えんことを表し，三学を全うし，以て三身を尅さんことを冀う。或い
　　　は各々礼して四拝し，四罪を消し，以て四流を越えんことを表し，四
　　　弘を満じ，以て四智を円ぜんことを期す(8)。

とある。諸経典から仏・菩薩の名号を抜き出すごとにこれに礼拝し，もって三毒（貪欲・瞋恚・愚癡），四罪（婬・盗・殺人・妄語）の離消と三悪（地獄・餓鬼・畜生），四流（欲暴流・有暴流・見暴流・無明暴流）の超越を願うとおり，本典籍は仏名礼誦を悔過法とする礼懺での使用を想定に入れて編纂された仏名経典である(9)。本典籍は河北省唐山市豊潤区の天宮寺や山西省朔州市応県の仏宮寺木塔からも見つかっている(10)。契丹社会における礼懺の盛行がうかがえ，当時，懺悔が実益の希求手段として認識されていたことを察せしめる。そうしてこの認識は懺悔をその前提ないし作法として取り込む伝戒にも共有されていたのである。以下に実例を示そう。

　天慶4年（1114）立石「沙門積祥等為先師造陀羅尼経幢記」（『遼文』：643-644）は道宗査剌と天祚帝阿果の内殿懺悔主をつとめた燕京永泰寺の正慧大師（後述）の弟子・善規の事績を記したものである。僧の恒劭の撰文にかかる。

第 3 章　契丹皇帝と菩薩戒　　93

　本碑によると，善規の俗姓は賈氏，諱は清睿，燕京永清県（河北・廊坊
市永清県）の人である。18歳で落髪して本県茹葷院の闥上人に師事し，大
安元年（1085）に具足戒を受けた。そののち諸方に遊行し，乾統元年
（1101）に正慧大師を伝法師として礼し，「善規」の法諱を授かった。天慶
3 年（1113）夏，善規は病に冒された。彼は寿命を長らえるべく衣鉢を捨
てて財貨を集め，「延□奪□之徒」（□は不明字，延命除災を祈禱する術士の
類か）に治病を求めるも験なく，そこで次のような行動にでた。

　　……病の起たざるを知り，遂に鄰院に請い，消災集福の道場を啓くこ
　　と僅かに十処，凡そ鳴鐘斎宅は，皆な指画に預かる。十二月望日に至
　　り，余（＝恒劻）を招きて懺受す。悲涙して手を執り，余に謂いて曰
　　く，大事成るべしと[11]。

　善規は近隣の寺院に請いて「消災集福の道場」を開き，さらに本碑の撰
者である恒劻を招いて「懺受」したという。恒劻については本碑冒頭に
「伝菩薩戒英悟大徳賜紫沙門恒劻撰」とある。彼はその法諱から判断して
契丹屈指の学僧として名を馳せた永泰寺守臻の門人であった可能性があ
る[12]。そうであれば後述するように同じく守臻を師とする正慧大師の同門
であったことになる。恒劻はその肩書きより伝戒僧であったことが明らか
である。とすると上掲文中に見える「懺受」は当然ながら伝戒を指すもの
と考えてよい。善規は恒劻より菩薩戒を受け，これによって「大事成るべ
し」と言い，自身の病が治癒して寿命の延びることを信じた。すなわち彼
は受菩薩戒に治病延命という実益の成就を期待したのである。
　このように懺悔をその前提ないし作法上の過程に介在させる伝戒は，必
然的に現世への志向も帯びることになる。契丹後期の社会における伝戒は
とくにこの懺悔を強調・重視する風潮にあったと言え，もって当時の人々
が菩薩戒の授受に何を求めていたのか，その希求の方向性を読みとること
ができるのである。

Ⅱ　内殿懺悔主

　契丹において懺悔を強調した伝戒が盛行するなか，道宗査剌の治世下に「内殿懺悔主」という僧職が現れる。ここにいう「内殿」とは遊牧宮廷を構成する帳幕群の一部にして議政および儀式開催に用いられた場所を指している[13]。「懺悔主」はもともと懺悔を求める者の請を受けて，これを施す僧の称謂であるが（唐・懐素集『僧羯磨』巻中　請懺悔主法　T.40：527c），以下に述べる内殿懺悔主任用僧の事績を踏まえると具体的には伝戒僧のことである。つまり内殿懺悔主は宮帳の内殿における伝戒を職掌とする僧ということになる。

（1）　内殿懺悔主の任用僧

　現段階において内殿懺悔主をつとめた僧として恒策・正慧大師・法頤・恒簡の4人を見出すことができる。まずはこの4人の事績を簡単に辿っておきたい。

①　恒策（1049-98）

　天慶5年（1115）記「大遼燕京西大安山延福寺蓮花峪更改通円通理旧庵為観音堂記」（『図志』上：150-151　以下「大安山観音堂記」と略記）は恒策と法頤がかつて大安山蓮花峪（北京市房山区大安山郷）に結んだ庵を恒簡が観音堂に修築した経緯を記したものであり，ここに恒策と法頤そして恒簡の事績が列記されている。

　本碑によると恒策の俗姓は王氏，字は開玄，上谷礬山県（河北・張家口市涿鹿県）の人である。宝峰寺の崇謹を師として7歳で得度し，23歳の時に燕京永泰寺の守臻の門人となった。道宗査剌とその母の宗天皇太后蕭撻里に重用されて紫衣と通理大師号を賜り，大安9年（1093）から翌10年にかけては房山雲居寺における石経の続刻事業に携わっている[14]。のち大安山蓮花峪に庵を結ぶや，五京の諸僧がこぞって彼のもとを訪れたという。

　　主上　風を聞き，宣もて請うて内殿懺悔主と為す。是の由に外縁四備し，隠志成り難し。堅く請われて下山し，縁に順い感に赴く。また検

校司空を加えんとするに，牢く譲りて受けず。永泰寺に至りて開講す
るや，五京の緇侶，風を聞きて至り，龍象の学徒，日に三千の数を減
らず。……菩薩戒弟子を度すこと一佰五十余万，皇儲已下百官に及ぶ
の等八十余人，公主・国妃已下の等五十余人，幷びに礼して師と為し，
善字もて名を訓ずるなり[15]。

　大安山における恒策の評判を聞いた査剌は，恒策を内殿懺悔主に任じた。
こののち彼は住寺を燕京永泰寺に移している。恒策は150余万と誇張され
る人々に菩薩戒を授けており，このなかには皇儲すなわち査剌の孫の阿
果[16]をはじめ公主・国妃や百官あわせて130余人を含み，彼らに「善」字
を共有する法諱を与えたという。皇儲や公主そして国妃はもちろんのこと，
百官もまたその主要な者たちは皇帝の査剌に随行して季節移動を行ってい
た。恒策が彼らに菩薩戒を授ける機会と場所があったとすれば，それは捺
鉢の宿営地をおいてほかには見出し難い。恒策の彼らに対する伝戒の事実
は，内殿懺悔主としての役割を裏付けるものと言えよう。

② 　正慧大師（1042-1116）
　正慧大師の事績は天慶6年（1116）立石「大遼国燕京永泰寺崇禄大夫検
校太尉伝菩薩戒懺悔正慧大師遺行霊塔記」（『北拓』45：146-147，『図志』
上：228-229　以下「正慧大師霊塔記」と略記）に詳しい。これによると，正
慧大師の俗姓は斉氏，燕京永清県の人である。字・俗諱・法諱はいずれも
明らかでない。燕京天王寺（北京市宣武区の天寧寺）の三蔵（不明）に師事
し，のち永泰寺の守臻のもとで受具した。恒策と同じく守臻の門人である
ため，その法諱は「恒」を第一字としていたであろう。燕京の三学経主を
つとめて紫衣を賜り，ついで本京内の仏教教団を管理する僧録に就任した。
住寺は師の守臻や同門の恒策と同じ永泰寺である。

　　未だ久しからざるの間に，勅を奉じて燕京□□僧録と為る。人天の眼
　目，昏夜の慈燈と謂うべし。三界の導師と為り，八方の化主と作る。
　普く義壇を設け，度す所の衆，数は凡そ百余万を過ぎ，遍く貧人を済

うこと，約二十余億□□。両朝の懺主，二帝の仁師にして，名は四方
に震い，徳は八表に彰る⁽¹⁷⁾。（□は不明字）

　正慧大師の生没年から判断して，上文中の「両朝」「二帝」は道宗査剌
と天祚帝阿果を指すと見てよい。正慧大師はこの両皇帝の「懺主」すなわ
ち懺悔主をつとめていた。本碑表題中の正慧大師の冠名に「伝菩薩戒」を
含むことから，彼の掌る懺悔が査剌・阿果両帝に対する伝戒を指すことは
明らかである。
　この「正慧大師霊塔記」には正慧大師が内殿懺悔主であったとの明記は
ないが，彼がこれをつとめていたことは別の史料に確かめられる。すでに
掲げた「沙門積祥等為先師造陀羅尼経幢記」に，

　　乾統初元，永泰寺内殿懺主検校太尉正恵大師，大いに教風を闡き，聞
　　く者草偃し，法要を咨啓するに，憤悱して倦むを忘るにより，礼して
　　伝法師と為し，遂に名を善規と訓ず⁽¹⁸⁾。

とある。この一文は本碑の主人公である既述の善規が正慧大師に師事した
ことを記した箇所である。この冒頭に見える「永泰寺内殿懺主検校太尉正
恵大師」は師号を「正恵」と表記するが，正慧大師と住寺および官銜が一
致する。くわえて「正慧大師霊塔記」の末尾には正慧大師の門資を列記し
ており，ここに善杰・善悟・善称・善季・善余・善北などの門人名が確認
される。一般的に門資は世代毎に法諱の第一字を共有している。正慧大師
の門人はみな「善」字を第一字として用い，善規も「正恵」大師より法諱
としてこの名を授かっている。これらのことから善規の伝法師たる「正
恵」大師は正慧大師と見て間違いない。
　上文中の正慧大師の肩書きに「内殿懺主」を含むとおり，大師は阿果即
位当初の乾統元年（1101）において内殿懺悔主の任にあった。「正慧大師
霊塔記」に「両朝懺主」と記す以上，この肩書きはすでに査剌によって授
けられていたと考えてよい。

③　法躓（1050-1104）

　法躓の事績は先に述べたとおり「大安山観音堂記」に収める。これによると，法躓の俗姓は鄭氏，燕京良郷県（北京市房山区良郷鎮）の人である。燕京開悟寺の金剛大師（不明）を師として具足戒を受けた。華厳経を本業として講席に参じていたが，やがてこれに倦み，恒策も留まっていた大安山蓮花峪に隠れた。のち法躓の道風と行業を嘉した道宗査剌は彼を宮帳に召して紫衣と通円大師号を賜与した。

　　当今天祚皇帝，宣もて請うて内殿懺悔主と為し，特進・守太師・輔国
　　通円の号を加う。師の弥徳を欽うこと，常に類せず。この因縁により
　　て大いに化し，燕西紫金寺に壇を開くに至りては，含霊の歩礼して来
　　たり，懺を受け罪を滅する者，日に二十余万を減らず[19]。

　査剌を継いだ天祚帝阿果は法躓を召致して内殿懺悔主に命じ，特進・守太師と輔国通円大師号を賜与した。『遼史』巻27　天祚帝紀　乾統元年（1101）3月条には，

　　甲戌，僧の法頤（躓の誤り）を召して戒を内庭に放たしむ[20]。

と見え，阿果が帝位についた2カ月後に法躓を宿営地（混同江流域[21]）に召して伝戒させたことが確認される。阿果は即位直後に法躓を内殿懺悔主に任じたようである。

　なお，この『遼史』天祚帝紀に見える法躓の伝戒は3月つまり春季に行われている。契丹後期における仏僧の宿営地への召致は，おおむね夏と冬の両季に行われるため［古松崇志2006C：19-20，第2章のⅢ参照］，春営地における今次の伝戒が特殊な事情のもとに行われたことが察せられる。これについては後に改めて触れることにする。

④　恒簡（？-1111）

　恒簡についても「大安山観音堂記」に事績を収めるが，原碑中の当該箇

所の残存状態は良好とは言えず，判読困難な文字が多い。

恒簡の俗姓は高氏，薊州玉田県（河北・唐山市玉田県）の人である。出家して永泰寺の守臻に師事し，具足戒を受けた。同じく守臻を師とした恒策および正慧大師とは同門であったことになる。受具の後は専ら唯識を学んで学肆に参じ，ついで諸山を遊行した。のち中京大定府に入って教化活動を行うや，日に7,000人と誇張されるほどの多くの学徒が彼を慕って集まったという。このうわさを聞いた天祚帝阿果は恒簡を召し出して内殿懺悔主に任じ，あわせて紫衣を賜り，検校太師・通悟大師号を加えている[22]。

（2）　内殿懺悔主の創置意図とその位置付け

内殿懺悔主は道宗査刺の時期に至って初めて確認されるため，帝がこれを創置したと見られる。内殿懺悔主は契丹皇帝の宣命によって選充され，そのつとめは任用僧の事績——とくに恒策と正慧大師のもの——に確認されるとおり，宿営地の宮帳内殿における皇帝・皇族・大臣など支配階層に対する伝戒であった。宿営地宮帳に伝戒する僧であることを保証する契丹皇帝の栄誉あるお墨付きと言ってもよかろう。当時における仏僧の宿営地召致は主として夏と冬に行われていたので，彼ら内殿懺悔主もこの両季に宿営地に赴いてそのつとめを果たしたはずである。

ただし契丹皇帝の宿営地宮帳において伝戒した僧はほかにも認められる。馬鞍山慧聚寺の法均が道宗査刺の召致をうけて伝戒したことはすでに本章のⅠに述べた。さらに『遼史』道宗紀には次のような事例が見つかる。

> A　（大康5年〔1079〕）十一月丁丑，沙門守道を召し，壇を内殿に開かしむ[23]。
>
> B　（寿昌6年〔1100〕11月）丙子，医巫閭山の僧志達を召し，壇を内殿に設けしむ[24]。

これらの史料に見える「壇」とは「戒壇」のことである。Aの守道，Bの志達ともに僧伝や碑記の類は見出せず，その人物は不明であるが，古松崇志［2006C：34　註60］も指摘するように，法諱より判断して，守道は

恒策・正慧大師・恒簡の師であった守臻の法兄弟，一方の志達は興宗只骨の熱烈な帰依をうけた覚花島海雲寺の学僧・思孝の門人であろう。

上記の法均・守道・志達のほか，第2章にとりあげた上京開龍寺の鮮演も査剌の宿営地宮帳において伝戒している。

事績の明らかでない守道と志達は措き，法均と鮮演の両人はいずれも内殿懺悔主の肩書きを帯びていない。つまり契丹皇帝の宿営地宮帳において伝戒する僧は内殿懺悔主に限定されていなかったのである。では内殿懺悔主はこの肩書きを帯びない一般の召致伝戒僧とどのように区別される存在であったのだろうか。

たとえば内殿懺悔主には宿営地宮帳における定期的な伝戒が課され，それ以外の者は単発的に伝戒が命ぜられた，と推測することもできる。しかしながら上述の鮮演は査剌の聖旨を奉じて開壇伝戒すること前後72回にも及び，そこには宮帳内殿におけるものが少なからず含まれ，これが一定の頻度で行われていたと考えられる[25]。このため上記の推測には難がのこる。

筆者はむしろ内殿懺悔主の任用には伝戒僧としての法系が重視されたと考える。ここで査剌の治世下に内殿懺悔主の任にあった僧に注目しよう。査剌が創置したと思しきこの内殿懺悔主に選充されたのは恒策と正慧大師の2人である。すでに見たとおりこの両僧はともに燕京永泰寺の守臻の門人である。

守臻は主に査剌の治世下に活躍した契丹を代表する学僧である。とくに『釈摩訶衍論』に通暁し，その研究書として『釈摩訶衍論通賛疏』10巻・『同 通賛科』3巻・『同 通賛大科』1巻を撰述したことで知られる[26]。『釈摩訶衍論』10巻は龍樹 *skt.* Nāgārjuna の作に仮託され後秦の筏提摩多が訳出したものである。『大乗起信論』の応用的注釈書であり，かの弘法大師空海が重んじたことから，我が国の真言教学において重要な位置を占めてきた。契丹においても査剌がこの『釈摩訶衍論』をとくに重視しており，これを契丹大蔵経に編入させたほか［塚本善隆1975：515-519］，守臻の上記著作に加えて中京報恩伝教寺の法悟の撰述した『釈摩訶衍論賛玄疏』5巻と医巫閭山崇仙寺の志福の『釈摩訶衍論通玄鈔』4巻を政権の主

100

導下に刊行している[27]。

　守臻はまた伝戒僧でもあった。『日下旧聞考』巻59 帰義寺条（pp.960-961）に引く『倚晴閣雑抄』によると，清寧7年（1061）に建立された燕京帰義寺の天王殿の前にかつて「弥陀邑特建起院」の題額をもつ碑が存在した。弥陀邑は契丹時代に数多く現れた在俗信者を中心とする信仰組織のひとつであり，本邑に属する邑人たちが施財して建立したのが帰義寺である。「弥陀邑特建起院」碑の碑陰には弥陀邑において教導的役割を果たしたと思しき僧と邑首以下邑人たちの姓名を列挙する。この筆頭に刻名された僧が守臻であり，次のようにある。

　　疏主懺悔師守司徒純慧大師賜紫沙門守臻。

　最初の「疏主」は守臻の撰述した『釈摩訶衍論通賛疏』に因んだ称謂である。「通賛疏主」と表記する史料もあり[28]，これを省略したものと見てよい。当時の契丹社会に守臻と『通賛疏』がセットで知れ渡っていたことをうかがわせる。この称謂に続けて「懺悔師」とあり，守臻が伝戒に従事する僧であったことが判明する。

　当然のことながら伝戒僧は自らが菩薩戒をすでに受けていることが必須の要件となる。伝戒とは文字どおり菩薩戒を「伝える」のであり，他者にこれを伝授するためには自分自身が師僧からこれを伝えられていなくてはならない。懺悔師の守臻と内殿懺悔主の恒策・正慧大師。いずれも伝戒に従事する彼らの師弟関係を考慮すると，恒策と正慧大師に菩薩戒を伝授して伝戒僧としての立場を与えたのは，両人の師である守臻に相違ない。つまり恒策と正慧大師は，もともと守臻が護持していた菩薩戒をその身に受け，これを他者に伝えていたのである。

　道宗査剌が守臻の門人である恒策と正慧大師の両人を内殿懺悔主に任用したことはただの偶然ではあるまい。この事実は，内殿懺悔主の肩書きが，守臻由来の菩薩戒を護持する伝戒僧に選択的に与えられていたことを示唆している。このように考えるとき，法均や鮮演が内殿懺悔主の肩書きを帯

びていないことにも納得がいく。両人は伝戒僧として守臻の法統に連なっていないのである。法均は燕京奉福寺の澄淵の門下［古松崇志2006C：34註60］，一方の鮮演は上京開龍寺の太師大師の門下であり[29]，両人がその身に保ちかつ他者に伝授した菩薩戒もそれぞれ澄淵と太師大師に由来するものであろう。

　ここでとくに法均に注目すると，彼は澄淵の門人と思しき燕西紫金寺の非辱の弟子にあたり［古松崇志2006C：16］，つまり澄淵の門孫ということになる。この澄淵が査剌の父である興宗只骨に菩薩戒を授けたことは「はじめに」で述べたとおりである。只骨の菩薩戒師をつとめた澄淵を法統上の師にもち，かつまた隣国の北宋や西夏にまで伝戒僧としての令名を馳せた法均は，その毛並みといい実績といい，一見すると内殿懺悔主として最適の人物のように思える。しかしながら査剌は法均を内殿懺悔主に任用することはなく，かえって守臻門下の恒策と正慧大師をこれに充てた。査剌が父帝只骨も受けた澄淵由来の菩薩戒とは異なる系統の菩薩戒とそれを護持する伝戒僧を意識的に選択して重視したことは明らかであろう。ここにおいて査剌が内殿懺悔主を創置した意図とその位置付けがはっきりと見えてくる。査剌は守臻がその身に保った菩薩戒をとくに尊んでその伝承の系譜を重視したがゆえに，これを正統に受け継ぐ門人の恒策と正慧大師を内殿懺悔主に充てた。守臻に由来する菩薩戒を契丹皇帝の権威のもとに価値付け，帝自身を含めた国家の中核を担う支配階層にこれを浸透させるべく設けたものが内殿懺悔主であったのである。

　ではなぜ査剌は父帝只骨もその身に護持した澄淵由来の菩薩戒とは異なる系統の菩薩戒をあえて選択・重視する必要があったのだろうか。もちろんそこには査剌自身の『釈摩訶衍論』に対する強い思い入れと，これと相まって本論に通暁した守臻に対する格別の尊崇があったことは間違いなかろう。しかしながら，かかる感情的作用に加えて，さらに根本的な理由が想定されるのである。以下，査剌自身の手になる特徴的な仏教事業のひとつ『発菩提心戒本』の撰述と流布を手がかりとして，この理由を考えてみたい。

Ⅲ　御製『発菩提心戒本』

　道宗査剌は仏教を厚く信奉するなかで諸々の仏典に通暁し，自らこれら
に関わる著作をものした[30]。そのひとつに『発菩提心戒本』がある。『義
天録』すなわち高麗・義天の編纂した『新編諸宗教蔵総録』巻１に「発菩
提心戒本二巻。御製」（T.55：1167c）と著録されているものがそれである。
これと同名の典籍が覚花島海雲寺の思孝にもあり，同じく『義天録』巻２
に著録されている（T.55：1174c）。こちらは３巻本である。ともに現段階
では実物が見つかっておらず佚書として扱われている[31]。

　査剌はこの御製『発菩提心戒本』を治下の僧に下賜している。現在のと
ころその受領が確認される人物は２人いる。ひとりは法均の門人であった
裕窺（1047-1116），いまひとりは契丹五京のひとつ西京大同府（山西・大
同市）の僧録をつとめていた崇雅である。

　裕窺は法均の「上足」すなわち筆頭格の門人であり，大康元年（1075）
３月に師の法均が示寂するとまもなく燕京慧聚寺の第２代戒壇主となり，
さらに査剌の御製『戒本』を賜った。裕窺は天慶６年（1116）に没するが，
彼は臨終におよんで門人（すなわち法均の門孫）の悟敏（1057-1141）を同
寺第３代の戒壇主に指名して御製『戒本』を託そうとした。裕窺の遺志は
有司を通じて天祚帝阿果の耳に達し，帝は裁可を下して悟敏が御製『戒
本』を継承することを認めた［古松崇志2006C：11-12］。

　いまひとりの崇雅の事例については大康10年（1084）立石「重修桑乾河
橋記」[32]に見える。裕窺の事例に比べて御製『戒本』の使用についての言
及が具体的であるため，以下にその該当部分を引用しておく。

　　此の桑乾大河，春に開し秋に凍り，夏月汎漲し，人畜を損傷し，是れ
　　厄難を大いにするに縁り，当日の菩薩の行人，苦を救い橋を興し，生
　　霊を益済す。大遼国天佑皇帝の太康三年，崇雅に西京僧録を除授し，
　　上供に因りて去り，此の橋より過ぎんとするに，木植の朽爛して，人
　　畜の過往，甚だ艱難に至る。崇雅と律主大師・法華座主・主簿正字の

第3章 契丹皇帝と菩薩戒　103

四人，共に議して再び大橋を蓋わんとす。三人の首と為り，崇雅に請うて南七侯村に壇を開き戒を放たんとするも爾らず。皇帝 宣もて御製菩提心戒本両巻を賜い，付して崇雅に授け，命じて流通を広め遍く未だ聞かざるに及ばしめんとす。此の戒文に由りて大事を西京の弘・蔚二州に助成するに，僧尼の二衆 化して銭を到すこと五百貫に近し。太康九年，橋樑・枋木・柏柱を河の両辺に買い，出でて板石を得たり。十年正月内，木植 橋頭に載到す。三月二十一日，南七侯院に戒壇を開き，天佑皇帝御製の菩提心戒本を消放するに，遠近村坊の律主等，誘勧して尽く勝心を発し，菩薩菩提心戒を受け，人各々銭物を施せんことを思い，工価五百貫に及ぶべし[33]。

桑乾河は現在の山西省北部と河北省西北部を貫流して延慶県西の官庁水庫に注ぎ，そこから東南流して永定河と名を変え，北京市の西部を縦断する河川である。この桑乾河の水は秋に凍結して春にとけだし，夏には氾濫して河を渡る人々や家畜を損なうため，かつて菩薩行につとめる者（たち？）が橋を架け，渡河する人々を河水の害から救ったという。

この橋の架けられた時期は定かでないが，大康3年（1077）にはある程度の年月を経ていたのであろう，その木柱が腐朽して往来に支障をきたすようになった。そこで本碑記の撰者でもある西京僧録の崇雅と律主大師，法華座主，そして主簿正字の4人が話し合って橋の架け替えを決めた。その架橋資金に充てるべく律主大師以下が崇雅に請うて南七侯村に開壇伝戒して受戒者の布施を集めようとしたが，結果は碑記に「不爾」とあるように，不調に終わったか，あるいは何らかの事情で伝戒そのものが実施されなかったようである。そこで査刺は崇雅に御製『菩提心戒本』を下賜してその通行を命じ，崇雅はこの『戒本』を用いて弘州（河北・張家口市陽原県）と蔚州（同市蔚県）に伝戒したところ，受戒した僧尼から約500貫の施財が集まった。この金で建材を購入し，さらに大康10年3月21日に至り，崇雅は再び南七侯村の某院に開壇し御製『戒本』をもって伝戒すると，遠近の村坊の律主たちがみな誘い合って受戒し，彼らより施財500貫を集め

ることができた。崇雅たちはこうして集めた施財を資金に充てて橋の架け替えを成し遂げたという。

詳細は第4章において論ずるが，査剌の撰述した『発菩提心戒本』はいわゆる戒条テキストとしての「戒本」ではなく，授戒の次第・作法を内容に含む典籍であり，また一般的に密教戒としての色彩の濃厚な菩提心戒は，契丹の当時には密教行者の専有物ではなく，一般の僧俗も受戒可能な菩薩戒であった。つまり査剌御製の『発菩提心戒本』は，帝が自ら撰述した菩薩戒の授戒作法書（授戒儀）であったのである。

もちろん菩薩戒の授戒は単一の作法に限られていたわけではない。智顗説・灌頂記『菩薩戒義疏』巻上に「梵網経受戒法」をはじめとする計6種の授戒作法が記されていたことはすでに述べたところである。中国史上随一の崇仏皇帝として名高い南朝梁の武帝・蕭衍も自ら授戒儀を撰述している[34]。授戒儀は成仏の前提となる菩薩としての位と自覚を与えるものであり，このなかには作成者自身の菩薩戒に対する認識も示されている[35]。

査剌による『発菩提心戒本』の撰述と治下伝戒僧に対するその下賜の意味するところは大きい。在俗者である査剌自身が菩薩戒の伝授を行うことはない。しかしながら査剌が自ら製した授戒儀を受領適任者と見なした伝戒僧に与え，彼らにこれを用いて人々に伝戒させることによって，査剌は間接的ながら伝戒者としての立場を獲得する。つまり御製『発菩提心戒本』とその受領伝戒僧を通じて，査剌は人々を菩薩の位へと導く存在（＝菩薩）となるのである。事実として査剌の撰述した『発菩提心戒本』は当時における授戒作法のひとつの権威となっていた。裕窺が弟子の悟敏に御製『戒本』の継承を遺命し，伝戒組織の名門と言うべき法均門派においてその護持を図ったこと，そして，この『戒本』を用いた崇雅の西京道方面における伝戒に多数の受戒者が現れたことは，上記を裏付けるものと言えよう。契丹の人々が査剌に菩薩としての性格を明確に見出し，その導きに強く反応していたことがよく分かる。同時代の密教学僧にして『顕密円通成仏心要集』の撰者である道殿が，査剌を「菩薩国王」[36]と称賛したことも首肯されるのである。

第3章 契丹皇帝と菩薩戒 105

　当然ながら査剌自身も契丹国内の伝戒に主体的に関わって臣民を成仏の
階梯へと導く菩薩国王としての自負を有していたであろう。かかる自負は
査剌自らの価値認識に基づく菩薩戒の発信を促すに至る。であればこそ査
剌は『発菩提心戒本』を撰述し，これを治下の伝戒僧に下賜して契丹社会
に行われた伝戒にひとつのスタンダードを築きあげたのである。これと同
一の軌道上にあったものが内殿懺悔主の創置である。すでに述べたとおり
査剌は内殿懺悔主を設け，父帝只骨の菩薩戒師である澄淵ではなく，自ら
が尊崇してやまない守臻の門派に属する伝戒僧（恒策・正慧大師）をこれ
に充てた。査剌は澄淵由来の菩薩戒とは異なる系統の戒を見出してこれを
権威付けることにより，父帝の単なる焼き増しではなく，菩薩としてのさ
らなる色彩と積極性を帯びた帝王であることを宣言したのである。

Ⅳ　内殿における伝戒の意義

　上述の考察を通して道宗査剌の内面における菩薩としての自立性もしく
は個性を読み取ることができたと思う。つぎに論ずるべきは，内殿懺悔主
の肩書きにも象徴される，宿営地宮帳の内殿における伝戒のもつ意義であ
る。

　そもそも仏教とくに大乗仏教は世俗権力との関係を全否定するものでは
ない。つとに中村元［1959：342-346］が指摘するように経典にはしばし
ば両者の相関が明示されている。契丹仏教におけるひとつの大きな柱が華
厳であったことはすでに鎌田茂雄［1965：604-618］や竺沙雅章［2000A］
が論証しており，贅言を要さないであろう。当時の支配階層もまた華厳に
強い関心を寄せてこれを積極的に受容していた。査剌が自ら『華厳経随品
讃』10巻[37]を撰述した事実はこのことを象徴的に示すものである。華厳に
おける根本経典のひとつ，唐・実叉難陀訳『大方広仏華厳経（八十華厳)』
巻28 十廻向品に次のような所説が見える。

　　菩薩は身を現じて国王と作り，世位の中に最も無等たり。福徳・威光
　　は一切に勝れ，普く群萌の為に利益を興す。其の心は清浄にして染著

無く，世に自在にして咸な遵敬す。正法を弘宣し以て人を訓え，普く
衆生をして安穏を獲さしむ[38]。

菩薩がひとつの現れとして国家に君臨する王の姿をとり，菩薩たる国王
は威徳を備え，正法すなわち仏法を広めて国内の人々を訓導し，彼らに安
寧を与えるという。ここに認められる菩薩と世俗権力の関係は『華厳経』
の多大な影響のもとに成立した菩薩戒経典の『梵網経』に最も先鋭化して
表明されるに至る[39]。その巻下に，

> 仏言く，若し仏子，国王の位を受けんと欲す時，転輪王の位を受けん
> とす時，百官の位を受けんとす時，応に先ず菩薩戒を受くべし。一切
> の鬼神は王の身・百官の身を救護し，諸仏は歓喜したまう[40]。

と説き，またこれに先んじて，

> 若し（十重戒を）犯す者有らば，現身に菩提心を発すを得ず。また国
> 王の位・転輪王の位を失い，また比丘・比丘尼の位を失い，また十発
> 趣・十長養・十金剛・十地・仏性常住の妙果を失う[41]。

という。この所説は明らかに菩薩と世俗権力の一体性を前提とし，国王と
転輪聖王およびこれらを輔弼する臣僚の身を現ずる存在を菩薩と捉えてい
る。この菩薩たる立場は菩薩戒を受け，これをその身に護持することによ
って獲得される。ゆえに国王や転輪聖王そして臣僚となる者は菩薩戒（こ
こでは梵網戒すなわち十重四十八軽戒）を受けねばならず，この戒のうちと
くに重大な十重戒を破る者は，その身に菩提心（菩薩として必須の悟りを求
める心）を起こすことができず菩薩でなくなるために，その身分を失うこ
とになるのである。

『梵網経』は契丹においても積極的に受容されている。仏宮寺木塔から
は『梵網経手記』[42]と題したテキストが見つかっており，また査剌の治世

下に活躍した学僧の志実は『梵網経科』3巻や『同 会違通理鈔』4巻[43]
といった『梵網経』の注釈書を撰述している。これらの背後には当然なが
ら『梵網経』理解を希求する数多の人々の存在を読みとることができる。
とくに志実は査剌御製『華厳経随品讃』10巻の注釈書である『華厳経随品
讃科』1巻[44]の撰者でもある。査剌自ら撰述した典籍に注釈を加えること
が許された点より見て，志実は学僧として帝の高い評価と信用を勝ち得て
寵遇された人物に相違ない。法諱の第一字が「志」であるため，思孝の門
人であったのかもしれない。このように査剌との親密性をうかがわせる学
僧の志実が『梵網経』の注釈書を撰述した背景のひとつとして，帝を含め
た当時の契丹支配階層における『梵網経』の積極的受容を想定することも
決して妥当性を欠くものではなかろう。

　本章のⅠに論じたとおり，伝戒に現世利益の希求ないし実現手段として
の性格が認められるなか，世俗権力の保全を明確に菩薩戒の護持と結びつ
ける菩薩戒経典の所説は，契丹仏教の一大潮流と言うべき華厳に明示され
た菩薩と世俗権力の一体性についての認識とあいまって，契丹支配階層に
おける受菩薩戒の目的を，彼ら自身の現実の存在・立場への受益に向かわ
せるひとつの要素となりえる。以下この点について考えてみよう。

　まず査剌は恒策と正慧大師を内殿懺悔主に任じたほか，法均や鮮演，守
道，そして志達などを宮帳に召し出して伝戒させている。つまり査剌をは
じめ皇族や大臣たちはこれらの召致伝戒僧より重ねて菩薩戒を受けていた
ことになる。これは菩薩戒の「重受」と呼ばれる行為である。『梵網経』
『菩薩瓔珞本業経』『地持経』などは菩薩戒の重受を犯戒者による戒の受け
直し行為と位置付ける［土橋秀高1980］。国家の枢要に位置する者たちは，
その政治的性格ゆえに，さまざまな局面で戒を犯さざるを得ない状況に直
面する。たとえば戦争や罪人の処断などは国家の存続や規律維持の観点か
ら避けて通ることはできないが，これらを実行する者やその命令を下す者
は直接・間接を問わず明らかに「不殺生戒」に抵触することになる。もち
ろん査剌たちの菩薩戒重受が犯戒の自覚に基づくものと即断することはで
きないが，すくなくとも，その目的が菩薩戒の不断的な護持にあったこと

は明らかである。

　査剌たちのこのような持戒，すなわち菩薩としての立場の維持が，根底において成仏を目指したものであることに間違いはなかろう。ただし，このような一個人としての理由にとどまるものではない。査剌をはじめ皇族や大臣たちは，宮帳内殿において召致伝戒僧より菩薩戒を受けた。すでに触れたとおり，内殿は議政・儀式開催の場として機能しており，契丹国家の公的な中枢空間と言ってもよい。とすれば，内殿における彼らの受戒は，この公的空間のなかに保障された彼らの立場・身分に対する受益行為としての側面も認める必要があろう。ここで上述の『梵網経』の所説が思い出される。菩薩戒を失うこと，つまり菩薩でなくなることは，世俗権力の喪失につながる。このような事態を防ぎ，契丹に君臨する支配階層としての自己の存在を保全するべく，彼らは持戒につとめ，菩薩としての立場の維持を図ったと考えるのである。

　このことは天祚帝阿果の行動においてさらに顕著に認められる。現在のところ阿果が内殿懺悔主として選充した人物は，正慧大師と法頤そして恒簡の３人が確認される。正慧大師と恒簡はすでに述べたとおり守瑧の門人であり，法頤は澄淵の門派に連なると思しき人物である［古松崇志2006C：34 註60］。阿果による内殿懺悔主の人選は，守瑧門下と澄淵門下の双方を対象としており，曽祖父の只骨と祖父の査剌それぞれが重視してその身に保った菩薩戒をともに権威付けて護持する姿勢をとっていたことが分かる。かかる折衷的な姿勢からは，祖父の査剌ほどの菩薩としての高い自立性ないし個性を読み取ることはできない。これはともかく，阿果は複数の内殿懺悔主を任用しており，査剌と同じく菩薩戒を重受していたことが分かる。とくに即位直後の乾統元年（1101）３月に法頤を召致して行った受戒には留意すべきである。これが春季に行われた変則的なものであることはすでに述べた。

　阿果が法頤を春営地（混同江流域）の宮帳内殿に召し出して伝戒させたのは，乾統元年３月の甲戌（13日）のことである。その２カ月前の正月甲戌（13日）に査剌が崩御して阿果が枢前に即位し，翌２月壬辰（１日）に

寿昌から乾統に改元している（『遼史』巻27 天祚帝紀 p.317）。法頤の伝戒は阿果の即位からちょうど2カ月を隔てるが，この間には阿果が法頤に伝戒を要請し，これをうけた彼が住寺（燕京西の紫金寺であろう）を発して春営地に到着するまでの時間が含まれる。

　法頤の住寺のあった燕京地域から春営地の混同江流域，とりわけ最も滞在頻度の高い上流域の魚児濼（月亮泡）まで約1,160km ある[45]。法頤の一行[46]がこの距離を何日かけて移動したのか，正確なところは分からない。

　いま，大康元年（1075）に北宋の使者として契丹を訪れた沈括一行を例にとると，彼らは雄州（河北・保定市雄県）北の国境地点から査剌の宿営していた慶州永安山までの約760kmを，往路36日（1日平均約21km），復路25日（1日平均約30km）で移動している[47]。復路の日数が往路より短いのは，ひとつに一行が契丹国内の移動に慣れたことによるものであろう。この復路の移動速度の方が契丹国人たる法頤一行の移動速度に近いと思われるため，これを目安にすると，法頤は燕西の紫金寺を発して春営地に到着するまで39日ほどを要する計算になる。これより先に阿果の派遣した伝戒要請の使者が紫金寺の法頤のもとに到着するまで早馬で約13日かかると考えられるので[48]，この日数を加えると合計で52日前後を費やすことになる。すなわち法頤が3月13日に春営地の宮帳内殿に伝戒するためには，阿果は即位から9日後の正月22日（癸未）あたりには彼に対して伝戒要請の使者を派遣していなければならない。

　ただし，この数字は阿果の使者と法頤一行の移動にかかる日数のみに注目して導き出したものである。このほか法頤の出立と開壇の準備にもある程度の時間が必要であったろう。また，そもそも先に提示した燕京地域から魚児濼までの距離は直線のそれであり，実際の移動距離は地形の制約をうけてさらに長くなる。これらのことを考慮に入れると，阿果の即位から法頤に対する伝戒要請の使者派遣までの日数はさらに縮まることになる。すなわち阿果は皇帝位に即くと，ほぼ時をおくことなく，法頤に対して宿営地宮帳における菩薩戒の伝授を要請したと見て間違いない。阿果の即位と法頤の伝戒の連繋はここに明らかである。その伝戒の実施日が阿果の即

位日と同じ13日であることも偶然ではなく，帝が意図的にこの日次に伝戒を設定したと考えるべきであろう。

　阿果が法𧸫より受けた戒を梵網戒であったと断ずることはできないが，即位直後に受戒を求めた帝の姿勢に，「国王の位を受けようとする者は菩薩戒を受けるべし」との上述『梵網経』の所説が少なからず作用していたことをうかがわせる。阿果にとっても菩薩戒は契丹皇帝としての存在を保障する重要な「護符」であったのである。契丹支配階層の菩薩戒に対する認識を明確に象徴した事例と言えよう。

　このように，契丹支配階層にとって菩薩戒は，成仏に至る階梯であるとともに彼ら自身の世俗的立場・身分を護るものであった。これにくわえて，契丹皇帝の視点にたつと，菩薩戒には，乱を好み隙あれば権力奪取を目指して牙をむく皇族たちの獣心を抑制する鎮静剤としての効果も期待されていたのではなかろうか。『遼史』巻72 李胡伝の論に，

　　　李胡而下，宗王の反側，代のこれ無きこと無く，遼の内難，国と始終す。厥の後の嗣君，法を厳かにし以てこれを縄すと雖も，卒に止むべからず[49]。

と記すように，契丹はその建国の当初より皇族の反抗に悩まされ続けた。査剌の時代も例外ではなく，清寧9年（1063）7月に聖宗文殊奴の次子にして皇太叔の孛吉只（漢名　重元）が息子の涅魯古とともに謀反し，兵を率いて査剌の行営を襲撃する事件が起きている[50]。

　即位してほどなく勃発した孛吉只の謀反は，査剌に皇族制御の難しさを実感せしめたであろう。上述の李胡伝の論に「法を厳かにし以てこれを縄すと雖も，卒に止むべからず」とあるように，厳法をもってこれを取り締まっても効果があがらないなか，査剌がその対処を自己の深く帰依する仏法に求め，とくに仏徒の規範である菩薩戒に注目したとしても不思議ではない。査剌は皇族たちに菩薩戒を受けさせて，これをその身に護持させ，このことによって彼らのうちにある獣心を抑制する，いわば内面からの制

第3章　契丹皇帝と菩薩戒　　111

御を試みた可能性もあるだろう。

　ちなみに査剌が宿営地宮帳に僧を召致して伝戒させた最も早期の事例は，現存史料による限り，咸雍6年（1070）の法均の伝戒である（本章註〈6〉参照）。また内殿懺悔主を創置した時期は定かでないが，恒策をこれに任用したのは，彼が房山雲居寺における石経の続刻を行った後であるから，大安10年（1094）以降のことである。正慧大師は恒策とほぼ同年代であるから，彼が内殿懺悔主に充てられたのも恒策の任用からそう離れていない時期であろう。一方，査剌が『発菩提心戒本』を撰述してこれを治下伝戒僧に下賜したのは大康初年（1075）前後に始まるとされる［古松崇志2006C：12］。こうしてみると，査剌が積極的に菩薩戒と関わるようになったのは，おおむね孛吉只の謀反以後のことである。

　いま，大安5年（北宋・元祐4年〔1089〕）に生辰国信使として契丹に入った北宋の蘇轍が，帰国後に上呈した「北使還論北辺事劄子」[51]の第二道「論北朝政事大略」第三条に注目すると，次のような記載が見える。

　　北朝皇帝仏法を好み，よく自らその書を講ず。夏季ごとに輒ち諸京の
　　僧徒および其の群臣を会せしめ，経を執り親ら講ず。……然るに契丹
　　の人，此の経を誦え仏を念ずるにより，殺心ようやく惨む。此れ蓋し
　　北界の巨蠹にして中朝の利なり[52]。

　蘇轍は査剌の宮廷に赴き自ら見聞した帝の崇仏のありさまを克明に記録している。興味深いのは，これに続く，契丹の人々が仏法に親しむことによってその殺生を好む心がしだいに惨まっているとの指摘である。仏教は契丹の人々の精神に少なからず影響を与え，その攻撃性を和らげていたようである。当時すでに宮帳内殿における伝戒が行われており，入朝した蘇轍の感じ取った，契丹宮廷を中心に蔓延する崇仏の風潮は，査剌の主導下に行われた菩薩戒との接触もその醸成の一要因となっていたと見てよい。とすれば蘇轍の指摘した契丹の人々における殺生心の緩和という事象は，査剌による菩薩戒を用いた皇族の内面制御の効果を包括していた可能性も

あるだろう。

小　　結

　本章で述べてきたことの要点をまとめると次のようになる。内殿懺悔主は道宗査剌が創置したものであり，そのつとめは宿営地宮帳の内殿における皇帝・皇族・大臣など国家の支配階層に対する伝戒である。査剌は守臻の門下を内殿懺悔主として用いた。その目的は己が尊崇してやまない守臻に由来する菩薩戒を契丹皇帝の権威のもとに価値付け，帝自身を含めた国家の支配階層にこれを浸透させることにあった。この背後には父帝の只骨も護持した澄淵由来の菩薩戒とは異なる系統の戒を見出してこれを権威付けることにより，父帝を超えた菩薩としての自立性ないし個性を表明しようとの査剌の意図が見て取れる。

　菩薩戒は現実世界における利益の希求・実現手段としても認識されていた。とりわけ皇帝以下の支配階層にとって，菩薩戒の護持はその世俗的立場・身分を保障するものでもあった。内殿懺悔主や召致伝戒僧による宮帳内殿における伝戒は，彼らの世俗的立場・身分の保持をひとつの目的としていた。また反覆常ならない皇族の獣心を菩薩戒によって抑制し，彼らを内面から制御する意図もあったと考えられる。

　かつて谷井俊仁は，従来の契丹皇帝が積極的な対中華軍事行動によってその権威を誇示・保全してきたが，澶淵の盟の締結（1004年）がこの伝統的な権威高揚策の対象を消失させてしまい，それゆえに興宗只骨は新たな権威確立の手段として仏教を選択したと論じた［谷井俊仁1996：163-173］。本盟約の締結によって形成された契丹と北宋が対等に共存する仕組み，すなわち「澶淵体制」［古松崇志2007］は当時の東部ユーラシアにおいて空前のものであったため，それ以後の両国家のうちに一定の体質的転換を促したことは十分に考えられる。契丹におけるその転換を，只骨による仏教の国家的受容と見なす谷井説は，ひとつの要因として一定の説得性をもつように思える。

　「澶淵体制」のもと，只骨の進めた皇帝権力と仏法の融合は，査剌の手

によって「皇帝と菩薩の相即」という明確なかたちに帰結する。内殿懺悔主の創置，召致伝戒僧による宿営地宮帳の内殿における伝戒，そして『発菩提心戒本』の撰述と流布。いずれも査剌の菩薩戒に対する主体的な関わりを知らしめるものであり，父帝の只骨に比べて菩薩としての明らかな存在感を見て取ることができる。査剌は只骨を継いで仏教をその権力の後ろ盾としつつ，さらに進めて菩薩との一体性を強く表明した。この背後には，契丹仏教の一大潮流にして査剌自身も強く関心を寄せた華厳における菩薩と世俗権力を一体とする認識，当時の契丹社会における伝戒の盛行とここに読み取れる人々の菩薩に対する志向，そしてこの菩薩と王権の連繋を明確に説く菩薩戒経典の存在があったことは間違いない。査剌は菩薩であることに契丹皇帝としての立場の裏付けを求めたのである。

　もちろん彼は菩薩である以上，その重要なつとめのひとつ「下化衆生」（『摩訶止観』巻1上 T.46：6a）もまた念頭にあったはずである。とりわけ不特定多数の人々の受戒に資すべき授戒作法書『発菩提心戒本』の撰述と流布には，かかる利他の意識が強烈に働いていたと見てよいだろう。

　　註

(1)　只骨の受菩薩戒に関しては第2章の註(19)を，只骨の菩薩戒師をつとめた澄淵については神尾弌春［1982：109-110；126-127］を参照のこと。

(2)　T.24：1006c；1020c。『梵網経』と『菩薩瓔珞本業経』の成立については船山徹［1996］を参照。

(3)　T.40：568a-569a。ここに①梵網経受戒法，②地持経受戒法，③玄暢法師受戒法（高昌本），④瓔珞経受戒法，⑤近代諸師所集受戒法（新撰本），⑥制旨受戒法の6種を提示し，このうち①，④，⑤が作法項目に懺悔を含めている。

(4)　戒台寺に現存する。ただし本碑は明代の再建碑であり，バラバラに分裂した状態で出土した大安7年立石の原碑をもとに，その刻記内容を忠実に再現して新たな碑石に刻み直したものである［古松崇志2006C：3-7］。

(5)　捺鉢とその宿営地については第1章のVの（2）を参照。

(6)　「始於此地，肇闢戒壇，来者如雲，官莫可御。凡瘖聾跛傴，貪慢憍頑，苟或求哀，無不蒙利。至有隣邦父老，絶域羌渾，竝越境冒刑，捐軀帰命。……越明年（咸雍6年），師道愈尊，上心渇見，爰命邇臣，敦勉就道。因詣

闕，再伝仏制，以石投水，如火得薪，其志交孚，非喩可及。……復可如願
徧利群品，廼受西楼・白霫・柳城・平山・雲中・上谷泉・本地紫金之請，
所到之処，士女塞涂，皆罷市輟耕，忘餒与渇，遞求瞻礼之弗暇，一如利欲
之相誘。前後受懺称弟子者五百万余，所飯僧尼称」

(7) 「六聘山天開寺懺悔上人墳塔記」において守常の具体的な業績を記した箇
所は次のとおり。「年十七，便厭世累，礼六聘山鉄頭陀為師，十九受具。就
学無方，所向迎刃。始講名数税金吼石等論，次開雑花経，洎大乗起信等論，
前後出却学徒数十人。兼放菩薩戒壇十余次，所度白黒四衆二十余万。住持
本山三十年，倡導外，日誦大悲心呪，以為恒課」

(8) 「今当三世名号，披尋之際，凡遇一如来，及遇一菩薩，或各礼三拝，表離
三毒，以超三悪，冀全三学，以尅三身。或各礼四拝，表消四罪，以越四流，
期満四弘，以円四智」

(9) 礼懺と仏名経典の関わりについては塩入良道［1964］を参照。

(10) 鄭紹宗［1997：532］，『秘蔵』：77-79。天宮寺本は完本，仏宮寺木塔本は
巻6のみの残巻である。なお仏宮寺木塔からは『仏名集』と仮題される別
個の仏名経典の残巻も見つかっている（『秘蔵』：201-203）。

(11) 「天慶三年夏，疾作，遂捨衣鉢，以資其寿，得貨泉二十万，月息其利，啓
無休息。講（請？）長川延□奪□之徒五人，用□四思也，知病不起，遂請
鄰院，啓消災集福道場僅十処，凡鳴鐘斎宅，皆預指画。至十二月望日，招
余懺受。悲涙執手，謂余曰，大事可成矣」

(12) 守臻の門人たちは法諱の第一字に「恒」を共有していた［古松崇志
2006C：34 註60］。

(13) 『遼史』巻98 耶律儼伝「（寿昌）六年，駕幸鴛鴦濼，召（儼）至内殿，訪
以政事」（p.1415），同書巻53 礼志 嘉儀下「立春儀。皇帝出就内殿，拝先
帝御容，北南臣僚丹墀内合班，再拝。可矮墩以上入殿，賜坐。帝進御容酒，
陪位幷侍立皆再拝。……」（p.876）

(14) 恒策による房山石経の続刻については塚本善隆［1975：510-519］を参照。

(15) 「主上聞風，宣請為内殿懺悔主。由是外縁四備，隠志難成。堅請下山，順
縁赴感。復加検校司空，牢譲不受。至於永泰寺開講，五京緇侶，聞風而至，
龍象学徒，日不減三千之数。……度菩薩戒弟子一佰五十余万，皇儲已下及
百官等八十余人，公主・国妃已下等五十余人，幷礼為師，善字訓名」

(16) 査剌の長子すなわち皇太子の耶魯斡（漢名 濬）は，すでに大康3年
（1077）に耶律乙辛一派の誣告によって庶人におとされ殺害されている
（『遼史』巻23 道宗紀，巻72 順宗伝，pp.279-280：1215-1216）。阿果は耶
魯斡の子である。

(17) 「未久之間，奉勅為燕京□□僧録。可謂人天眼目，昏夜慈燈。為三界之導
師，作八方之化主。普設義壇，所度之衆，数過凡百余万，遍済貧人，約二

第3章　契丹皇帝と菩薩戒　115

十余億□□。両朝懺主，二帝仁師，名震四方，徳彰八表」

⑱　「乾統初元，自永泰寺内殿懺主検校太尉正恵大師，大闡教風，聞者草偃，
咨啓法要，憤悱忘倦，礼為伝法師，遂訓名善規」

⑲　「当今天祚皇帝，宣請為内殿懺悔主，加特進・守太師・輔国通円之号。欽
師弥徳，不類於常。自此因縁大化，至於燕西紫金寺開壇，含霊歩礼而来，
受懺滅罪者，日不減二十余万」

⑳　「甲戌，召僧法頤放戒于内庭」（p.318）

㉑　『遼史』巻26 道宗紀 寿昌7年（1101）正月条「癸亥，如混同江。甲戌，
上崩于行宮，年七十。遺詔燕国王延禧嗣位」（p.314），同書巻27 天祚帝
紀 寿昌7年正月条「甲戌，道宗崩，奉遺詔即皇帝位于柩前」（p.317）査剌
は寿昌7年正月に混同江流域に宿営し，そこで崩御した。阿果は査剌の柩
前に即位したのであるから，当然彼は同地にいたことになる。

㉒　「……中京檀信□奇師解行，堅請下山，入京開化，学徒聞風斉至，日不減
七千之数，其余中□前□□□衆，不減五千徒。主上聞風宣請而至，親□礼
敬□□道器□親九□講為内殿懺悔主，□賜紫袍，加検校太師・通悟之号。
自爾已後弥加欽重」（□は不明字）

㉓　「十一月丁丑，召沙門守道，開壇于内殿」（p.284）

㉔　「丙子，召医巫閭山僧志達，設壇於内殿」（p.314）

㉕　第2章の註㉟参照。

㉖　『通賛疏』以下は高麗・義天『新編諸宗教蔵総録』巻3に著録する
（T.55：1175b）。応県の仏宮寺木塔から『通賛疏』巻10と『通賛疏科』巻下
の刊本が見つかっている（『秘蔵』：289-312）。

㉗　仏宮寺木塔発現の『通賛疏』巻10と『通賛疏科』巻下の末尾に「咸雍七
年十月日，燕京弘法寺奉宣校勘雕印流通」との題記が見え，両典籍が咸雍
7年（1071）に査剌の宣命を奉じて燕京の弘法寺において刊行されたもの
であることが分かる。法悟の『賛玄疏』と志福の『通玄鈔』の刊行につい
ては第2章のⅢを参照。なお『賛玄疏』自序に「我天佑皇帝，伝利利之華
宗，嗣輪王之宝系，毎余庶政，止味玄風，……然備究於群経，而尤精於此
論（＝釈摩訶衍論）」（『続蔵』第72冊：416右b）と見え，『通玄鈔』御製引
文に「朕聴政之余，留心釈典，故於茲論（＝釈摩訶衍論），尤切探賾」（『続
蔵』第73冊：81右a）とあり，査剌の『釈摩訶衍論』に対する傾倒が読み
取れる。

㉘　「鮮演墓碑」（第2章末附）第10-11行に「偶遇道宗幸燕，有通賛疏主，特
具薦揚，復承＊聖渥，改充大開龍寺曁黄龍府講主」とある。

㉙　第2章のⅡを参照。

㉚　覚苑『大日経義釈演密鈔』自序「我天佑皇帝，睿文冠古，英武超今，十
善治民，五常訓物。……尤精釈典，有讃・序・疏・章之作」（『続蔵』第37

冊：1左b)

(31)　貞治 3 年（1364）の東大寺東南院経蔵の聖教目録（愛知県真福寺蔵）に
　　　は契丹の仏教典籍がいくつか著録されており，そのなかに思孝の『菩提心
　　　戒儀』 3 巻が認められる［横内裕人2008B］。横内によると東大寺や真福寺
　　　などの宝庫から上記の聖教目録に著録された契丹の典籍の実物が見つかる
　　　可能性もあるという。

(32)　『天鎮県志』巻 6　芸文上（p.742a-b）

(33)　「縁此桑乾大河，春開秋凍，夏月汎漲，損傷人畜，是大厄難，当日菩薩行
　　　人，救苦興橋，益済生霊。大遼国天佑皇帝太康三年，除授崇雅西京僧録，
　　　因上供去，従此橋過，木植朽爛，人畜過往，至甚艱難。崇雅与律主大師・
　　　法華座主・主簿正字四人，共議再葺大橋。三人為首，請崇雅於南七侯村開
　　　壇放戒不爾。皇帝宣賜御製菩提心戒本両巻，付授崇雅，命広流通遍及未聞。
　　　由此戒文助成大事於西京弘・蔚二州，僧尼二衆化到銭近五百貫。太康九年，
　　　買橋樑・枋木・柏柱於河両辺，出得板石。十年正月内，木植載到橋頭。三
　　　月二十一日，南七侯院開戒壇，消放天佑皇帝御製菩提心戒本，遠近村坊律
　　　主等，誘勧尽発勝心，受菩薩菩提心戒，人各思施銭物，工価可及五百貫。
　　　（以下，架橋次第の具体的記述）」

(34)　『続高僧伝』巻 5　釈法雲伝「帝（＝武帝）抄諸法等経，撰受菩薩戒法，
　　　構等覚道場，請草堂寺慧約法師以為智者，躬受大戒，以自荘厳」（T.50：
　　　464c）

(35)　たとえば房山雲居寺の志仙が製した授戒儀『発菩提心戒一本』には，授
　　　戒作法に先立ち，志仙自らの菩提心戒に対する解釈を提示する（第 4 章の
　　　Ⅰの（1）参照）。また査剌御製の『発菩提心戒本』は 2 巻本，思孝のそれ
　　　は 3 巻本であり，その分量より見て授戒作法のみを提示したものとは考え
　　　られない。両書には査剌・思孝それぞれの認識に基づき菩薩戒（菩提心戒）
　　　を位置付けた文章が含まれていたはずである。

(36)　『顕密円通成仏心要集』「今居末法之中，得値天佑皇帝菩薩国王。率土之
　　　内流通二教，一介微僧幸得遭逢。感慶之心終日有懐，似病人逢霊丹妙薬」
　　　（T.46：1004b）

(37)　『新編諸宗教蔵総録』巻 1　（T.55：1167c）に著録。

(38)　「菩薩現身作国王，於世位中最無等。福徳威光勝一切，普為群萌興利益。
　　　其心清浄無染著，於世自在咸遵敬。弘宣正法以訓人，普使衆生獲安穏」
　　　（T.10：155c）

(39)　『梵網経』の成立における『華厳経』の影響については大野法道［1954：
　　　252-284］を参照。

(40)　「仏言，若仏子，欲受国王位時，受転輪王位時，百官受位時，応先受菩薩
　　　戒。一切鬼神救護王身・百官之身，諸仏歓喜」（T.24：1005a）

⑷1 「若有犯者，不得現身発菩提心。亦失国王位・転輪王位，亦失比丘・比丘尼位，亦失十発趣・十長養・十金剛・十地・仏性常住妙果」（T.24：1005a）

⑷2 『秘蔵』：463-475。巻2のみの残巻であり，内容は『梵網経』に関する諸家の疏を抄録したもの。本寺僧が『梵網経』を学習する際に用いたテキストトであろう。

⑷3 『新編諸宗教蔵総録』巻2（T.55：1173b）に著録。

⑷4 『新編諸宗教蔵総録』巻1（T.55：1167c）に著録。

⑷5 最短と考えられる中京大定府・興中府・瀋州・黄龍府の経由ルートで算出。あくまで直線距離であり，実際の移動距離はこれより長くなる。

⑷6 法頤の身辺の世話にあたる侍僧や護衛の兵士も随行していたであろう。

⑷7 『熙寧使虜図抄』（『永楽大典』巻10877「虜」）「以閏四月己酉出塞，五月癸未至単于庭（＝慶州永安山）。凡三十有六日。以六月乙未還，己未復至于塞下。凡二十有五日」

⑷8 『熙寧使虜図抄』によると鉄漿館（中京大定府の西南約79kmの地に在り）より早馬を馳せれば「三日ならずして幽州に至る」という。鉄漿館から燕京までの約230kmを早馬は3日以内で走破する。実質2日半ほどとすれば1日の平均移動距離は約92kmとなる。この数値に基づくと魚児濼と燕京の間（約1,160km）は早馬で13日ほどの行程と見なせる。

⑷9 「李胡而下，宗王反側，無代無之，遼之内難，与国始終。厥後嗣君，雖厳法以縄之，卒不可止」（pp.1214-1215）

⑸0 『遼史』巻22 道宗紀 清寧9年（1063）7月戊午条（pp.262-263），同書巻112 重元・涅魯古伝（pp.1501-1503）。

⑸1 蘇轍『欒城集』巻42（pp.937-942）

⑸2 「北朝皇帝好仏法，能自講其書。毎夏季輒会諸京僧徒及其群臣，執経親講。……然契丹之人，縁此誦経念仏，殺心稍悛。此蓋北界之巨蠹而中朝之利也」

第4章　契丹の授戒儀と不空系密教

はじめに

　前章では契丹後期においてその授受の盛行した菩薩戒と政権との関わりに目を向けた。本章では信仰媒体としての菩薩戒の側面に注目する。

　契丹仏教のひとつの大きな潮流が密教であることはよく知られている。陀羅尼に代表される「雑密」（前期密教），7世紀頃に整備された「純密」（中期密教），さらにはタントラ系諸経典に基づく後期密教も一部受容されていた［上川通夫2012：105-107］。

　このうち純密については「金剛界法」すなわち『金剛頂経』系統の密教に対する志向が顕著に認められる。このことは教学および文物の両方面に確認される。教学面では，つとに松永有見［1930：5-9］が契丹を代表する密教学僧の覚苑の手になる『大日経義釈演密鈔』と道殿の撰した『顕密円通成仏心要集』をとりあげ，両典籍に説かれる密教が，表面的には善無畏（637-735）・一行（683-727）に連なる『大日経』の系統すなわち「胎蔵法」に属するものの，内容面においては金剛界法であることを指摘している。一方，文物面では，次章以下において詳論するとおり，とくに遼西地域と内モンゴル東部に現存する契丹時代の仏塔の壁面や塔内奉納文物に，金剛界法の尊格の彫像や浮雕あるいは線刻などが認められる。

　とりわけ仏塔壁面における当該尊格の配置の事実は興味深い。屋外に屹立する堂々たる仏塔が「万人衆視」の信仰モニュメントであることに思いを致すとき，契丹にほぼ限定された上記の如き特徴的な様式の存在は，その仏塔の所在域において，密教が密教行者のみならず顕教行者および一般世俗社会にも認知ないし受容されていたことを示唆する。端的に言えば，当時の密教は密教行者の専有物ではなかった，ということである[1]。

　本章ではこの観点に基づき，契丹の僧俗社会一般における密教，とくに

当時志向されていた金剛界法と密接に関わる唐の不空 *skt.* Amoghavajra（705-74）とその系統（以下便宜的に「不空系密教」と表記）の受容と展開を明らかとしたい。ここにおいては前章に扱った貴賤僧俗を問わず受持可能な菩薩戒との関係を具体化することが効果的であろう。よって以下では当時における授戒の次第・作法を説いた「授戒儀」に注目して考察を進める。

I 契丹の授戒儀

（1）雲居寺志仙記『発菩提心戒一本』（志仙本）

　北京市の西南郊に位置する房山雲居寺の石経中に，契丹において刻記された『発菩提心戒一本』がある（『房山』：pl.57，『房山遼金』22：604，本章末 PL.9参照）。千字文番号を付さない単本の石刻経典である。経板の寸法は縦38cm，横73cm，刻記は経板の表裏両面にわたり（PL.9の上段が表面，下段が裏面），各面27行，正文の行内刻字数は不同で，序文と結句が15字ないし16字，頌文形式の本文（戒文）が12字または15字の定型文でこれが大半を占める。所々に正文より小さな字径で指示文句[2]を挿入している。

　一部に刻記形式の乱れがあり，たとえば表面では戒文の前行上部に配置する条目名（「第一奉請賢聖」など）を，裏面では改行することなく前段末の指示文句に続けて記したり（第32行「第五翻邪帰正」），あるいは戒文と同じ行に記したりしている（第37行「第六正受菩提心戒」，第43行「第七遣相」）。これらは表裏両面の行数を揃えるための措置であろう。

　本石経の最終行には「石経寺主講経律沙門志仙。乾統八年十月十五日記」との題記があり，これが天祚帝阿果の乾統8年（1108）10月15日に石経寺すなわち雲居寺の寺主をつとめる志仙という僧によって記されたものであることが分かる。本章ではひとまずこの題記に基づき本石経を「志仙本」と表記する。

　志仙個人についてはほかの史料にその名を見出せず，事績等は明らかでない。当時，雲居寺には志仙と同じく法諱の第一字を「志」とする僧が多く居していた。現段階では志妙・志経・志鮮・志瑩・志省・志延・志瑕・志温・志珂・志才・志徳・志興などを見出せる[3]。いずれも道宗査剌の治

世後半から天祚帝阿果の頃にかけて活動していたことが確認され，志仙と
ほぼ同世代の僧たちと見てよい。

　一般的に師僧を共通する者や，その師僧の法嗣より教えを受けた者は，
法統における世代（門人，門孫，門曾孫……）ごとに法諱の第一字を共有す
ることがある。つまり志仙と志妙以下の者たちは，雲居寺において同じ師
僧につかえて修道し，この人物より「志」字を含む法諱を授かった法兄弟
と見なせる。志仙は雲居寺を掌る三綱職（寺主，上座，都維那）のひとつ
寺主をつとめており，同排行の法兄弟のなかでは頭ひとつ抜けた存在であ
ったようである。志仙らの師僧を特定することはできないが，彼をはじめ
として多くの門人を抱えていた点より見れば，当時の燕京方面に名の知ら
れた有力僧であろう[4]。

　さて，志仙本は第1行に題名「発菩提心戒一本」を掲げ，続けて第2行
から第10行まで以下の序文を記している。〔　〕内は小字径の指示文句であ
る。

　　　夫れ菩提心戒は，六度万行を修むるの泉源たりて，これ三身の仏果を
　　　証する菩提の根本なり。功は最も甚深にして，理は思議し難し。ここ
　　　を以て三世の諸仏は同に説き，三世の菩薩は同に学ぶ。故に経に云う，
　　　戒は明らかなる日月の如く，また瓔珞の珠の如し。微塵の菩薩衆，こ
　　　れに由りて正覚を成すと。〔三宝六師仏菩薩を念い，梵釈四王金剛天
　　　を念うべし。〕将に戒文を釈し分かちて八段と為さんとす。第一奉請
　　　賢聖，第二想陳妙供，第三懺悔罪愆，第四受三帰依戒，第五翻邪帰正，
　　　第六正受菩提心戒，第七遣相，第八普皆廻向。八段同じからず[5]。

　ここにはまず菩提心戒についての解釈を示している。菩提心戒は一般的
には密教戒として理解されるものである。菩提心 *skt.* bodhi-citta（悟りを
求める心）を発することは通仏教的に重視される行為であるが，とくに密
教においてはこれを「戒」にまで高め，菩提心そのものを戒体（戒の本
体・本質）と見なし，発菩提心をすなわち菩提心戒の受持と考えた〔勝又

俊教1977：8-9]。菩提心戒は密教の行者が曼荼羅壇に入り灌頂の儀式を受ける前に授かるものとされ，その用語と，授戒における入壇灌頂前作法としての位置付けは，唐の不空において確立したようである［苫米地誠一1990：372-373]。志仙本が不空系密教と関わりをもつ典籍であったことが察せられよう。

　さて，上掲の序文は，菩提心戒が仏道修行のみなもとであり，その修道の結果として達せられた三身（法身・報身・応身，ここでは仏そのもの）のあかしとなる菩提（悟りの智慧）の根本と位置付け，このゆえに過去・現在・未来の仏や菩薩たちが皆この戒を説き，あるいは学んだと述べる。ついで，これらを裏付けるべく経文を引用し——これについては後述——，最後に菩提心戒授戒の次第条目を「奉請賢聖」以下八段に分けて掲げている。

　第11行から第49行までは，「戒文」すなわち菩提心戒の授戒次第条目の文言を，第一段から第八段まで順に記す。各段の所説内容は次のとおり。

　　第一段「奉請賢聖」三宝（仏・法・僧）を礼拝し，その降臨を請う。
　　第二段「想陳妙供」香花・飲食・幢幡等の諸供養を三宝に奉献する。
　　第三段「懺悔罪愆」己が罪過を懺悔し，その消滅を願う。
　　第四段「受三帰依戒」三宝に帰依することを誓う。
　　第五段「翻邪帰正」三帰依を確認し，声聞・縁覚二乗と異教に帰依し
　　　ないことを誓う。
　　第六段「正受菩提心戒」菩提心戒を受ける。
　　第七段「遣相」外面的諸相に捉れずに本質たる空を知る。
　　第八段「普皆迴向」受戒の功徳を一切衆生に及ぼし，ともに成仏する
　　　ことを願う。

　まず第一段には，冒頭「且初第一奉請賢聖」の8文字に続けて，以下の指示文句を付している。

人各々衣を整え，蹲跪合掌し，弟子某甲等の処を挙ぐるを聞かば，言に随い後に説くべし[6]。

これは，戒師（授戒僧）が各段の「弟子の某甲等……」で始まる文言を読誦すると，受戒者がこれに続いて復誦すべきことを指図したものである。また各段の末尾には「三たび説くべし。無尽三宝を念い，降臨を願うべし」（第一段），「普賢菩薩懺悔師を念うべし」（第三段），「三たび説くべし。皆共に速やかに無上覚を成さんことを念うべし」（第八段）等の指示文句が見え，受戒者が文言を復誦する回数や，その際に念想すべき尊格や事柄を指示している。

志仙本は菩提心戒の授戒に際して用いられた授戒儀であり，その授戒の儀式は，まず戒師が第一段を読誦し[7]，ついでその面前に跪き合掌した受戒者がこれを復誦，以後，第二段から第八段まで各段順番に同様のかたちで繰り返されたのである。

（2）志仙本と『発菩提心戒本』

志仙本は，第3章のⅢにもとりあげた『発菩提心戒本』との関係が指摘されている。たとえば『房山』：94における志仙本の解説では，本石経を道宗査刺の御製『発菩提心戒本』2巻（以下「御製本」と略記）を1巻にまとめたものと推測する。これに関連して野上俊静［1980：299-300］は，志仙本を御製本と直ちに結びつけることには慎重な姿勢をとる一方，思孝が撰述した同名の『発菩提心戒本』3巻（以下「思孝本」と略記）との関連性を示唆する。両者がこのように判断した根拠は提示されておらず，手放しに賛同することはできない。ただし，志仙本と御製本・思孝本の直接的関わりの是非はひとまず措き，当該三書は内容構成において共通する部分があったと考えられる。少し紙幅を費やすが，以下この点について論じておきたい。

御製本と思孝本は，書題にそのまま従えば「発菩提心戒」の「戒本」と見ることができる。「戒本」とは，一般的に戒条の本文を列記したテキストを指し，主に布薩 *skt.*upavāsa の際に読誦して自省に供するものとされ

る。「戒本」の語義は「広律（戒条とその説明を含めた戒律書）の根本」［中村元2001：上189b-c］であるから，この熟した語句のあいだに別字が挿入されることは考え難い。つまり御製本と思孝本を上記の如き「戒本」と見なす場合，これらの両典籍と，『発菩提心戒一本』として「戒」と「本」の字のあいだに「一」字が挟まる志仙本は，別ものと判断せざるを得ない。

　ところが実際には御製本と思孝本は戒条テキストとしての「戒本」ではない可能性が高い。このことを示唆する史料が，山西省朔州市応県の仏宮寺木塔より見つかった『発菩提心戒本』『大乗八関斎戒儀』『菩薩十無尽戒儀』の合巻である。

　この合巻本は『秘蔵』：490-495に図版を載せる。麻紙の軸装本で，寸法は縦29.8cm，幅627.5cm，首尾を欠き，巻中には欠損箇所が多く見受けられる。『発菩提心戒本』の部分は『秘蔵』の p.490上段図版から p.491下段図版の第2行まで。本文は無く，書題「発菩提心戒本」の解題のみを記したものであるが，御製本と思孝本がともに散佚して伝わらないなか，わずかとはいえ契丹に通行した『発菩提心戒本』の輪郭をうかがわせる貴重な史料である。末尾には「天慶二年歳次壬辰四月十一日宝宮寺第八壇」との題記を付している。宝宮寺は木塔の在所たる仏宮寺の契丹時代の名称である。木塔の初層南門内に現存する八角石幢の刻記[8]より，本寺は少なくとも元の至正13年（1353）まで宝宮寺と呼ばれていたことが確認される。「第八壇」とは八番目の戒壇の意であろう。この表記から宝宮寺内には複数の戒壇がおかれていたことが分かる。

　合巻本は「明」「賢」「真」の字を欠筆して穆宗述律（明〔初名 璟〕）・景宗明扆（賢）・興宗只骨（宗真）の漢諱を避けている（『秘蔵』：58）。この点よりすれば，合巻本は，他者の目に触れる場における使用を想定して編まれたことも考えられる。合巻本は『発菩提心戒本』の解題に続けて，八斎戒（在家者が布薩の際に守るべき八戒）の授戒儀である『大乗八関斎戒儀』[9]と梵網十重戒の授戒儀である『菩薩十無尽戒儀』を載せており，あるいは宝宮寺の戒壇における菩薩戒の伝授に際して実用されたものかもしれない。

さて，合巻本中の『発菩提心戒本』は，まず現存部分の冒頭に唐・実叉難陀訳『大方広仏華厳経（八十華厳）』巻17 初発心功徳品の頌文（T.10：95a）を引用して，衆生が十方一切の仏にまみえ，無尽の功徳を施し，諸々の苦悩を除くためには菩提心を発すべきことを説く。ついで，

　　　先ず題目を明らかにし，後に本文を釈せん。且に題目を発菩提心戒本
　　　と云う。云う所の発とは，開なり。顕なり。言を以て開示し，其れ了
　　　知せしめ，義を用て彰顕し，修進に使わしむるなり[10]。

として「発菩提心戒本」の解題を「発」よりはじめ，以下「菩提（心）」・「戒」・「本」の順で，それぞれの解釈を行う。ここにおいては『華厳経』の頻繁な引用が目を引く[11]。このことは，御製本が『新編諸宗教蔵総録』巻1の華厳経の項目に著録されている事実と併せ，契丹に通行した『発菩提心戒本』の思想的基盤をうかがわせるものとして興味深い。
　いま注目すべきは「本」の解釈であり，「云う所の本とは，且に就ち顕相の文字を本と為す」と言い，ものごとの有様・すがたを顕かにする文章を「本」と認識する。ここには「根本」や「おおもと」の義は全く現れない。このことは，とりもなおさず解題対象となった『発菩提心戒本』の主内容が「広律の根本」である戒条の列記とは異なることを示唆している。さらに「本」の解釈は続いており，「貝葉・霊篇は皆その類なり」と述べ，仏教や道教の経書がこれに当たると言う。この解釈を御製本と思孝本にもあてはめると，その書題は「発菩提心戒の書」と理解することができるのである。
　つぎに志仙本の書題「発菩提心戒一本」に目を向ける。すでに述べたように，語として熟した「戒本」のあいだに別字が挿入されることは不自然であるから，本典籍を「発菩提心戒」の「戒本」とは見なせない。
　志仙本は「発菩提心戒」の「一本」として解釈する必要がある。この「一本」の解釈については我が国の慈覚大師円仁（794-864）がものした『入唐新求聖教目録』（T.55：No.2167）に手がかりを求めたい。本典籍は円

仁が在唐中（838-47）に巡った揚州・五台山・長安などにおいて入手した
仏教典籍の請来目録である。経典・論書・念誦法門および章疏・伝記など，
密教典籍を中心に，合わせて584部802巻を著録する。

　本目録における著録様式は「仏為優塡王説王法政論経一巻，不空」
（p.1078c）の如く，典籍名，巻数，訳（撰）者名を順に掲げる一般的なも
のであるが，一部の典籍において，巻数を記さずに「一本」と数えるもの
がある。『大正蔵』で言えばpp.1081b-1082c およびpp.1085c-1086a に録
された一群の典籍がそうであり，「金剛忿怒速疾成就真言一本」「梵字仏頂
尊勝陀羅尼一本」（ともにp.1081b）「梵字三身讃一本」（p.1081c）の如きも
のである。さらには授戒儀も「一本」と数えている。「最上乗教受戒懺悔
文一本」（p.1082c）がそれである。「最上乗教受戒懺悔文」は不空が訳出し
た『受菩提心戒儀』（T18：No.915）の別題（原本の尾題）とされ［苫米地
誠一1990：368-369；381註64］，双方は同一のものである。『受菩提心戒
儀』は志仙本に影響を与えた密教の授戒儀である（後述）。

　「一本」の表記は，おおむね真言や陀羅尼あるいは讃文や授戒儀のよう
な比較的短い単一巻のテキストに用いられたようである。すべて「一本」
とし「二本」以上のものは認められない。本目録では「一本」を明らかに
「一書」の義で用いている。この点，先に述べた『発菩提心戒本』の「本」
字の解釈にも通じるものがある。このように真言・陀羅尼・讃文・授戒儀
などの書物の個体数表記に「本」を用いることが，円仁在留中の唐朝仏教
界，とくに密教界におけるひとつの用法であったとすれば，これが唐の密
教系授戒儀『受菩提心戒儀』の影響を受けて成立した志仙本の書題選定に
際して意識されていたとしてもそれほど不思議ではない。かくして，志仙
本は書題の核となる「発菩提心戒」に，「一つの書物」を意味する「一本」
の語が接続したものと考えるのである。

　御製本と思孝本を「発菩提心戒の書」，志仙本を「発菩提心戒の一書」
と解するとき，双方は書題の意味のうえでほぼ一致していたことになる。
すなわち御製本・思孝本と志仙本の書題の相違は，双方の内容的共通性を
否定する要素とはなり得ないのである。

このうえで御製本と思孝本の内容面に目を向けよう。まず御製本について。すでに第3章のⅢにおいて大康10年（1084）立石「重修桑乾河橋記」（『天鎮県志』巻6 芸文上）をとりあげて述べたように，大康3年（1077）ないしそれより少し後に，査刺は御製本を西京の僧録をつとめる崇雅に下賜した。当時，崇雅は桑乾河の某所に架かる旧橋の架け替えを企図し，授戒によって得られる受戒者の施財をもって工事資金に充てようとしていた。御製本を受領した崇雅は，

> 此の戒文に由りて大事を西京の弘・蔚二州に助成するに，僧尼の二衆 化して銭を到すこと五百貫に近し[12]。

と，本典籍を用いて，桑乾河の南北両辺に位置する弘州（河北・張家口市陽原県）と蔚州（同蔚県）に授戒し，これによって戒を受けた僧尼の施財約500貫を集めた。ついで大康10年に至って，

> 三月二十一日，南七侯院に戒壇を開き，天佑皇帝御製の菩提心戒本を消放するに，遠近村坊の律主等，誘勧して尽く勝心を発し，菩薩菩提心戒を受け，人各々銭物を施せんことを思い，工価五百貫に及ぶべし[13]。

とて，3月21日に天成県（山西・大同市天鎮県）南七侯村の某寺院にて戒壇を開き，再び御製本をもって遠近村坊の寺院の律主たちに伝戒し，さらに施財500貫を集めた。崇雅はこうして得た合計1,000貫をもって桑乾河橋の架け替えを成し遂げたのである。

　この事例より，御製本は明らかに授戒時の実用書としての性格をもっていたことが分かる。とすると本典籍は授戒儀式の遂行に関わる内容を含んでいたと考えられ，この場合，授戒儀をもって当該の内容に充てることも決して不当な見解ではあるまい。崇雅は弘・蔚両州における授戒を御製本の「戒文に由」って行っている。一方で志仙本が菩提心戒の授戒次第条目

の文言を「戒文」と称したことを踏まえるならば，御製本の「戒文」もま
た同類のものであった可能性を否定できないのである。

　つぎに思孝本に関しては，御製本の如く授戒時の実用を裏付ける史料は
見出せない。しかし，横内裕人が指摘するように，愛知県の真福寺が所蔵
する東大寺東南院経蔵の聖教目録に契丹の仏教典籍が著録されており，そ
のなかに思孝の『菩提心戒儀』3巻が認められる［横内裕人2008B：34-
35］。書題の末が「戒儀」となっているが，本典籍は明らかに思孝本と同
一のものである。書題が「戒本」から「戒儀」に改められた経緯は不明だ
が，その内容を踏まえてなされたことは間違いなかろう。これより思孝本
は授戒時の次第・作法を説く授戒儀を主たる内容としていたことが察せら
れるのである。

　思孝本の性格は『新編諸宗教蔵総録』における本典籍の著録位置にもう
かがえる。本経録には思孝の述作として計23種36巻の典籍を，関連する経
典の項目（華厳・涅槃・法華など）ごとに分類して著録する。思孝本すな
わち『発菩提心戒本』は巻2「十誦律」の項目の末に収める[14]。ここでは
思孝本を先頭に同じく彼の述作として『大乗懺悔儀』4巻，『近住五戒儀』
1巻，『近住八戒儀』1巻，『自誓受戒儀』1巻，『諸雑礼仏文』3巻，『自
恣縁』1巻，『釈門応用』3巻，『持課儀』1巻を順に著録する。『大乗懺
悔儀』以下の典籍は全て佚書であり，内容は書題より推測するしかない。

　いま書題を手がかりに『大乗懺悔儀』から『自誓受戒儀』までの内容を
推量すると，『大乗懺悔儀』は菩薩戒の授戒に必須となる懺悔の作法を説
いたもの[15]，『近住五戒儀』と『近住八戒儀』は在家者を対象とした五戒
および八戒（八斎戒）の授戒儀，『自誓受戒儀』は戒師によらず仏前にて
独行する菩薩戒受戒（自誓受戒）の次第作法を説いたものと見られる。
『大乗懺悔儀』から『自誓受戒儀』までの四書は授戒関連の作法書という
点で共通する。かかる内容をもつ典籍の筆頭に思孝本が掲げられているこ
とは，思孝本がこれらの四書と同範疇の内容をもつ典籍であったことを示
唆するものと言えよう。

　ちなみに時代をやや遡るが，空海に伝法した恵果阿闍梨の弟子である義

操が『授菩提心戒本』（東寺宝菩提院三密蔵聖教第47函73号）なる典籍をものしている。本典籍は菩提心戒の授戒儀を主内容とすることが指摘されており［苫米地誠一1989］，戒条テキストたる「戒本」とは明らかに異なる。『授菩提心戒本』が御製本と思孝本にいかなる影響を及ぼしたのか定かでないが，著者が御製本と思孝本に想定する，戒条テキストとしての「戒本」と錯覚し得る書題をもつ菩提心戒の授戒儀が，すでに唐代中期において実例として存在していたことになる。

　以上，御製本と思孝本が志仙本と同様に授戒儀を収める典籍であった可能性を提示し，三書の内容は共通性をもつとの見解を示した。ただし，この見解が是であったとしても，御製本は2巻，思孝本は3巻で構成されているため，両典籍は志仙本と異なり授戒儀以外の内容も併せもっていたと見るべきである[16]。

（3）仏宮寺木塔発現『受戒発願文』（仏宮寺本）

　山西省大同市の南約85km に位置する応県。契丹の統治下に応州と号したこの地には，先述のとおり契丹において建立された木塔が現存する。県城内西北の仏宮寺の境内中心部に屹立する本仏塔は，高さ67.31m，八角五層の楼閣様式をとり，現存する契丹の仏塔のなかで唯一の木造建築である。塔内には密教思想に基づく尊像の配置が認められる[17]。建立時期は，第三層南面に掲げる「釈迦塔」塔牌の題記に道宗査刺の清寧2年（1056）とするが，これは疑問視されており［祁英濤・李世温・張暢耕1979］，いまだ確定には至らない。興宗仁懿皇后（蕭撻里）の所建とする説もある［張暢耕・寧立新・支配勇2001］。

　1974年に実施された木塔の修復・補強工事の過程において，各層に安置された仏・菩薩などの尊像の現況を検査した際に，第四層の釈迦坐像の胎内より数多の仏教典籍・文物が見つかった。その数は，現存しないものと考えられていた『契丹蔵』の零巻を含めて総計92件，いずれも契丹における仏教信仰の実相を知るうえで貴重な手がかりとなる第一級の史料である。さきに提示した『発菩提心戒本』『大乗八関斎戒儀』『菩薩十無尽戒儀』合巻もここに含まれる。これらは全て『秘蔵』に鮮明な写真図版として収め

られている。

　本項で提示するものは，木塔の発現典籍のひとつ『受戒発願文』である。
『秘蔵』：497に写真図版を収める。本章末 PL.10にこれを引用しているの
で適宜参照いただきたい。この典籍は麻紙の軸装本で，寸法は縦29cm，
横102.5cm，前部を破損により欠く。現存部分の行数は33行，行内文字数
は，破損欠字のない行で11-15字。以下本典籍を「仏宮寺本」と略記する。
なお PL.10は上段が現存部分の第 1 -16行，下段が第17-33行にあたる。

　『秘蔵』：58-59の仏宮寺本の叙録は，本典籍と志仙本および不空訳『受
菩提心戒儀』の近似性を指摘する。『受菩提心戒儀』についてはひとまず
措き，いま仏宮寺本と志仙本を比較してみよう。稿末にこれら三書の内容
を対比させた「授戒儀三種対照表」を付しているので，あわせて参照いた
だきたい。

　仏宮寺本は，現存部分の冒頭第 2 行に「弟（＝第）四受三帰」，第 9 行
に「弟五□」，第13行に「弟六正受菩提心戒」，第18行に「弟七遺想（＝
相）」，第24行に「弟八普皆迴向」の語句が見える。破損欠字のある第 2 行
と第 9 行は措くとしても，第13行，第18行，第24行は志仙本に掲げる菩提
心戒の授戒次第条目と一致している。

　第 2 行は，「帰」字の下を欠くが，「依（戒）」の 1 字ないし 2 字があっ
たと見てよく，以下，第 9 行の「弟五」の前まで本条目の文言が続く。こ
の部分は志仙本の第四段「受三帰依戒」に対応する。双方は文言とその分
量に相違があるが，仏・法・僧の三宝に対する帰依を誓う所説内容は一致
する。

　第 9 行は「弟五」の 2 字と，その下にもう 1 字見えるが，これは判読し
難い。この 3 字より下を欠く。本条目の文言は第12行まで続く。この部分
は志仙本の第五段「翻邪帰正」に対応している。志仙本が「帰依仏（法・
僧）竟」とするところを仏宮寺本は「帰依仏（法・〔僧〕）敬」とし，「更不
帰依」と記すところを「更不帰命」と記すなど，文字の相違がいくつか見
受けられる。三帰依の確認と二乗（声聞・縁覚）・外道（異教）への不帰依
を誓う所説内容は一致する。

第13行には「弟六正受菩提心戒」の語句を掲げた後，第18行の「弟七遣想」の上まで本条目の文言が続く。この部分は志仙本の第六段「正受菩提心戒」に対応する。志仙本が「仰啓尽十方無量無辺界一切仏菩薩」とするところを，仏宮寺本は「仰啓於法界塵沙三宝前」とする点において文言に違いが見られる。ただし，菩提心戒を受けて菩提心を発すことを誓い，最後を「有情（衆生）無辺誓願度」から「無上菩提誓願成」に至る密教独特の五大願で結ぶ所説内容は一致する。

　第18行には「弟七遣想」の語句を掲げた後，第24行の「弟八普皆迴向」の上まで本条目の文言が続く。この部分は志仙本の第七段「遣相」に対応する。文言は全く異なるものの，仏宮寺本が「法性は本より空寂にして，取ること無く，また見ること無し」（第20行）と言い，また志仙本が「諸法は悉く無我にして，平等たること虚空の如し。自心は本より生ぜず，空性円寂なるが故に」（第45-46行）と述べるように，空性を説く点で双方の内容は一致する。

　第24行は「弟八普皆迴向」の語句を掲げた後，最終の第33行まで本条目の文言が続く。この部分は志仙本の第八段「普皆迴向」に対応する。菩提心戒の受戒の功徳を一切衆生に及ぼし，ともに成仏を願う所説内容は一致する。ただし文言は異なり，くわえて仏宮寺本は功徳の普及対象と目的を具体的に列挙する。

　以上の如く，仏宮寺本と志仙本は文言に一部相違が見られるが，内容は共通している。仏宮寺本の前部欠損箇所には，志仙本と同じく「弟一奉請賢聖」，「弟二想陳妙供」，「弟三懺悔罪愆」の条目と各々の文言が記されていたと見てよい。仏宮寺本は明らかに菩提心戒の授戒儀を内容としてもつ典籍である。『秘蔵』は本典籍を『受戒発願文』と仮題するが，内容に即するならば『（発・授）菩提心戒儀』と題する方が適切であろう。

　なお，仏宮寺本は志仙本に認められる指示文句，すなわち受戒者が授戒次第条目の文言を復誦する回数や，その際に念想すべき尊格や事柄を指示した文言を挿入しておらず，授戒儀式において実際に使用されたと断ずるにはいささか躊躇いを感じる。宝宮寺の僧が菩提心戒授戒儀の研究・学習

といった個人的用途をもって書した可能性もある。『発菩提心戒本』『大乗八関斎戒儀』『菩薩十無尽戒儀』合巻と異なり「明」と「真」の字を欠筆しない（「賢」字は文中に現れず）こともその傍証と見なせるかもしれない。ただし当時の避諱欠筆は民間において徹底していなかったようであり［竺沙雅章2000G］，この点は慎重な判断を要する。いずれにせよ仏宮寺本は，それ自体の使用の是非は措き，契丹当時の宝宮寺において認知され，恐らくは実際に行われた菩提心戒の授戒次第の内容を知らしめる点で，高い史料的価値をもつのである。

Ⅱ　志仙本・仏宮寺本と不空訳『受菩提心戒儀』

Ⅰでは志仙本と仏宮寺本が同様の内容をもつ授戒儀であることを明らかとした。これらには依拠元となった典籍が存在する。さきに少し触れたとおり，これこそ不空の訳出した『受菩提心戒儀』にほかならない。本典籍は密教の行者が入壇灌頂に先んじて受ける菩提心戒の授戒作法を説いたものとされる［八田幸雄1985：203，苫米地誠一1990：373］。内容となる条目は次のとおり。

① 礼仏

② 運心供養

③ 懺悔

④ 受三帰依

⑤ 受菩提心戒

⑥ 帰命

⑦ 供養

⑧ 懺悔

⑨ 三帰三竟

⑩ 発菩提心

⑪ 五仏帰命

⑤「受菩提心戒」と⑥「帰命」の間には「最上乗教受発菩提心戒懺悔文」との語句が挿入されている[18]。一見すると⑥以下がこれに相当するように思えるが、当該部分は不空の弟子の恵果以後に増補されたもので、⑤までが不空訳出の原本に当たり、「最上乗教受発菩提心戒懺悔文」は原本の尾題とされる［苫米地誠一1990：368-369；381 註64］。本論ではこの原本部分（①〜⑤）を考察対象として用い、以下これを「不空本」と略記する。各段の文言は「授戒儀三種対照表」下段に移録しているので、こちらも参照いただきたい。

不空本は①「礼仏」から⑤「受菩提心戒」までの五段構成であり、八段を設ける志仙本・仏宮寺本とは大きく異なるように思える。ところが詳しく見ていくと、④「受三帰依」後半の文言、

　　　三宝に帰依し竟り、終に更に自利邪見の道に帰依せず。われ今至心に
　　　礼す[19]。

は、その意味内容において志仙本・仏宮寺本の第五段「翻邪帰正」に対応する。同じく⑤「受菩提心戒」の後半部分、すなわち「有情無辺誓願度」から「無上菩提誓願成」までの五大願に続く、

　　　今発す所の覚心は、諸の性相と、蘊・界及び処等と、能取・所取の執
　　　とを遠離す。諸法は悉く無我にして、平等たること虚空の如し。自心
　　　は本より生ぜず、空性円寂なるが故に。諸仏菩薩の大菩提心を発すが
　　　如く、われも今かくの如く発さん。この故に至心に礼す[20]。

との文言は、志仙本・仏宮寺本の第七段「遣相」に対応している。

つまり志仙本と仏宮寺本は、不空本の④「受三帰依」に対応する条目を第四段「受三帰依戒」と第五段「翻邪帰正」に、同じく⑤「受菩提心戒」に対応する条目を第六段「正受菩提心戒」と第七段「遣相」に、それぞれ文言を補いつつ二分割して配置したものである。条目の段数こそ異なるが

志仙本と仏宮寺本は明らかに不空本を下敷きとしている。

　では志仙本と仏宮寺本は不空本と同じく密教における入壇灌頂前の授戒儀であったのだろうか。以下この点について考えたい。

　不空本と志仙本・仏宮寺本の各条目の文言には一致しない箇所がいくつか認められる。仏宮寺本は破損欠字が多いため，いまは首尾が整い欠字のほとんどない志仙本を不空本と対比させ，ここに顕著となる両本の相違をとくに２点ほど挙げてみよう。

　第１点が不空本の④「受三帰依」と志仙本の第四段「受三帰依戒」の条目である。不空本の前半部分は次の文言を記す。

　　弟子の某甲等，今日より以往，諸如来五智三身仏に帰依し，金剛乗自
　　性真如法に帰依し，不退転大悲菩薩僧に帰依す[21]。

これに対応する志仙本の箇所は以下のとおりである。

　　弟子の某甲等，稽首して菩提道場に投誠し，如来無上三身に帰依し，
　　方広大乗法蔵に帰依し，僧伽諸菩薩衆に帰依す[22]。

　不空本の「諸如来五智三身仏」の「五智」とは密教において仏が具備するとされる５種類の智慧（法界体性智・大円鏡智・平等性智・妙観察智・成所作智）を指す。五智の当体は密教の最高尊格たる大日如来である。それぞれの智慧を分けて，大日（法界体性智）・阿閦（大円鏡智）・宝生（平等性智）・阿弥陀（妙観察智）・不空成就（成所作智）のいわゆる金剛界五仏（五智如来）に配当することもある。つづく「金剛乗自性真如法」の「金剛乗」は『金剛頂経』系統の密教を指す[23]。志仙本においてこれらに該当する文言が，それぞれ「如来無上三身」と「方広大乗法蔵」であり，ここには不空本に認められる金剛界法の色彩は見出せない。両本の文言には明らかに違いがある。

　なお，不空にやや先んじて活躍した善無畏の著作である『無畏三蔵禅

要』の第四帰依門（T18：943a）には，

　　弟子の某甲等，始めて今身より乃ち当に菩提道場に坐すに至るまで，
　　如来無上三身に帰依し，方広大乗法蔵に帰依し，一切不退菩薩僧に帰
　　依す。惟だ願わくは十方一切の諸仏・諸大菩薩の，我等を証知されん
　　ことを。至心に頂礼す[24]。

とあり，帰依仏と帰依法の文言が志仙本と一致する。志仙本の第四段「受
三帰依戒」の文言は，この『無畏三蔵禅要』第四帰依門を一部参照してい
た可能性がある。ちなみに『無畏三蔵禅要』は，「発心門」から「十重戒
門」まで計11の条目によって構成された授戒儀と，観智密要禅定法門の要
旨より成り，その授戒儀は，不空本の如き入壇灌頂前における菩提心戒の
授戒作法ではなく，一般的な菩薩戒の授戒作法を説いたものである[25]。

　第2点が，各条目における真言 skt.mantra の有無である。真言は密教
における身・口・意の三密行のひとつ，口密行の実践に欠かせないもので
あり，その重要性については贅言を要さないであろう。不空本は，①「礼
仏」の文言末に「礼仏真言」，②「運心供養」の文言末に「普供養虚空蔵
真言」，③「懺悔」の文言末に「懺悔滅罪真言」，④「受三帰依」の文言末
に「三帰依真言」，⑤「受菩提心戒」の文言末に「受菩提心戒真言」の計
五真言を付している（「授戒儀三種対照表」では真言の本文を省略）。一方，
志仙本は各条目いずれにも真言を付していない。

　上記の2点，すなわち不空本の④「受三帰依」と志仙本の第四段「受三
帰依戒」の間に見出される文言の相違，および各条目における真言の有無
より察せられることは，志仙本が不空本に拠りつつも明らかに意図してそ
の密教的色彩を弱めていることである。この点については仏宮寺本も同様
である。「弟四受三帰（依戒）」は欠損による不明字も多いが，文言は不空
本と異なり，ここに金剛界法を意識した語句は確認されない。また各条目
に真言を付していない。

　以上を踏まえたうえで，志仙本の序文（第2-10行）にあらためて目を向

けたい。志仙が菩提心戒についての解釈を提示するなかで，裏付けとして「故に経に云う」と前置きして経文を引用したことはすでに述べた。その引用元となったものは『梵網経』巻下（T.24：1004a）に説く以下の頌文である。

　　この時千と百億と，還りて本道場に至り，各々菩提樹に坐し，我が本師の戒十重四十八を誦す。戒は明らかなる日月の如く，また瓔珞の珠の如し。微塵の菩薩衆，これに由りて正覚を成す[26]。

　『梵網経』は5世紀から6世紀初頭の間に北涼あるいは南朝において成立したいわゆる「疑経」である［船山徹1996］。下巻には「十重四十八軽戒」と呼ばれる計58の戒を説く。これは「梵網戒」とも言い，中国に通行した代表的な菩薩戒のひとつとして知られる。

　志仙本は，上記の頌文の「戒如明日月」以下の文言を引用している。当該頌文において，この5文字のはじめの「戒」は，当然ながら前段の「我本師戒十重四十八」すなわち十重四十八軽戒を指す。志仙本がこの5文字以下を引いたことは，本典籍において菩提心戒が梵網戒と結びつけられていたことを示唆するのである。

　ここで契丹における菩提心戒がどのように認識されていたのか，志仙本と同じく本戒に関わる典籍・御製本の用例より確認しておこう。

　まず本章のIの（2）に掲げた「重修桑乾河橋記」にあらためて注目する。崇雅は大康10年（1084）3月21日に天成県南七侯村の某寺院において御製本を用いて授戒を執り行った。このときに戒を受けた者は「遠近村坊の律主」などであった。「律主」とは戒律に通じた僧を指す。契丹においては，律学とくに四分律の研究が盛んに行われており[27]，この律主たちも同律を修めた僧であったのかもしれない。ともあれ，かかる表記から今次の受戒者を入壇灌頂前の密教行者と見なすことは困難である。崇雅の授与戒は入壇灌頂前の行者に対象を規定した密教戒ではなく，普く人々を対象としたもの，すなわち一般的な菩薩戒と考えるべきであろう。本碑記が彼

の授与戒を「菩薩菩提心戒」と表現し，「菩提心戒」のあたまにわざわざ「菩薩」の語を冠したことも，このひとつの裏付けとなる。

つぎに燕京馬鞍山慧聚寺の法均の門人であった裕窺（1047-1116）に目を向ける。彼の師の法均についてはすでに古松崇志［2006C］が詳論し，また第3章のIにも触れた。遠く北宋や西夏にまでその名を馳せた契丹後期を代表する伝戒僧である。

裕窺はこの法均の「上足」すなわち門人の筆頭格であった[28]。裕窺の事績を伝える史料としては『補続高僧伝』巻17 法均伝に付す裕窺伝がある[29]。いま本伝によると，次のように見える。

> 其（法均）の道を継ぐ者を裕窺と曰う。裕窺，何処の人かを知らず。徳を守り戒を厳かにして，師の風を有つ。遼主これを嘉し，仍りて伝戒大師を襲わしめ，崇禄大夫簡較太尉を賜い，天慶寺に提点せしむ。幷びに御製菩提心戒本を賜い，命じて戒壇を開かしむ。戒を説くこと一に師の在りし日の如し[30]。

裕窺の出身は不明。師の法均のおしえを保持して徳と戒律を厳守した。このことをもって遼主すなわち道宗査剌は彼に伝戒大師号を賜与し，崇禄大夫・検校太尉の俗官を授け，天慶寺の提点に任じた。「伝戒大師を襲わしめ」たとの表現は，法均と同名の師号を賜ったことを言うものである。

注目されるのは裕窺が査剌より『菩提心戒本』すなわち御製本を賜わったことである。御製本は，崇雅に賜与されたものと，高麗の義天が入手して――これも査剌が贈ったものであろう――『新編諸宗教蔵総録』に著録されたものを含め，少なくとも三部が存在していたことになる。

裕窺が御製本を受領した事実はほかの史料にもうかがえる。それが「法均遺行碑」と同じく戒台寺に現存する「伝戒大師遺行碑」（『北拓』46：47，『図志』上：162）である。本碑は法均の門孫にあたる悟敏（1057-1141）の事績を記したもので，金初の文人官僚として名高い韓昉が撰文し，悟敏の法弟の悟鉄（?-1154）が天徳4年（1152）に建立したものである。本碑に

は次の如く見える。

> これを久しくして太尉窺師（＝裕窺）順世し，遺命して戒本を以て師（＝悟敏）に授けんとす。有司上聞し，□（詔して？）其の奏を可とす。明年，天慶寺に選住し，又二年して，紫服を賜わり，号を伝戒と錫わる。これ有遼の天慶九年なり[31]。

　裕窺が示寂に際して悟敏に託そうとした戒本は，その継承に天祚帝阿果の許可を要した点より判断して，格別の価値をもつ戒本，すなわち御製本に相違ない[32]。ここに裕窺が御製本を賜ったとする『補続高僧伝』裕窺伝の記載が裏付けられる。

　さて，裕窺伝によると，査剌は裕窺に御製本を賜与し，戒壇を開くことを命じた。「戒壇を開く」とは戒壇を設けてその上に授戒することを言う。これに先んじて裕窺は査剌より師の法均と同じ「伝戒大師」の師号を賜り，さらに彼が開いた戒壇においては「戒を説くこと一に師の在りし日の如」くあったという。これらのことは，裕窺が明らかに法均と同じく菩薩戒を授ける伝戒僧としての立場にあったことを示している。つまり御製本は，裕窺の場合においても菩薩戒の授戒に用いられたことになり，やはり密教の入壇灌頂前作法との関わりは見出せないのである。

　以上に挙げた崇雅と裕窺の両事例は，御製本と伝戒の一体性，換言すれば本典籍所説の菩提心戒と菩薩戒の相関を明示する。すなわち契丹の当時において，菩提心戒は，僧俗一般を対象とする菩薩戒として主に認識されていたのである。この線に沿えば，志仙本と仏宮寺本は菩薩戒の授戒儀と見る必要がある。志仙本と仏宮寺本が不空本に依拠しつつも，その内容において不空本に認められる密教的色彩を薄めたこと，そして志仙本序文の菩提心戒の解釈において，菩薩戒経典の典型たる『梵網経』の頌文を引用したことは，このことを裏付けるものにほかならないのである。

小　結

　本章では，房山石経中の『発菩提心戒一本』（志仙本）と仏宮寺木塔発現の『受戒発願文』（仏宮寺本）をとりあげ，これらが菩薩戒の授戒作法を説く授戒儀であることを論じた。僧俗貴賤を問わず，普く人々が受持することのできる菩薩戒，契丹ではこの仏戒を不空において入壇灌頂前の授受戒として確立した菩提心戒と結びつけ，またその授戒儀である志仙本と仏宮寺本は，不空訳出の『受菩提心戒儀』（不空本）を下敷きとしていた。契丹において，不空系密教が，密教行者に限らず一般僧俗の信仰的実践の形態にも影響を与えていた状況を明確に読み取ることができよう。

　もちろん契丹における菩提心戒の認識は，査刺と思孝に先駆けて『発菩提心戒本』を撰述した唐の澄観[33]の思想に負う可能性も否定できない。しかしながら澄観は大暦3年（768）に不空とともに宮中の訳経事業に参画するなど（『仏祖歴代通載』巻14，T.49：601a），不空本人と直接の面識を有している。くわえて，彼は自身の成した華厳教学において密教の教義・教学を導入し，その著『華厳経疏』においては「阿目佉三蔵」と名指しで不空に言及することもあった［加藤精一1995：99-101］。先に触れた義操撰『授菩提心戒本』の存在がその一端を示す如く，不空以後に菩提心戒がその用語とともに密教戒として定着したことは否めない事実である。そうである以上，澄観における菩提心戒の認識も不空系密教の影響下に形成されたと考えるべきであろう。かく見るとき，契丹における菩提心戒の根源はやはり不空系密教に求められるのである。

　房山の雲居寺と応県の仏宮寺，遠く相隔てた両寺院において，不空本に依拠した菩薩戒の授戒儀が見出されたことは興味深い。この類の授戒儀が一定の地域的広がりをもって通行していたことを察せしめる。とりわけ志仙本は，仏教の根本的・普遍的テキストたる経典類と並んで石経として刻されたものであり，その存在と価値は雲居寺一寺にとどまらず広く契丹国内に認知されていたと考えられる。契丹において，不空系密教は，教学のみならず，一定の普遍性をもって信仰的実践のうちにも取り込まれていた

のである。このような密教の「普遍化」ないし「世俗化」が，当時の社会における仏教信仰のひとつの特色であったと言えるだろう。

註

(1) もちろんこれは非密教行者や世俗者一般に密教の教義が浸透していたことを断定するものではない。たとえば朝陽北塔の天宮奉納石函東壁に線刻された華厳三身観の表象としての大日如来像（『北塔』: 63-66）［大原嘉豊 2006 : 35-36］にうかがえる如く，契丹仏教の一大潮流と言うべき華厳信仰との融合のなかで理解されていた側面を忘れてはならない。

(2) 「念三宝六師仏菩薩」や「三説」など。その意味するところは後段にて述べる。

(3) 各人の事績ないし存在を示す史料は以下の通り。【志妙・志経・志鮮】大安9年（1093）『菩薩善戒経』題記（『房山遼金』 8 : 325），【志瑩】寿昌4年（1098）「范陽県石経寺志瑩墳塔幢」［楊衛東2007 : 110］，【志省】寿昌5年（1099）「涿州范陽県雲居寺志省石塔幢」［同上］，【志延】乾統8年（1108）「為先師志延造陀羅尼経幢」［楊衛東2007 : 117］，【志瑕】天慶5年（1115）「涿州石経寺上人志瑕墳塔幢」［楊衛東2007 : 129］・上掲『菩薩善戒経』題記，【志温・志珂】天慶7年（1117）「大遼燕京涿州范陽県白帯山石経雲居寺釈迦仏舎利塔記」（『北拓』45 : 150），【志才・志徳・志興】天慶8年（1118）「大遼涿州涿鹿山雲居寺続秘蔵石経塔記」（『北拓』45 : 152）。

(4) 覚花島海雲寺の思孝の門人たちは，その法諱の第一字を「志」とするが［古松崇志2006C : 33-34 註55・56・60］，思孝が雲居寺に居たことは確認されない。

(5) 「夫菩提心戒者，為修六度万行之泉源，是証三身仏果菩提之根本。功最甚深，理難思議。是以三世諸仏同説，三世菩薩同学。故経云，戒如明日月，亦如瓔珞珠。微塵菩薩衆，由是成正覚。〔念三宝六師仏菩薩，念梵釈四王金剛天。〕将釈戒文分為八段。第一奉請賢聖，第二想陳妙供，第三懺悔罪愆，第四受三帰依戒，第五翻邪帰正，第六正受菩提心戒，第七遣相，第八普皆迴向。八段不同」

(6) 「人各整衣，蹦跪合掌，聞挙弟子某甲等処，随言後説」

(7) 第6行に指示文句（「念三宝六師仏菩薩。念梵釈四王金剛天」）を挿入している点より見れば，序文（第10行まで）もまた読誦範囲に含まれていたようである。この部分は戒師が単独で読誦したのであろう。

(8) 本石幢の刻記の録文は陳明達［2001 : 229-230］に収める。冒頭に次のように見える。「宝宮禅寺第十五代伝法嗣祖沙門住持雲泉普潤禅師隆公之塔。旹大元至正十三年八月吉日，小師福聚・福広・侄男福湛・第十六代住持静

雲禅師同建。小師福宮立石」

(9) 『大乗八関斎戒儀』末尾には「応州宝宮寺四月十一日発風」との題記を付す。その日付は『発菩提心戒本』のそれと一致する。11日は布薩を行う六斎日（毎月の8，14，15，23，29，30日）には当たらないため，本題記は『大乗八関斎戒儀』の使用日ではなく，これを作成して発布した日を記したものであろう。なお『菩薩十無尽戒儀』は末尾を欠くため題記の有無は確認できない。

(10) 「先明題目，後釈本文。且題目云発菩提心戒本。所云発者，開也。顕也。以言開示，令其了知，用義彰顕，使於修進」

(11) たとえば「菩提（心）」の解釈においては，まず菩提の義を述べ，つぎに発菩提心に言及し，ここに欠かせない要素として「広修福慧」「常行精進」「親近善友」「慈愍衆生」「楽観如来」の5項目を掲げる。これらの項目は実叉難陀訳『大方広仏華厳経』巻62 入法界品39-3（T.10：335a）の所説を典拠とする。

(12) 「由此戒文助成大事於西京弘・蔚二州，僧尼二衆化到銭近五百貫」

(13) 「三月二十一日，南七侯院開戒壇，消放天佑皇帝御製菩提心戒本，遠近村坊律主等，誘勧尽発勝心，受菩薩菩提心戒，人各思施銭物，工価可及五百貫」

(14) 十誦律の項目には唐・道宣述『南山霊感伝』2巻や梁・武帝述『慈悲懺法』10巻などを著録しており，本項目のとくに後半部には十誦律と直接関わりをもたない典籍も収められている。この点，思孝の述作も同様である。

(15) 第3章に論じたように契丹では伝戒における懺悔を重視する傾向が顕著となっており，思孝が『大乗懺悔儀』を撰したことも首肯される。

(16) 『新編諸宗教蔵総録』における御製本と思孝本の著録位置の相違（前書は華厳経項目，後書は十誦律項目）は，この授戒儀以外の内容に負うものか。思孝本の方が典籍全体を通じて授戒作法に関わる記述に重点を置いていたことも考えられる。

(17) 木塔の第五層（最上層）には，八体の菩薩坐像の中心に智拳印を結ぶ大日如来坐像を据え，第三層には阿閦（東）・宝生（南）・阿弥陀（西）・不空成就（北）の四如来坐像を四方位に向けて安置する［陳明達2001：pl.96-101；pl.130-131］。本仏塔が密教の金剛界曼荼羅を意識したものであったことが分かる。一方で第五層を胎蔵曼荼羅の中心部すなわち中台八葉院の表現と捉える説もあるが［Steinhardt 1997：120-121］，胎蔵中台八葉院であれば，大日如来は智拳印ではなく法界定印を結ぶはずであり，くわえて大日如来を取り囲む八尊のうち四尊は如来（宝幢・開敷華・阿弥陀・天鼓雷音）であるから，第五層の如く全て菩薩形をとることはない。

(18) 大正蔵の校勘によると，三本（宋・元・明本）は①「礼仏」の文言の前

にも「最上乗教受戒懺悔文」の9字を挿入する。広勝寺本（金蔵）を底本とする中華蔵経本も同様である。房山石経本（『房山遼金』19：千字文「路」）は書題を「授菩提心戒儀」とし，大正蔵と同じくこの9字を挿入しない。

⑲ 「帰依三宝竟，終不更帰依自利邪見道。我今至心礼」

⑳ 「今所発覚心，遠離諸性相，蘊界及處等，能取所取執。諸法悉無我，平等如虚空。自心本不生，空性円寂故。如諸仏菩薩発大菩提心，我今如是発。是故至心礼」

㉑ 「弟子某甲等，従今日以往，帰依諸如来五智三身仏，帰依金剛乗自性真如法，帰依不退転大悲菩薩僧」

㉒ 「弟子某甲等，稽首投誠菩提道場，帰依如来無上三身，帰依方広大乗法蔵，帰依僧伽諸菩薩衆」

㉓ 松長有慶［1973：21-23］によれば「金剛乗」の用例は『金剛頂経』とその系統のタントリズム関係の密教経典や儀軌に限られ，『大日経』系統や初期密教の経典には見出せないという。

㉔ 「弟子某甲等，始従今身乃至当坐菩提道場，帰依如来無上三身，帰依方広大乗法蔵，帰依一切不退菩薩僧。惟願十方一切諸仏諸大菩薩，証知我等。至心頂礼」

㉕ 『無畏三蔵禅要』序（T.18：942b-c）「中天竺摩伽陀国王舍城那爛陀竹林寺三蔵沙門諱輸波迦羅，唐言善無畏，利利種豪貴族。共嵩岳会善寺大徳禅師敬賢和上，対論仏法，略叙大乗旨要，頓開衆生心地令速悟道，及受菩薩戒羯磨儀軌」

㉖ 「是時千百億，還至本道場，各坐菩提樹，誦我本師戒十重四十八。戒如明日月，亦如瓔珞珠。微塵菩薩衆，由是成正覚」

㉗ たとえば燕京奉福寺の円融大師澄淵が唐・道宣撰『四分律刪繁補闕行事鈔』の注釈書たる『四分律刪繁補闕行事鈔詳集記』14巻および『同科』3巻を，また志延が比丘尼戒に関わる『尼戒略釈科』1巻を撰述している（ともに『新編諸宗教蔵総録』巻2，T.55：1173c-1174a）。

㉘ 「法均遺行碑」に「門人上足裕窺等，咸以凤承法乳，難忘戒香」と見える。

㉙ 『補続高僧伝』26巻は明の明河が撰し，その弟子の自局が補完したものである。成書にあたっては，「遍游山岳，剔荒碑於蘚逕，洗残碣於松巌，嘉言懿矩，会萃良多，因補前人之所未備，続前人之所未完，紙皮墨骨。……」（『補続高僧伝』毛晋跋文，p.196右a）と言うように，各地に散在した石刻を探索し，これを主材料として用いている。本書の裕窺伝も，当時には存在していた彼の遺行碑の類を実際に目にして，これに基づき作成したものであろう。なお，裕窺に関わる同時代史料としては，彼の舎利を納めたと思しき石函が現存しており，その頂部に「馬鞍山慧聚寺故崇禄大夫守司空

伝菩薩戒壇主大師□□日万余人大乗師法均門人崇禄大夫□校太尉伝戒壇主
大師度八百万余人大乗師裕窺。天慶五年三月二十四日辛時葬」との刻記が
確認される［張雲涛2007：111-112］。

(30) 「継其道者曰裕窺。裕窺，不知何処人。守徳厳戒，有師之風。遼主嘉之，
仍襲伝戒大師，賜崇禄大夫簡較太尉，提点天慶寺。幷賜御製菩提心戒本，
命開戒壇。説戒一如師在日」(p.145右 a)

(31) 「久之太尉窺師順世，遺命以戒本授師。有司上聞，□（詔？）可其奏。明
年，選住天慶寺，又二年，賜紫服，錫号伝戒。寔有遼天慶九年也」

(32) 至正24年（1364）「大元勅賜大崇国寺壇主空明円證大法師隆安選公特賜澄
慧国師伝戒碑有序」（『北拓』50：133）には，道宗査剌が親しく金泥をもっ
て『菩薩三聚戒本』なる典籍を書し，これが元代に至るまで燕京（大都）
の高位伝戒僧のあいだに受け継がれたことを記す。元代における本典籍の
継承は僧のあいだの直接授受ではなく，一旦朝廷に預けられ，皇帝より改
めて賜与するかたちをとっていたようである［竺沙雅章2000F：230-236］。
『菩薩三聚戒本』が御製本といかなる関係にあったのか定かでないが，査剌
の御製典籍の継承に，ときの皇帝権力が介在する点で，論中の「伝戒大師
遺行碑」の事例と軌を一にする。かかる継承形態は，元代とは比較になら
ないほど査剌の権威が身近かつ強固に認識されていたと考えられる天祚帝
阿果の治世においてこそ，より厳格に守られていたことであろう。

(33) 『新編諸宗教蔵総録』巻1（T.55：1167b）に著録。1巻本である。

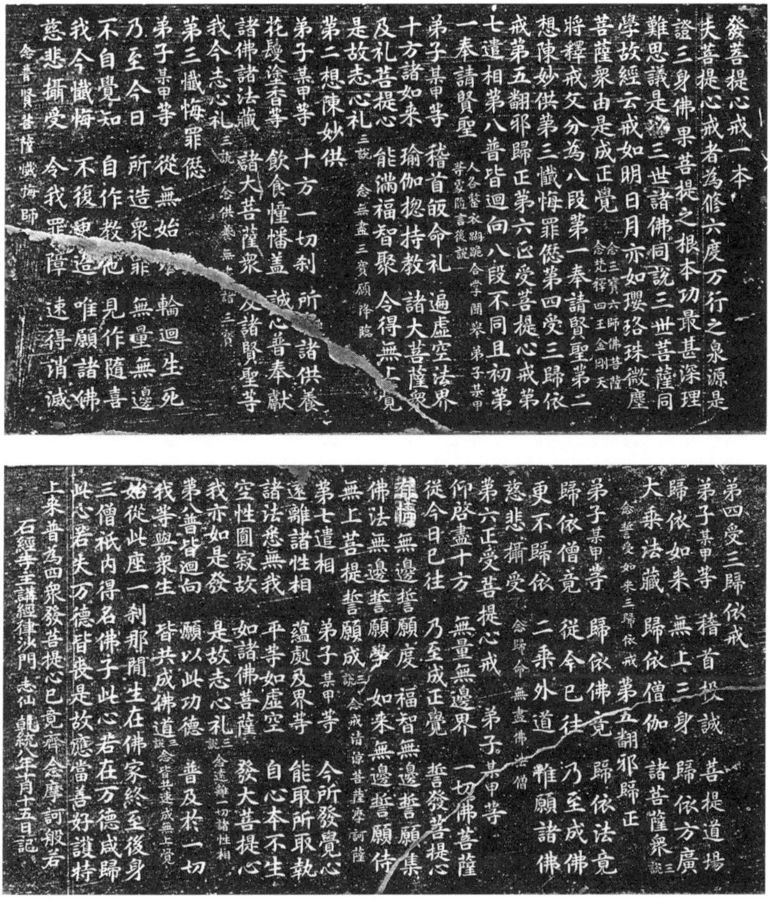
發菩提心戒一本
夫菩提心戒者為修六度万行之泉源是
證三身佛果菩提之根本功最甚深理
難思議是故三世諸佛同説三世菩薩同
學故經云戒如明日月亦如瓔珞珠微塵
菩薩衆由是成正覺 念三寶六師佛菩薩 念梵釋四王金剛天
將釋戒文分為八段第一奉請賢聖第二
想陳妙供第三懺悔罪愆第四受三歸依
戒第五翻邪歸正第六正受菩提心戒第
七遣相第八普皆迴向八段不同且初第
一奉請賢聖 人各整衣胡跪合掌聞衆弟子某甲 普爰聆言後説
弟子某甲等稽首皈命礼遍虚空法界
十方諸如来瑜伽摠持教諸大菩薩衆
及礼菩提心能満福智聚令得無上覺
是故志心礼三説 念無盡三寶願降臨
第二想陳妙供
弟子某甲等十方一切剎所有諸供養
花鬘塗香等飲食幢播蓋誠心普奉獻
諸佛諸法藏諸大菩薩衆及諸賢聖等
我今志心礼三説 念供養無盡三寶
第三懺悔罪愆
弟子某甲等從無始輪迴生死
乃至今日所造衆罪無量無邊
不自覺知自作教他見作隨喜
我今懺悔不復更造唯願諸佛
慈悲攝受令我罪障速得消滅
念普賢菩薩懺悔師

第四受三歸依戒
弟子某甲等稽首投誠菩提道場
歸依如来無上三身歸依方廣
大乘法藏歸依僧伽諸菩薩衆三説
念誓受如来三歸依戒 第五翻邪歸正
弟子某甲等歸依佛竟歸依法竟
歸依僧竟從今已往乃至成佛
更不歸依二乘外道唯願諸佛
慈悲攝受 念歸命無盡佛法僧
第六正受菩提心戒弟子某甲等
仰啓盡十方無量無邊界一切佛菩薩
從今日已往乃至成正覺誓發菩提心
衆生無邊誓願度福智無邊誓願集
佛法無邊誓願學如来無邊誓願仕
無上菩提誓願成三説 念戒請諒菩薩摩訶薩
第七遣相 弟子某甲等今所發覺心
遠離諸性相蘊處及界等能取所取執
諸法悉無我平等如虚空自心本不生
空性圓寂故如諸佛菩薩發大菩提心
我亦如是發是故志心礼三説 念遠離一切諸性相
第八普皆迴向願以此功德普及於一切
我等與衆生皆共成佛道三説 念皆共速成無上覺
始從此座一剎那間生在佛家終至後身
三僧祇内得名佛子此心若在万德咸歸
此心若失万德皆喪是故應當善好護持
上来普為四衆發菩提心已竟齊念摩訶般若
石經寺主講經律沙門志仙乾統八年十月十五日記

PL.9 雲居寺志仙記『発菩提心戒一本』（「志仙本」『房山遼金』22：604より転載）

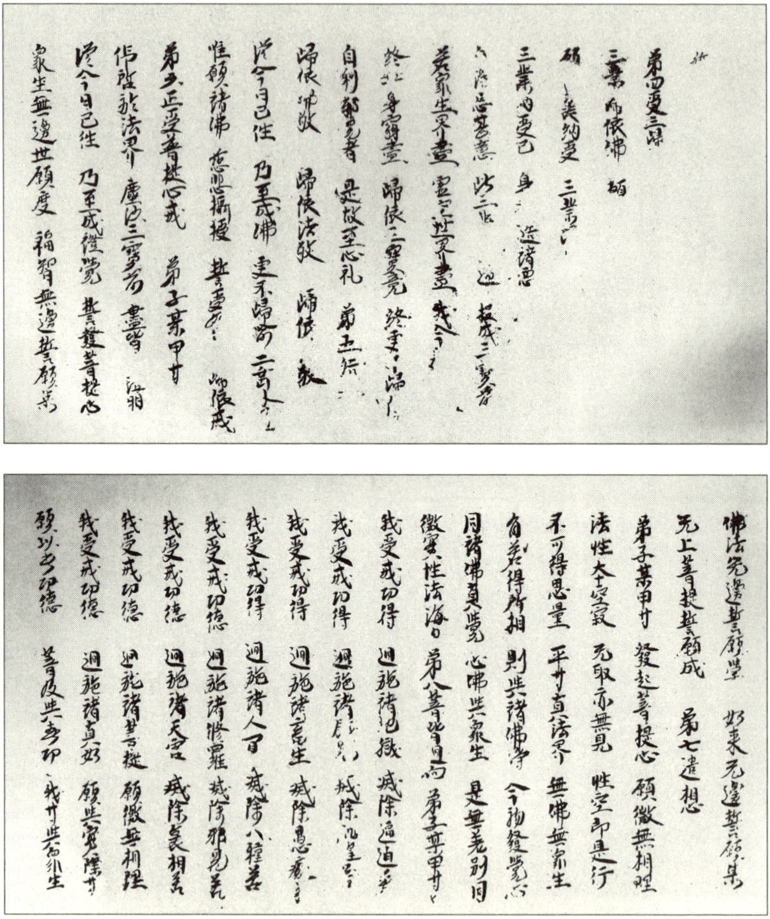

PL.10 仏宮寺木塔発現『受戒発願文』(「仏宮寺本」『秘蔵』: 497より転載)

授戒儀二種対照表

	第一段	第二段	第三段	第四段	第五段	第六段	第七段	第八段
志仙記『発菩提心戒一本』(志仙本)	第一、奉請聖衆。弟子某甲等、稽首帰命礼、遍虚空法界、所有諸如来、瑜伽加持教、諸大菩薩衆。及礼諸菩提、能証福智聖覚、是故至心礼。	第二、想厳妙供。某甲等、十方一切刹、所有諸妙香、花鬘燈塗香、普奉献、飲食幢幡蓋、諸仏諸法蔵、及諸賢聖衆、我今至心礼。	第三、懺悔罪愆。某甲等、従無始已、乃至今日、輪迴生死、造無辺罪、不見諸法、自作教他、諸仏菩提。自覚知、作随喜、復随喜、悲喜受、今我罪障、速消滅。	第四、受三帰依戒。弟子某甲等、帰依投誠、稽首投諸懺滅、帰依如来無上、見、帰依如来正大乗法蔵、帰依僧伽諸菩薩衆。	第五、翻邪帰正。弟子某甲等、翻依法竟、依法竟、今已往、帰依正覚、乃至成正覚、不帰依、二乗外道、願諸仏、慈悲愍受。	第六、正受菩提心戒。弟子某甲等、仰啓十方、無量無辺界、一切諸已往、従今已往、乃至成正覚、誓受菩提心。有情無辺誓願度、福智無辺誓願集、仏法無辺誓願学、如来無上誓願証、無上菩提願成。	第七、遣相。弟子某甲等、今所発発心、福慧及果実、諸法悉無我、平等如虚空、自心本不生、空性円寂故、如諸仏菩薩大菩提心、我亦如是発、是故至心礼。	第八、普皆回向。此功徳、普及於一切、我等与衆生、皆共成仏道。
仏宮寺木塔発現『受戒発願文』(仏宮寺本)	弟子某甲等、稽首帰命、十方諸如来、遍虚空法界、瑜伽加持教、諸大菩薩衆。及礼菩提心、能証満智覚衆、無上覚、礼仏仏真言曰、……	欠	欠	第四、受帰□□□帰依戒、帰依□、顧□、帰依□□、□業□□□納受、三□□□□道、投□此□□□、若衆生界、我今□□界、身軀、帰依□自利帰依、終見不帰□宝見者、是故至心礼。	第五、□□□帰依法竟、帰依法竟、従今日往、更帰依□□、唯願諸仏、慈悲摂受、依成。	第六、正受菩提心戒。弟子某甲等、壁沙三界、三明、従今已往、乃至成正覚、誓受菩提心、福智無辺誓願集、仏法無辺誓願学、如来無上誓願証、無上菩提願成。	第七、遣相。無有少菩提、無相起心、無取亦無見、無取不得果、即虚空、無住誓願集、有情得所用、則与平等、諸仏無辺誓願度、同諸仏、心仏与衆生、是無差別故、生法海。	第八、普皆回向。弟子某甲、我受成功得、回施諸有情、回施衆生類。我受成功得、回施諸修羅、滅除八種苦、我受成功、滅除諸煩悩、回施諸天宮、我受成功徳、回施諸餓鬼、邪見苦、滅除□相、回施諸功徳、回施諸宝、我受菩提、普及与一切、我等与楽生。
不空奉詔訳『受菩提心戒儀』(不空本)	弟子某甲等、稽首帰命、十方諸如来、遍虚空法界、諸大菩薩衆、瑜伽加持教、及礼菩提心、能証満智覚、無上覚如来、礼仏仏真言曰、……	次応運心供養。弟子某甲、十方一切刹、所有諸妙香、花鬘燈塗香、及飲食幢幡、供養諸大菩薩、諸仏大菩薩、賢聖等、我今至心供養空蔵真言曰、……	次応懺悔。弟子某甲等、次対一切仏、諸大菩薩衆、自従過去世、無始無明、流転生死、起造衆罪、懸逆不孝、貪瞋邪見、及諸罪業、毀謗他勝、及余罪障、遮障他勝、謗三宝等、無量無辺功、我今発露、皆悉懺悔、以為懺悔、便一平等法界、皆懺悔、……真言曰、……	次応受三帰依。弟子某甲、従今日以往、帰依仏金剛乗、帰依正法、帰依不退転大菩薩、僧伽、帰依不退菩薩、我今帰依自利利他、我今至心、三帰依真言曰、……	弟子某甲等、帰依仏竟、帰依法竟、帰依僧竟、弟子某甲、従今日以往、帰依仏法僧、仏法無辺誓願学、我今帰依自利、我今至心、三帰依真言曰、……	次応受菩提心戒。弟子某甲、従今日以往、乃至成正覚、誓受一切菩薩、福智無辺誓願集、仏法無辺誓願学、如来無上誓願証、無上菩提願成、我今至心、空性円寂故、我今如是受大菩提心、次応受菩提心戒、誓受菩提心戒真言曰、……		

第5章　契丹仏塔に見える密教的様相
——朝陽北塔の発現文物より——

はじめに

　遼寧省の西部，大凌河の中流域北岸に位置する朝陽市は，古代より遼西地域の交通の要衝として栄えた都市である。朝陽市中心部の城区には契丹時代の二座の仏塔が南北に屹立しており，朝陽市のシンボル的存在として親しまれている。「朝陽北塔」「朝陽南塔」と通称されるこれらの仏塔については，戦前の対満洲政策との関わりもあって我が国でも早くから知られており，いくつかの報告が認められる[1]。

　本章において考察対象としてとりあげるのは「朝陽北塔」（以下「北塔」と略記）である。現在の北塔は，興宗只骨の治世下に行われた大規模な修復を経たものであり，その建立は隋代に遡ると言われている。只骨朝の修復から数えてもすでに900年以上の歳月が過ぎている。この間，自然の老朽化に加え，1975年2月に遼寧省海城地区を襲った大地震の余波をうけて塔身が著しく損傷したこともあり，1984年8月に遼寧省文化庁は北塔の大々的な修復を決定した。この修復作業と併行して実施された考古調査において，本仏塔内の天宮と地宮から契丹時代のものを中心に，数多くの仏教文物が見つかったのである[2]。

　朝陽は三燕（前燕・後燕・北燕），北魏以来の伝統を有する仏教信仰の一大盛行地であった［任紅・里蓉2009］。契丹の時代には覇州，ついで興中府と号し，燕京と並ぶ仏教文化の先進地帯として機能していた。すなわちここは契丹仏教の一大拠点であり，この地における仏教信仰のありようは，そのまま契丹仏教のひとつの特徴たりえると言ってよい。北塔から見つかった文物は，このありようを解明する重要な手がかりとなるのである。

　北塔発現文物の情報が公開されて以降，これらを用いた関連の論考が

次々に公刊されているが[3]，いまだ研究対象としてとりあげられていない文物や，考察の不十分なまま措かれているものを少なからず見出せる。本章では，このような文物のうち，とくに重要と思われるものを選んで新たに考察を加え，契丹の覇州における北塔の位置付けを明らかにするとともに，この地に展開した当時の信仰のありかたを，とくに密教的側面に留意して具体化したい。

I　北塔の概要

まずは現在の北塔のあらましを朝陽北塔考古勘察隊［1992］，張剣波・王晶辰・董高［1992］および『北塔』に基づきつつ述べておく。

北塔は第二層以上の塔檐の幅がつまった方形十三層の密檐式塼塔である。台座の底面から刹頂覆鉢までの高さは42.55m（数値は1980年代における修復後のもの。以下同様），台座の辺長は東西両面が23.87m，北面が23.35m，南面が23.60mである[4]。

初層の各壁面の中央には如来坐像を彫出し，その左右に供養人（菩薩）像一対を配置する。これら供養人像の左右外側には八大霊塔とこの霊塔の名号を刻んだ牌形の浮雕を据える。如来と八大霊塔の上方には天蓋を設け，供養人の上方と八大霊塔上方の天蓋の両側に飛天を配する。

東壁の如来は触地印をとり，その坐すところの蓮華座を5体の象が支える。西壁の如来は定印を結び，蓮華座を5体の孔雀が支え，北壁の如来は施無畏印をとり，蓮華座を5体の迦楼羅が支える。南壁の如来は与願印をとり，その蓮華座を馬が支えるが，本壁面にはアーチ状の門が設けられており，そのアーチ部分が蓮華座まで張り出している関係で，彫出された馬の数は2体しか確認できない。各壁面の如来は宝冠を被り，さらに上述の鳥獣（象・孔雀・迦楼羅・馬）に坐していることから密教のいわゆる「金剛界四仏」であることが分かる。東壁が阿閦，西壁が阿弥陀，北壁が不空成就，そして南壁が宝生にあたる[5]。

先にも述べたように北塔の創建は隋代に遡り，方形十五層の密檐式塼塔であったと考えられている（『北塔』：133-134；189）。これは北魏代に造営

PL.11 朝陽北塔　　　　　　　PL.12 朝陽北塔南壁

され,のち火災で焼失したとされる木塔[6]の旧基上に建てられたものである。唐の天宝年間(742-56)と契丹の初期,そして興宗只骨の重熙11-13年(1042-44)の三度にわたって修復を重ねた。とくに重熙年間の修復は大規模なものであり,旧来の初層から第四層までの壁面を塼で覆って単一の初層に造りなおし,全体として十三層に改築,新造の初層の壁面には上述の金剛界四仏坐像をはじめとする各種の浮雕を配した。塔内の天宮と地宮に数多の仏教文物を奉納したのもこのときである。

　天宮奉納文物のうち主なものを挙げると,金蓋瑪瑙舎利罐とこれを収納した金製舎利塔,鎏金銅舎利瓶・題記銅板・銀経巻・連体玉瓶の4点を納めた鎏金銀塔,三重の金銀筒のなかに銀質の陀羅尼経巻(板)を納めた経塔,木胎銀棺,七宝塔,鎏金銅菩薩像,銀製菩提樹などがある。天宮内部には内側面に尊像や題記を刻した石函を設け,このなかに上掲の文物が納められていた。石函の外側には北塔の修復に携わった人々の名を刻した題記磚が置かれていた。

　一方,地宮奉納文物では,各種陀羅尼を刻した四層構成の石経幢,石函,

そして2種類の題記磚などを挙げることができる。

Ⅱ　重熙年間における北塔の修復と仁寿舎利塔

　ここでは興宗只骨の重熙年間における北塔修復の体制を示し，この事業に携わった人々の北塔に対する認識について論じておく。なお行論の過程で適宜提示する北塔発現の文字史料（題記・題記磚）の名称は『北塔』の仮題に従っている。

（1）北塔修復の体制

　北塔天宮に設けられた石函の東壁内側面には三身（法身・報身・化身）仏を線刻し，その右側上方に本仏塔の修復を統括した責任者の名前を5行にわたって刻記している（『北塔』：66：81）。これを移録すると次のようになる（行頭のアラビア数字は便宜上付した行番号。各行下方の欠損部分には15字前後の文字の入るスペースあり）。

　　1　都提点　重修塔事　義成軍節度　滑濮等州観（以下欠）
　　2　事　行滑州刺史　判彰武軍節度　覇州管内観察処置等（以下欠）
　　3　（冒頭約12字分空白）同提点　上京管内僧録　宣演大師（以下欠）
　　4　（冒頭約12字分空白）彰武軍節度副使　銀青崇禄大夫　検（以下欠）
　　5　（冒頭約12字分空白）覇州観察判官　承務郎　試秘（以下欠）

　残念ながら個人名の部分は全て欠損しており，彼らの官銜と肩書き以外は認められない。第1行の都提点重修塔事をつとめる人物は修復事業の総責任者と思しく，義成軍節度滑濮等州観（察処置等使）の官銜を帯びる。義成軍は滑州（河南・安陽市滑県）の軍額であり，滑州と濮州は北宋の領域内にあるため，当然ながらこれらは遥領である。「観」以下の欠損部のスペースは「察処置等使」の5文字，散官名，姓名，そして第2行の人物の肩書きの一部（同提点重修塔の6文字？）が入ることで埋まると考えられ，ここに彼の実職が記されていた可能性は低い。おそらくこの人物は，北塔の所在地には実職をもたない，只骨の近臣であろう。

第2行の人物の官銜に見える行滑州刺史は遥領で，判彰武軍節度覇州管内観察処置等（使）が実職となる。彰武軍は覇州の軍額であり（『遼史』巻39 地理志 興中府条，p.486），覇州は現在の朝陽市にあたる。第4行の彰武軍節度副使，第5行の覇州観察判官はその属僚ということになる。これより北塔の修復が，その所在地である覇州の官衙において管理されていたことが分かる。

注目されるのが第3行に見える同提点の上京管内僧録宣演大師である。在俗官によってほぼ占められた修復責任者のなかで，ただひとり僧の身分にある。この宣演大師についてはすでに第1章のⅡにも触れた。彼については北塔より見つかったほかの文物から人物を特定することができる。それが天宮に奉納された経塔の第三重金筒（本章末PL.20）である。ここに大日如来と八大菩薩の図像が線刻され，本図像の側に，

　　重熙十二年四月八日午時葬。像法只八年。提点上京僧録宣演大師賜紫沙門薀珪記。

と刻記される。ここに見える僧官名と大師号が一致することから，重熙12年（1043）4月8日に経塔を天宮に奉納したこの薀珪を指すと見て間違いない。

薀珪の存在は地宮奉納の石函にも認められる。その蓋面の単層塔浮雕のなかに刻記した『般若波羅蜜多心経』末尾に「都提点前上京管内僧録宣演大師賜紫沙門薀珪記」との記名を見出すことができる［『北塔』：85；96，宋暁珂2008：21］。この石函が地宮に奉納されたのは重熙13年（1044）4月8日と考えられ[7]，薀珪はこの時点ですでに上京（臨潢府）の僧録職を退いて前任者となっている。

重熙12年4月の段階で僧録として上京内の寺院に居住していたと思しき薀珪が，はるか東南の覇州における北塔の修復に携わった経緯は分からない。ただ，この薀珪には省慈と省章という門人がおり，ともに覇州に在って北塔の修復に関与していた[8]。省慈と省章は修復に際して師の薀珪を上

京から招聘し，その責任者となることを懇請したのではなかろうか。のち重熙16年（1047）から同18年（1049）にかけて章聖皇太后蕭耨斤の命によって行われた慶州釈迦仏舎利塔の建立の際にも，蘊珪は慶州僧録の身分をもって建立責任者のひとりとして名を連ねている。おそらく蘊珪は，仏塔の様式や奉納文物の選定・配置などに精通していたのであろう。

　この蘊珪を含めた上記の諸人のもと，覇州とその属県（覇城県・安徳県）の官僚，本州内の義邑（在俗信仰組織）の邑人，そして北塔の所在寺院──当時は延昌寺と号す[9]──の諸僧が修塔に参与しており，天宮石函の門板外面に刻された「塔下勾当邑人僧人題記」および本石函の外側に安置されていた「今聊記石匣内」題記磚（『北塔』：pl.38；pl.62）にその名が列記されている。

　このなかには「左承制韓遂澄」や「在班祇侯韓詠」といった人物が認められる。両人はその官衛を見るに中央から派遣された只骨の近臣と思しい。彼らの存在は，都提点をつとめた義成軍節度使の某とともに，北塔の修復事業が只骨政権の監督をうけていたことを示唆する。このことを裏付けるかのように，天宮奉納の木胎銀棺の側面には，釈迦の左右に跪拝する帝后の姿が線刻されている（『北塔』：pl.47）。これは只骨と仁懿皇后蕭撻里もしくは只骨の生母である章聖皇太后蕭耨斤をかたどったものと考えてよかろう。

（2）覇州官民の北塔に対する認識

　章聖皇太后蕭耨斤の主導した慶州釈迦仏舎利塔の建立とは異なり，北塔の修復はあくまで覇州の官民の主体的な意志のもとに遂行された事業であった。このことは地宮に奉納された「弟三度重修」題記磚（『北塔』：97）の刻記に表明されている。すなわち，

　　覇州の邑衆・諸官，同共に心を斉しくして結縁し，弟三度重修す。所有宝安法師の，随文帝の勅を奉じて葬したる舎利は，未だ獲ず。請うらくは後の知委されんことを[10]。

と言い，覇州の義邑の人々や官僚たちが北塔の修復を発願して行ったことを明示する。

「弟（第）三度重修」とは今次（重熙11-13年）の修復が，唐の天宝年間と契丹初期の両次の修塔を経て，三度目にあたることをいう。興味深いのはこれに続く文言であって，「随文帝」すなわち隋の文帝楊堅の勅によって奉納された舎利を得ず，と述べていることである。

隋の文帝が熱心な仏教信者であったことはよく知られている。帝は治世晩年の仁寿元年（601）から同4年（604）にかけて三度にわたり勅を降して全国に仏舎利塔——仁寿舎利塔と通称される——を建立し，中央から仏舎利を送付してここに奉納させた。こうして設置された舎利塔の数は，第一次（仁寿元年10月15日起塔，舎利入函）に30カ所，第二次（同2年4月8日同上）に51カ所，第三次（同4年4月8日同上）に30カ所，合計111カ所にのぼる［山崎宏1942：331-346］。

北塔所在地の覇州は，隋代に柳城郡，唐代には営州と呼ばれ，文帝による第二次建立の51カ所のなかに含まれる。すなわち『続高僧伝』巻26 釈宝安伝に「仁寿二年，（宝安）勅を奉じて塔を営州の梵幢寺に置く」（T.50：674b）とある。柳城郡は隋の領域の東北端にあたり，ここに設置された仁寿舎利塔には，当時その北方に割拠していた遊牧勢力（契丹族・奚族）に対して，仏教王国としての隋朝とその頂点に君臨する文帝の存在を誇示する効果も期待されていたであろう。上掲『続高僧伝』に立伝された宝安は，仏舎利の輸送と舎利塔の建立および仏舎利奉納を主管するべく中央から諸州に派遣された高僧のひとりである。そうして彼こそ前掲「弟三度重修」題記碑に見える「所有宝安法師」[11]にほかならない。

この題記碑の刻記から分かることは，覇州の邑人や官僚たちが，隋の文帝の勅によって仁寿2年に建立された梵幢寺舎利塔を北塔の前身と見なし，この塔内に文帝の派遣した僧・宝安の奉納せる仏舎利が眠っていると考えていたことである。「梵幢寺舎利塔＝北塔」が事実としてそうであるのか否か，現段階の史料状況では確たることは言えない。重要なのは，覇州の人々が現実にそのように認識していたことである。

西晋の滅亡（316年）以来，分裂状態の続いた中華の再統一を果たし，その国土のうちに北周・武帝の廃仏（574年）によって衰退した仏教の復興をなしとげた隋の文帝。倭王・多利思比孤の国書をもって入隋した小野妹子が帝を「重興仏法」の「海西菩薩天子」と称賛したことはよく知られている［礪波護2005］。この隋朝初代皇帝のもたらした仏舎利は時を超えて覇州の人々の心を捉えていた。当時の契丹社会において仏舎利信仰が非常な高まりを見せるなか[12]，崇仏皇帝として名高い隋・文帝に由来する伝統ある仏舎利に彼らの関心が集まったことは必然と言ってよい。北塔の修復時，地宮の造築に際してこの仏舎利を執拗に探索し[13]，これが果たせずに終わるや，わざわざその顛末を磚に刻記して地宮に安置し，後人に知らしめようとした事実に，この仏舎利に対する彼らの強い思いが表れている。

かかる思念は，当該仏舎利の安置母体である（はずの）北塔そのものに対しても作用する。先述のとおり重熙年間における北塔の修復は，新造の初層に金剛界四仏を彫出して金剛界法（『金剛頂経』系密教）への志向を可視化するなど，一部において大きく手の入った箇所もあるが，一方で創建以来の方形多層密檐の様式をかえることはしていない。とりわけ当時には仏塔を「八角形」で造営することが主流となるなか［竹島卓一1944：157，神尾弐春1982：68-70］，北塔の故態におけるひとつの特徴と言える「方形」を堅持したことの意義は大きい。これこそ覇州の人々が北塔の元来のかたちに対して一定の権威と伝統を感じとっていたあかしであろう。

ところで，朝陽市域内には北塔のほかにも方形をとる契丹の仏塔が現存している。北塔の南に対立する南塔，朝陽市城区東南の鳳凰山上に立つ雲接寺塔と同山北溝の大宝塔，そして朝陽県西営子郷五十家子村の西にある青峰塔がそれである[14]。いずれも十三層の密檐式磚塔であり，初層の装飾にいくつかの異同が認められるが，北塔とほぼ同様の形態を呈している。これら以外に方形をとる契丹の仏塔は見出せない。

なぜ朝陽市域のみに方形の仏塔の存在が確認されるのか。この問いについては，いまだ明確なこたえが出されていない。三燕（前燕・後燕・北燕）時代以来，当該地域に育まれた仏教文化に特殊性を見出し，ここに要因を

PL.13 鳳凰山雲接寺塔

求めることは簡単である。ただ，上に確認した覇州の人々の仁寿舎利塔に対する認識を踏まえるとき，いま一歩踏み込む余地が残されているように思える。

ここで注目したいのが，契丹の方形仏塔の分布に関わる向井佑介の見解である。向井は朝陽郊外（城区外）に現存する四座の仏塔──青峰塔・東平房塔・八稜観塔・黄花灘塔──をとりあげ，方形をとる青峰塔が契丹の安徳州，八角または六角をとる残りの3塔が建州に在ることを述べ，そのうえで安徳州が覇州のもと属県であった事実に言及[15]，安徳州所在の青峰塔が覇州所在の北塔・南塔・雲接寺塔・大宝塔と同様の形態をとることの必然性を指摘した［向井佑介2006：186］。

契丹の方形仏塔がもとの属県を含む覇州の内部に分布する一方，近隣の州郡にこれが認められない事実は，方形の建立様式が覇州という行政区域内において意図的に選択されていたことを物語る。覇州内に位置する南塔・雲接寺塔・大宝塔の建立[16]には，当然ながら北塔の場合と同様に本州の邑人や官僚そして僧たちが深く関わっていたはずである。青峰塔に関しても，仮にその建立が安徳州の設置以後にくだるとしても，本州の母体である覇州安徳県の在地性が建立に携わった州内の邑人や僧のなかから消え去ったとは考えられない。先述のとおり覇州の人々が隋・文帝由来の仏舎利に強く心を寄せ，この仏舎利を納める梵幢寺舎利塔を北塔の前身として認識するなか，彼らの想念する仏舎利塔の「あるべきすがた」は，重熙年間の修復を経たこの北塔の現行態，もしくは修復以前の故態のイメージと多く重なり合うものであろう。

第5章　契丹仏塔に見える密教的様相　155

　かく見るとき，朝陽市のうち契丹の覇州管内に相当する地域にのみ方形仏塔の存在が確認されることも頷ける。すなわちこれらの仏塔は，創建よりこのかた方形を維持する在地の仁寿舎利塔（梵幢寺舎利塔）＝北塔に仏舎利塔としての典型ないし定型を見出した覇州の人々の認識が具象化したものと言えるのである。

　覇州官民の北塔に対する認識を具体的に表明した地宮奉納「弟三度重修」題記碑は，現在の朝陽市域における方形契丹仏塔の存在理由にも関わる重要な史料であることが理解されよう。

Ⅲ　地宮奉納石経幢と慈賢の訳出陀羅尼

（1）地宮奉納石経幢の概要

　重熙年間の北塔の修復において，覇州の人々はその中に隋・文帝由来の貴重な仏舎利を見つけることができなかったが，彼らは新たに本仏塔の天宮と地宮に各種の仏舎利を納めて「仏舎利塔」としての体裁を整えた。杜暁敏［2009：293-295］の整理に基づいて，これらの奉納仏舎利を列挙すると次のようになる。

　　A〈天宮〉金製舎利塔中の真身舎利
　　B〈天宮〉鎏金銀塔中の影身舎利（水晶珠）と法舎利（陀羅尼の銀経巻）
　　C〈天宮〉七角柱状玻璃瓶中の影身舎利（石英砂）
　　D〈天宮〉三重構成の経塔中の法舎利（陀羅尼の銀製経板）
　　E〈天宮甬道下小石函〉白瓷罐中の影身舎利（石英砂）
　　F〈地宮〉石経幢上の法舎利（陀羅尼の刻経）
　　G〈地宮〉石函蓋面上の法舎利（般若波羅蜜多心経の刻経）

　筆者が注目するのは地宮に奉納されていたFである。これは複数層の石経幢の表面に各種の陀羅尼を法舎利として刻みこんだものである。一般的に舎利 *skt.*śarīra は仏を荼毘に付した際に現れた遺物（遺骨）を言うが，仏の説いた教えをまとめた経典も同様に舎利と見なされていた。経典の場

PL.14 朝陽北塔地宮の石経幢　　　　PL.15 石経幢全体図（『北塔』：pl.64）

合はとくに「法舎利（法身舎利）」と呼ばれている。
　最初にこの石経幢の概要を『北塔』に拠りつつ述べておく。本経幢は4基の個別の幢身を縦に積みあげたものである。幢身は全て八角の柱形を呈し，高さは71-98cm，直径は37-57cmと個体差がある。幢身と幢身の間には仰蓮円座と八角幢座がはさみこまれている。第一層（最下層）の幢身を支える幢座のみ二段積みで，直径の異なるものをふたつ重ねている。本経幢が発見された時には，第一層から第三層までの幢身は積まれたままあり，第四層（最上層）の幢身は地面上に落ちていた。
　各幢身を支える幢座の側面には多様なモチーフの浮雕が認められる。第一層幢身下部の下段幢座は飛天と蓮盆を，上段幢座は「八大菩薩」をモチーフとする。そのうえに積まれた第二層幢身下部の幢座は「過去七仏」を，第三層幢身下部の幢座は「八大霊塔」を，そして第四層幢身下部の幢座は「八王分舎利」をそれぞれモチーフとしている。これらの浮雕は本章のⅣにおいて改めてとりあげるため，ここでは以上の紹介にとどめる。
　第四層幢身の末尾には次の題記が認められ，本経幢が重熙13年（1044）

第5章 契丹仏塔に見える密教的様相　157

4月8日に地宮内に安置されたものであることが分かる。

　　大契丹国重熙十三年歳次甲申四月壬辰朔八日己亥午時再葬訖。像法更
　　有七年入末法。石匠作頭劉継克鐫。孟承裔鐫。

　各層幢身の拓影（『北塔』：pl.65-72）に基づき，それぞれの幢身上に刻さ
れた陀羅尼を掲げると次のとおりである。

　　【第一層幢身】
　　　①『仏説大仏頂如来放光悉怛多鉢怛囉陀羅尼』（漢文，表題は長大な
　　　　ため通称を使用）
　　【第二層幢身】
　　　②『大随求陀羅尼』（漢文，表題は確認されず）
　　【第三層幢身】
　　　③『□（唐？）梵大般若波羅蜜多心経』（漢文，拓影では表題の第一
　　　　字が切れている）
　　　④『聖千手千眼観自在菩薩摩訶薩広大円満無礙大悲心陀羅尼』（漢
　　　　文）
　　　⑤『仏説金剛大摧砕延寿陀羅尼』（漢文）
　　　⑥『大乗百字密語』（梵文）
　　【第四層幢身】
　　　⑦『唐梵仏頂尊勝陀羅尼』（梵・漢合璧文）
　　　⑧『唐梵対翻菩提場荘厳陀羅尼』（梵・漢合璧文）
　　　⑨『大輪陀羅尼』（梵・漢合璧文）

　これらのうち①・③・④に唐の不空，⑤に契丹の慈賢，⑦に唐の仏陀波
利の記名が認められる。⑧には記名が無いがこれは不空の訳出にかかり，
⑨は失訳である。いずれも陀羅尼のみを記し，経文は省かれている。
　覇州の人々が，刻み込んだこれらの陀羅尼を正しく「法舎利」として認

識していたことは，本経幢の頂蓋中央に単層塔を彫出し，そのなかに「諸法従縁起，如来説是因，彼法因縁尽，是大沙門説」のいわゆる「法身偈（法舎利頌）」を記した事実に見て取れる[17]。

（2）石経幢上の慈賢訳出陀羅尼

上掲①から⑨の陀羅尼のなかで目を引くものが，契丹の慈賢 skt. Maitrībhadra が訳出した⑤『仏説金剛大摧砕延寿陀羅尼』である。『北塔』の拓影では編集の不手際によるものか，記名の文字のちょうど右半分が切れたかたちとなっているが，「中天竺摩竭陀国三蔵法師慈賢□□（訳？）」と判読できる。

慈賢は，契丹に活躍したインド出身の訳経僧として，現段階でただひとりその存在を確認できる人物である。遺行碑の類は現存していないが，房山石経や『大正蔵』に彼の訳出した経典をいくつか見出すことができる。房山石経収蔵の慈賢訳出経典については，中国仏教図書文物館房山石経研究組［1985］に概要が示されている。

この房山石経に収蔵された当該経典のひとつ『仏頂尊勝陀羅尼』（『房山遼金』21：499）の冒頭の記名に注目すると，「大契丹国師中天竺摩竭陀国三蔵法師慈賢訳」とあり，慈賢は「国師」の肩書きを帯びていたことが分かる。この肩書きが何らかの内実を伴うものか，それとも名目のみの虚銜にすぎないものか，判断をくだすことは難しいが，ともあれ慈賢は国家の師表として遇され，契丹帝室の尊崇を受けた僧であったことは間違いない。

⑤は房山石経（『房山遼金』21：561）や『大正蔵』（T.21：No.1416）に収める『金剛摧砕陀羅尼』と同一のものである。『金剛摧砕陀羅尼』は通称で『仏説金剛大摧砕延寿陀羅尼』が正式名称であろう。本陀羅尼が契丹社会において信仰の実用に供されていたことが⑤の存在に確かめられるのである。

地宮奉納石経幢には⑤のほかにいまひとつ慈賢の訳出にかかる陀羅尼が刻されていた。それが②『大随求陀羅尼』である。表題・記名をともに欠くこの陀羅尼が慈賢訳であることを指摘した先行研究は見出せないため，かく判断するに至った根拠を述べたい。

『大随求陀羅尼』と称する陀羅尼経典には次の3種類の漢訳が存在する。

1　唐・宝思惟訳『仏説随求即得大自在陀羅尼神呪経』1巻（T.20：No.1154）
2　唐・不空訳『普遍光明清浄熾盛如意宝印心無能勝大明王大随求陀羅尼経』2巻（T.20：No.1153）
3　契丹・慈賢訳『大随求陀羅尼』3巻（『房山遼金』21：494-498）

　宝思惟訳本と不空訳本はともに八句の陀羅尼と大随求陀羅尼の功力を語る九つの説話で構成される。陀羅尼と説話の配置は両訳本で異なる。宝思惟訳本は八陀羅尼を全て説いたあとに九説話を掲げ，不空訳本はまず四陀羅尼を説き，つぎに七説話を掲げ，また四陀羅尼を説き，最後に二説話を掲げる［浅井覚超1987：99］。宝思惟訳本は八句の陀羅尼それぞれの名称を明記している。すなわち第一句「根本呪」，第二句「一切仏心呪」，第三句「一切仏心印呪」，第四句「灌頂呪」，第五句「灌頂印呪」，第六句「結界呪」，第七句「仏心呪」，第八句「心中心呪」である。不空訳本にはこのような陀羅尼の名称の明記は認められない。

　一方，慈賢訳本は説話を全て省いて八句の陀羅尼のみで構成される。第一句を除く七句の陀羅尼には宝思惟訳本と同様にそれぞれの名称を付す。すなわち第二句「一切如来心陀羅尼」，第三句「一切如来金剛被甲陀羅尼」，第四句「一切如来心印陀羅尼」，第五句「一切如来灌頂陀羅尼」，第六句「一切如来結界陀羅尼」，第七句「一切如来心中陀羅尼」，第八句「一切如来随心陀羅尼」である。このように所説陀羅尼の名称を明記する点より見ると，慈賢訳本は宝思惟訳本の系統に連なるものと考えられる。

　そこでいま宝思惟訳本と慈賢訳本を比較してみると，いくつかの異同が見つかる（表1参照）。「仏」「呪」を「如来」「陀羅尼」と表記するのは同義の言い換えにすぎないが，宝思惟訳本では第四句以下の陀羅尼の名称にはつかない「一切」の文言が慈賢訳本には第二句以下全ての陀羅尼についている。また慈賢訳本には宝思惟訳本にいう「灌頂印呪」——慈賢訳本の

表1 『大随求陀羅尼』三本構成一覧

	宝思惟訳本	慈賢訳本	北塔経幢本
第一句	根本呪	〔根本陀羅尼〕	〔根本陀羅尼〕
第二句	一切仏心呪	一切如来心陀羅尼	一切如来心陀羅尼
第三句	一切仏心印呪	一切如来金剛被甲陀羅尼	一切如来心印陀羅尼
第四句	灌頂呪	一切如来心印陀羅尼	一切如来金剛被甲陀羅尼
第五句	灌頂印呪	一切如来灌頂陀羅尼	一切如来灌頂陀羅尼
第六句	結界呪	一切如来結界陀羅尼	一切如来結界陀羅尼
第七句	仏心呪	一切如来心中陀羅尼	一切如来心中心陀羅尼
第八句	心中心呪	一切如来随心陀羅尼	欠

表2 『大随求陀羅尼』三本内容対応一覧

宝思惟訳本	慈賢訳本	北塔経幢本
根本呪（第一句）	〔根本陀羅尼〕 （第一句）	〔根本陀羅尼〕 （第一句）
一切仏心呪 （第二句）	一切如来心陀羅尼 （第二句）	一切如来心陀羅尼 （第二句）
一切仏心印呪 （第三句）	一切如来心印陀羅尼 （第四句）	一切如来心印陀羅尼 （第三句）
灌頂呪 （第四句）	一切如来金剛被甲陀羅尼 （第三句）	一切如来金剛被甲陀羅尼 （第四句）
灌頂印呪 （第五句）	一切如来灌頂陀羅尼 （第五句）	一切如来灌頂陀羅尼 （第五句）
結界呪 （第六句）	一切如来結界陀羅尼 （第六句）	一切如来結界陀羅尼 （第六句）
仏心呪 （第七句）	一切如来心中陀羅尼 （第七句）	一切如来心中心陀羅尼 （第七句）
心中心呪 （第八句）	一切如来随心陀羅尼 （第八句）	欠

表記法に従えば「一切如来灌頂印陀羅尼」——がなく，かわりに「一切如来金剛被甲陀羅尼」が見える。さらに慈賢訳本の第八句「一切如来随心陀羅尼」は宝思惟訳本に直接対応する名称がない。

　両訳本は上述のとおり所説陀羅尼の名称面に異同が確認されるが，その内容面に関しては総体として全て一致している（表2参照）。たとえば宝思惟訳本の「灌頂呪」は慈賢訳本の「一切如来金剛被甲陀羅尼」と同じ内容である。同様に「灌頂印呪」は「一切如来灌頂陀羅尼」と，「仏心呪」は「一切如来心中陀羅尼」と，「心中心呪」は「一切如来随心陀羅尼」と，それぞれ内容が一致する。

　なお，慈賢訳本の「一切如来金剛被甲陀羅尼」の名称については，大随求陀羅尼の功力を述べた九つの説話のなかに甲冑の働きを説くものがあり［浅井覚超1987：102-101；97-96］，この功力を前面に押し出そうとした訳者・慈賢の意図が含まれていたと見てよかろう。ただし宝思惟訳本の八陀羅尼句のうち第四句の「灌頂呪」を選んでかく名付けた理由は明らかでない[18]。

　さて，ここで②の『大随求陀羅尼』——仮に北塔経幢本と表記する——に目を向けると，第二句以下の陀羅尼に名称を付している。これを慈賢訳本のものと見比べると，双方の名称は一致する（表1）。ただ慈賢訳本は第三句を「一切如来金剛被甲陀羅尼」，第四句を「一切如来心印陀羅尼」とするのに対して，北塔経幢本は第三句を「一切如来心印陀羅尼」，第四句を「一切如来金剛被甲陀羅尼」として，順序が入れ替わっている。また北塔経幢本の第八句は欠けているが，これはもともと刻記されていなかったのではなく，『北塔』の編集の不手際により，この句の手前で拓影が切れたものと思われる。この第八句には慈賢訳本と同じく「一切如来随心陀羅尼」が刻されていたであろう。

　慈賢訳本と北塔経幢本はその説くところの各陀羅尼の内容も一致しており（表2），たとえば宝思惟訳本の「灌頂呪」は，慈賢訳本の「一切如来金剛被甲陀羅尼」と一致し，さらに北塔経幢本の「一切如来金剛被甲陀羅尼」とも一致する。慈賢訳本と北塔経幢本の各陀羅尼は名称と内容が完全

に対応しているのである。これゆえ北塔経幢本すなわち②が慈賢の訳出した『大随求陀羅尼』であることは明白である。

　上述のとおり北塔地宮に奉納された石経幢には慈賢訳出の陀羅尼として『仏説金剛大摧砕延寿陀羅尼』とともに『大随求陀羅尼』も刻されていた。このふたつの陀羅尼は慈賢の訳経事業と当時の契丹社会における仏舎利信仰との密接な関わりを示唆するのである。

　現在，慈賢の訳出にかかる経典・陀羅尼・儀軌類として以下のア～コの10種を見出すことができる（上掲のふたつの陀羅尼も含む）。所収は全て『房山遼金』21の千字文「丁」である。『大正蔵』および『至元法宝勘同総録』（以下『至元録』と略記）に収録ないし著録するものは，その所収も付記した。

　　ア　『梵本般若波羅蜜多心経』　1巻　　　　　　　（『至元録』　1：183c）

　　イ　『仏頂尊勝陀羅尼』　1巻　　　　　　　　　　（『至元録』　4：205c）

　　ウ　『一切如来白傘蓋大仏頂陀羅尼』　1巻　　　　（『至元録』　6：212c）

　　エ　『大悲心陀羅尼』　1巻　　　　　　　　　　　（『至元録』　4：204c）

　　オ　『仏説如意輪蓮花心如来修行観門儀』　1巻　　（T.20：No.1090）

　　カ　『妙吉祥平等秘密最上観門大教王経』　5巻

　　　　　　　　　　　　　　　　（T.20：No.1192，『至元録』　6：212c）

　　キ　『妙吉祥平等観門大教王経略出護摩儀』　1巻　（T.20：No.1194）

　　ク　『妙吉祥平等瑜伽秘密観身成仏儀軌』　1巻

　　　　　　　　　　　　　　　　（T.20：No.1193，『至元録』　6：215a）

　　ケ　『仏説金剛大摧砕延寿陀羅尼』　1巻

　　　　　　　　　　　　　　　　（T.21：No.1416，『至元録』　6：212c）

　　コ　『大随求陀羅尼』　1巻　　　　　　　　　　　（『至元録』　6：212c）

　これらのなかで儀軌類に相当するオ，キ，クはひとまず措き，いまは経典・陀羅尼類にのみ注目する。まず巻数について，カの『妙吉祥平等秘密最上観門大教王経』が5巻であることを除くと，ほかは全て1巻構成とな

っている。つぎに内容について，カは経文と陀羅尼（漢字音訳）の双方を
そなえるが，これ以外は全て陀羅尼（漢字音訳）のみである。この事実に
うかがえることは慈賢が経文を伴わない陀羅尼単体の訳出に比重を置いて
いたことである。

　慈賢のこのような訳経姿勢に果たしてなにが読み取れるのか。ここで
「法舎利」としての陀羅尼に注目したい。慈賢の訳した『仏説金剛大摧砕
延寿陀羅尼』と『大随求陀羅尼』を含め，地宮奉納石経幢に刻記された各
種陀羅尼は，すでに述べたとおり「法舎利」として位置付けられたもので
ある。法舎利としての陀羅尼は，このように仏塔中の経幢に刻記されるほ
か，多くは雕印あるいは金属板に線刻される。この場合には「法舎利塔」
と呼ばれる金属ないし木製の塔型小筒や仏・菩薩の像内に巻き込んで納め，
仏塔中に安置される。契丹時代においては，地宮奉納石経幢のごとく数種
類の陀羅尼を法舎利として合採的に記す場合が多い[19]。より多くの功能，
より多様な功能を求めた当時の人々の切実な思いが反映されている。とす
ると，経幢であれ，あるいは雕印紙や金属板であれ，法舎利を記す媒体に
はスペース上の制約が常につきまとうため，必然的に長大となる経文と陀
羅尼の併訳よりは，比較的分量の少ない陀羅尼の単体訳が選択される傾向
にあったろう。

　かく見るとき上述の慈賢の訳経姿勢も理解可能となる。すなわち，彼が
経文を伴うことなく陀羅尼単体を集中的に訳出した背景には，当時の契丹
社会に盛行した仏舎利信仰が各地に舎利塔の建立を促すなか，そこに奉納
する法舎利として，この種の訳出形態をとる陀羅尼に対する志向および需
要の高まりがあったと考えられるのである。

　なお当時には漢字音訳された短巻の梵文経典も上記の陀羅尼と同様の役
割が期待されていた。たとえば唐・不空の訳経のひとつに『梵本般若波羅
蜜多心経』1巻がある[20]。これは『至元録』巻1に「梵本般若波羅蜜多心
経一巻。唐天竺三蔵大広智不空訳」（p.183c）と著録されるもので，これ以
前の経録類には見つからない。この不空訳の『梵本般若心経』は房山石経
に入っており（『房山遼金』21：430），経板二面に梵文の漢字音訳のみを刻

記する。とすると，本石経の下敷きとなった『契丹大蔵経』において初め
てこれが入蔵した可能性が大きい。本経典は北塔の地宮奉納石経幢の第三
層幢身に『□梵大般若波羅蜜多心経』として刻記され[21]，また慶州釈迦仏
舎利塔の天宮南室より見つかった無軸紙本の雕印陀羅尼に合揉されてい
た[22]。これらの事実を考慮するとき，不空訳『梵本般若心経』が『契丹大
蔵経』に入蔵された背景のひとつとして，本経典に法舎利としての価値を
見出していた当時の社会の風潮が想定される。慈賢による本経典の重訳
（ア）の存在はそのひとつの裏付けとなろう。

Ⅳ　地宮奉納石経幢の幢座浮雕

　慈賢の訳出陀羅尼を刻みこんだこの石経幢の各層下部の幢座側面には，
先にも述べたとおり多様なモチーフの浮雕が認められる。これらの浮雕か
らも北塔の修復に携わった覇州の人々の信仰的様態を把握することができ
るのである。とくに興味深いものが，第一層幢身下部の上段幢座側面と第
二層の幢身下部の幢座側面に配された浮雕である。

　第一層幢身下部の幢座は二段積みになっており，下段幢座の八側面は飛
天と蓮盆をモチーフとし，これを面ごとに交互に彫出する。上段幢座の八
側面の中央にはそれぞれ菩薩坐像を描き，その左右に十字に組み合わせた
金剛杵と天蓋を配している（本章末 PL.17参照）。各面の右端には中央の菩
薩坐像に対応する名号を記しており，「観世音菩薩 頭」「弥勒菩薩 二」
「虚空蔵菩薩」「普賢菩薩」「執金剛主菩薩」「文殊師利菩薩」「止諸障菩薩」
「地蔵菩薩 八」とある。これらの菩薩の組み合わせは唐・不空訳『八大菩
薩曼荼羅経』（T.20：No.1167）に認められ，この幢座浮雕が本経典に説く
「八大菩薩」をモチーフとしていたことは間違いない[23]。なお観世音菩
薩・弥勒菩薩・地蔵菩薩のそれぞれの名号の末尾に見える「頭・二・八」
は本経典における各菩薩の列挙（登場）順を示したものと見られる。『北
塔』所掲の拓影を見る限りでは，他の五菩薩の名号に同様の漢数字は付さ
れていない。

　契丹後期には八大菩薩とその所説経典『八大菩薩曼荼羅経』に対する関

心の高まりが認められ，とりわけ遼西地域にその顕著な痕跡を見出すことができる。

　本章のⅡの（1）にも触れた，同じ北塔の天宮に奉納された経塔の第三重金筒には金剛界大日如来を中心に据えてその周囲に八大菩薩が線刻されている。また清寧4年（1058）に顕州北の白山院に建立された千仏舎利雑宝蔵経塔[24]の地宮からは，発願文とともに八大菩薩の名号を蓋頂面に刻した石匣が見つかっている[25]。くわえて覚花島海雲寺の思孝が『八大菩薩曼荼羅経』の注釈書である『八大菩薩曼荼羅経疏』2巻と『同　科』1巻を，志実が『同　崇聖抄』3巻を撰述している[26]。思孝は数多くの章疏類を撰述し，興宗只骨の尊崇をうけた学僧である［野上俊静1980，神尾弍春1982：98-99］。一方の志実は思孝の門人であった可能性があり，『崇聖抄』のほかに『梵網経科』3巻と『同　会違通理鈔』4巻，そして『華厳経随品讃科』1巻をものし，道宗査刺に信任された学僧である[27]。契丹皇帝に重んぜられた思孝と志実の両学僧が，ともに『八大菩薩曼荼羅経』の注釈書を撰述していた事実は興味深く，当時の契丹支配階層も八大菩薩とその所説経典に心を寄せていたことを推測させる。

　つぎに第二層幢身下部の幢座について。その八側面のうち七面の中央には仏の立像を描き，各仏立像の左右には脇侍を配置する（本章末PL.18参照）。これらの面の左端にはそれぞれの中央に描かれた仏に対応する名号を「南无」の二字を冠して記しており，「南无毘婆尸仏」「南无尸棄仏」「南无毘舎浮仏」「南无拘留孫仏」「南无拘那含牟尼仏」「南无迦葉仏」「南无釈迦牟尼仏」とある。毘婆尸仏から迦葉仏までの六仏は釈迦より前に出現したとされるブッダであり，この六仏に釈迦牟尼仏をあわせて「過去七仏」と総称する[28]。これが本浮雕のモチーフである。のこる一面には執金剛と脇侍童子を2体ずつ描き，その左端に「執金剛神衆」と記名している。

　過去七仏もまた契丹において積極的に受容された尊格である。当時の過去七仏信仰を裏付けるものとして，まず錦州市義県の奉国寺に安置された過去七仏像［杜仙洲1961，口絵3］の存在をあげることができる。奉国寺は，天津市薊県の独楽寺とともに，現存する契丹時代の古刹としてよく知

PL.16 創建静安寺碑

られている。その創建は開泰9年（1020）と言われ、寺内の大雄殿に高さ約8mの過去七仏の塑像が横一列に端座している。これらの像は後代において多少の修復を施されたようであるが、雄偉にしてなおかつ流麗なその像容は、造像当初のすがたを今によく伝えている。

このほか咸雍8年（1072）に皇族・耶律昌允の妻蕭氏が亡き夫の遺志をついで自家の投下領である義州に静安寺を建て、その仏殿に過去七仏像を安置したと言い[29]、さらに第1章にも扱った慶州釈迦仏舎利塔の相輪下部覆鉢に奉納された諸供物のなかには七仏の浮雕を配した法舎利塔が認められる［中国歴史博物館・内蒙古自治区文化庁2002：326］。

興味深いことに、過去七仏は慈賢の訳出した『妙吉祥平等秘密最上観門大教王経』にも登場する［杭侃2002：591-592、金申2010：55-56］。すなわち本経典の巻2に釈迦が弥勒菩薩たちの問いに答えるかたちで悟りを得た経緯を説く箇所がある。この所説によると、釈迦は毘盧遮那仏のもとで法を聞くことによって悟りを得たのであるが、これに先立ち、菩提樹の下で絶食苦行を伴う座禅を行っていたときに、毘婆尸仏以下の六仏が慈悲を垂れて大弟子を彼のもとに遣わし、苦行を捨てて乳糜を食し、しかるのちに再び座禅すれば「菩提を證す」ることを教告せしめた（『房山遼金』21：524-525，T.20：911a-b）。

当該所説には釈迦が六仏の援助をうけて毘盧遮那仏のもとに悟りを得たという構図が読み取れる。この構図が示唆する毘盧遮那仏と過去七仏（釈迦と毘婆尸仏以下の六仏）の相関は、重熙年間の修復を経た北塔において

第 5 章 契丹仏塔に見える密教的様相　167

も明確に意識されていた。以下この点を確かめておきたい。

すでに述べたように北塔の初層は重熙年間の修復の際に造り直され、その四方壁面の中央に金剛界四仏の坐像が彫出された。東壁が阿閦如来、西壁が阿弥陀如来、北壁が不空成就如来、南壁が宝生如来である。密教において当該四仏の本体として、その中央に位置すべき尊格は大日如来（毘盧遮那仏）である。とすれば、これら四仏を配置する壁面によって囲まれた北塔そのものを、さらに絞って言えば本仏塔の「核」ないし「たましい」として内部に奉納された仏舎利を、大日如来と見なすことができよう。

このことは北塔に納められた文物から明確にうかがえる。たとえば本仏塔の天宮より見つかった三重構成の経塔の最表面（第一重金筒）には智拳印を結んだ金剛界大日如来坐像の線刻が認められる（『北塔』：71；pl.42）。本経塔の第三重金筒にも金剛界大日如来坐像が線刻されていたことは重ねて指摘したところであり、こちらでは八大菩薩が大日如来の周囲に配置されている。本経塔には巻き込んだ銀製の経板が納入されていた。この経板は合計12の陀羅尼を刻記してその末尾に「法舎利偈」を付しており（『北塔』：69；pl.45-46）、明らかに法舎利として位置付けられたものである。本経塔上の大日如来の線刻は、この経塔のなかに納められた法舎利（銀製経板）と大日如来の一体性を示唆しているのである。

また、同じく天宮より発現した方形単層の金製舎利塔には、その四方の側面に金剛界四仏を、内側の一側面に大日如来を線刻している（『北塔』：67；pl.39）。この金製舎利塔には瑪瑙製の舎利罐を納め、この舎利罐のなかに真身舎利2粒が封入されていた。これらの真身舎利もまた、安置母体である金製舎利塔に施された線刻が示すとおり、大日如来との一体性が認識されていたと見てよい。

これらのことより北塔の内部に奉納された仏舎利が大日如来の表現として捉えられていたことは間違いない。当然ながら本仏塔の地宮に安置されていた石経幢にも同様の認識がもたれていたはずであり、それゆえにこの幢座の側面に過去七仏を彫出したのである。慈賢や不空などの訳出陀羅尼を法舎利として刻したこの石経幢を大日如来のあらわれと見なし、なおか

つ大日如来と過去七仏の相関が明確に意識されていればこそ，かかる荘厳をつくりだすことが可能となろう。管見の限り，契丹以前において大日如来と過去七仏の相関を示唆する事象や文物を見出すことはできない。両尊格の相関は契丹において認識されるに至ったものであり，とりわけ慈賢の訳出した『妙吉祥平等秘密最上観門大教王経』の影響下に形成されたものと見てよい。慈賢の訳経が覇州の人々に受け入れられていたことがよく分かるのである。

　上記以外の幢座浮雕についても簡単に触れておく。第三層幢身下部の幢座の八側面は，「釈迦八相」すなわち釈迦の生涯の重大事を八つにまとめたものを象徴化した「八大霊塔」をモチーフとしている（本章末 PL.19参照）。各面の中央に単層塔を彫出し，そのなかにそれぞれの霊塔の名号を記す。「浄飯王宮生処塔」から「菴羅衛林維摩塔」までの七霊塔の右端あるいは左端には「南无」の二字を冠して「金剛堅強消伏壊散仏」以下の七仏の名号を記し，「娑羅林中円寂塔」の右端には「八塔七仏名」と記している[80]。八大霊塔は唐・般若訳『大乗本生心地観経』（巻1序品）の所説を典拠とする。契丹時代の仏塔の壁面装飾として頻繁に用いられており，北塔をはじめ，同じく朝陽市域の雲接寺塔・大宝塔・青峰塔・八棱観塔，興城市の白塔峪塔，阜新市の塔山塔，内モンゴル自治区赤峰市寧城県の中京大塔，同市バイリン左旗の上京南塔などに，これが認められる［王光2006］。

　第四層幢身下部の幢座の八側面は，「八王分舎利」すなわち釈迦の滅後にその舎利を分かち受けたという8カ国の王たちがモチーフである。中央には舎利瓶をささげ持つ王のすがたを描き，その左右に侍者を配置する。右端には各王の名を記しており，それぞれ「八国諸王分舎利 弟（第）一迦毘羅国王」「弟二摩伽陁主阿闍世王」「弟三毘離外道名王」「弟四阿勒伽羅王」「弟五毘耨隊一□畏王」「弟六遮羅伽国王」「弟七師伽那国王」「弟八波肩羅外道名国王」とある。この浮雕は北塔が仏舎利塔であることの明確な標識である。くわえて第三層幢身下部幢座の「八大霊塔」とともに，本仏塔ならびにここに奉納された仏舎利が釈迦のあらわれであることを主張

する。これは仏舎利塔発生以来の伝統的な認識に則したものである。また密教においては,「南天鉄塔」の説話が象徴するように,中心尊格の大日如来が仏塔と一体視されており[31],この認識が先に指摘した北塔を大日如来の表現とする考え方の根底にあったと思われる。つまり北塔は大日如来のあらわれであり,なおかつ釈迦の表現でもあった。かかる意識は,北塔中のほかの文物からも読み取ることができる。たとえば天宮に奉納された三層六角密檐の鎏金銀塔には,その初層の六側面に大日・阿閦・阿弥陀・不空成就・宝生の金剛界五仏と釈迦の線刻を施しており（『北塔』：70；pl.40），大日如来と釈迦の相即を示唆するのである。

小　結

　本章では,まず重熙年間における北塔修復の体制を示したのち,本仏塔の地宮に奉納された「弟三度重修」題記磚を手がかりとして,修塔の主体たる覇州官民の北塔に対する認識を明らかとした。

　覇州の官民は北塔の前身を隋・文帝の勅により建立された仁寿舎利塔（梵幢寺舎利塔）と見なしていた。この認識が北塔の修復に影響を及ぼし,「八角」の造塔様式が盛行するなかでも,本仏塔の故態の一特徴と言える「方形」を堅持させたのである。これを踏まえて朝陽市域に契丹時代の方形仏塔が集中的に存在している要因について考察した。これらの仏塔はすべて旧覇州の管内に位置しており,その方形の造塔様式は,創建以来方形を維持する在地の仁寿舎利塔すなわち北塔に仏舎利塔としての典型ないし定型を見出した覇州の人々の認識が具象化したものと言えるのである。

　つぎに北塔地宮奉納の石経幢をとりあげ,ここに刻記された陀羅尼と幢座側面の浮雕に対する分析を通じて,覇州に展開した仏教のありかたの一面を具体化した。

　この石経幢に刻された各種陀羅尼のなかで,表題・記名をともに欠く『大随求陀羅尼』は契丹の訳経僧・慈賢の訳出したものであり,同じくここに刻記された『仏説金剛大摧砕延寿陀羅尼』ともども,慈賢の訳出陀羅尼が覇州において信仰の実用に供されていたことを示唆する。これらふた

つの陀羅尼を含めて慈賢の訳経はおおむね経文を伴うことなく陀羅尼単体に集中している。彼がこのような翻訳姿勢をとった背景には，仏舎利信仰の盛行にともなって各地に舎利塔が建立されるなか，そこに奉納する法舎利として適当な，この種の訳出形態をとる陀羅尼に対する志向と需要の高まりがあったと考えるのである。

　石経幢の各層の幢座側面には「八大菩薩」「過去七仏」「八大霊塔」「八王分舎利」をモチーフとする浮雕が彫出されている。このうち「過去七仏」の浮雕は，法舎利としての石経幢＝大日如来と過去七仏の相関を意識して配されたものであり，ここには慈賢訳『妙吉祥平等秘密最上観門大教王経』の所説の影響が認められる。この事実は，幢身上の『大随求陀羅尼』と『仏説金剛大摧砕延寿陀羅尼』の存在を含め，覇州の仏教信仰層において，慈賢系統の密教が積極的に受容されていたことを物語る。

　また「八大菩薩」の浮雕は，唐の不空系統の密教に対する志向を示している。さらに当該の浮雕が，大日如来そのものである石経幢に過去七仏の浮雕とともに配置されていた事実は，不空系統の密教と慈賢系統の密教が相互的に受容されていた状況を示唆するのである。

　このような不空系統と慈賢系統の密教の関係性は，遼西地域をこえて認められる。次章では，契丹の五京のひとつ中京大定府に屹立する仏塔に対する分析を通じて，このことを明らかにする。

　註
(1)　満洲国国務院文教部 [1976：285-293]，関野貞 [1936：829]，竹島卓一 [1944：203-216] など。
(2)　北塔の考古調査の結果とその発現文物については朝陽北塔考古勘察隊 [1992] と張剣波・王晶辰・董高 [1992] によって初めて報告され，のち最終報告書として『北塔』（遼寧省文物考古研究所・朝陽市北塔博物館編 [2007]）が刊行された。
(3)　主なものとしては嵩満也 [2004]，大原嘉豊 [2006]，王志華 [2009]，杜暁敏 [2009]，劉大志・王志華 [2009] などがある。
(4)　厳密に言うと北塔はやや北東にふれるかたちで立っており，各壁面は東西南北に正対していない。

第5章 契丹仏塔に見える密教的様相　　171

(5)　阿閦如来が象，阿弥陀如来が孔雀，不空成就如来が迦楼羅，宝生如来が
馬に坐すことは唐・金剛智訳『金剛頂瑜伽中略出念誦経』巻1（T.18：
227c）に説かれる。

(6)　この木塔は北魏孝文帝の祖母にあたる文明皇太后馮氏が祖先を追慕して
建立した「思燕仏図」（『魏書』巻13 文成文明皇后伝，p.329）である可能
性が指摘されている。

(7)　この石函と同時に地宮に奉納されたと思しき石経幢の第四層に「大契丹
国重熙十三年歳次甲申四月壬辰朔八日己亥午時再葬訖。像法更有七年入末
法。石匠作頭劉継克鐫。孟承裔鐫」との題記があり（『北塔』：pl.72），重熙
13年4月8日の年次が見える。なお言うまでもなく4月8日は釈迦の降誕
日である。

(8)　地宮奉納の「砌匠作頭」題記碑（『北塔』：97）には3人の砌匠作頭の記
名に続けて「僧録大師門資伝経論沙門省慈」とある。「僧録大師」は蘊珪を
指すと見てよく，省慈はその門資（門人）である。また天宮石函門板の外
面に刻された「塔下勾当邑人僧人題記」（『北塔』：pl.38）の下段末行に「管
内僧政講経沙門省章」との記名が見える。覇州の僧政（正）をつとめるこ
の省章は前述の省慈と法諱の第一字「省」を共有しており，両人は同じ師
僧につかえる法兄弟と見なせる。

(9)　天宮石函門外の磚墻上に立てられた題記碑に「延昌寺大塔下，重熙十二
年四月八日再葬舎利記」との文言が見え（『北塔』：pl.62），当時，北塔の所
在寺院が延昌寺と呼ばれていたことが分かる。

(10)　「覇州邑衆・諸官，同共斉心結縁，弟三度重修。所有宝安法師，奉随文帝
勅葬舎利，未獲。請後知委」

(11)　袁賓ほか編著『宋語言詞典』（上海教育出版社，1997年）pp.266-267によ
ると「所有」は実際の語義をもたない句首副詞として用いられる場合があり，
多く人名が後接する。「所有宝安法師」の「所有」はこれにあてはまるもの
であろう。

(12)　契丹における仏舎利信仰の盛行は，内モンゴル東部および遼寧省西部を
中心に，各地に現存する契丹時代の仏舎利塔にその一端を読み取ることが
できる。慶州釈迦仏舎利塔（内モンゴル・赤峰市バイリン右旗），中京大塔
（同市寧城県），無垢浄光舎利塔（遼寧・瀋陽市），天寧寺塔（北京市）など
はその代表的なものである。

(13)　地宮の造築においては，現在の地宮の底面に相当する地面からさらに下
方約5.3mまで一旦掘り下げていたことが判明しており，これは地宮造築前
に宝安の奉納した仏舎利を探した痕跡と推測される（『北塔』：84）。

(14)　南塔の現高は約45m，雲接寺塔は約32m，大宝塔は約16.5m。いずれも十
三層の密檐式塼塔である。青峰塔の現高は約36m。現在は十層までしか残

っていないが，元来は十三層の密檐式塼塔とされる［王光2006：121］。

⒂　安徳州は覇州の属県であった安徳県を州に昇格させて置いたもの。安徳県は統和8年（990）に龍山（鳳凰山）徒河の境戸をさいて設置した（『遼史』巻39　地理志　興中府条，p.487）。なお建州は覇州と直接の関わりをもたない。

⒃　向井は朝陽市域内に現存する契丹の方形仏塔について，北塔の修復がなされた重熙13年（1044）頃を起点として，北塔→大宝塔→雲接寺塔→青峰塔の順で造営された可能性が高いとする。南塔に関しては従来の見解である契丹末期建立説に一定の理解を示しつつも，塔の側面観（各層の逓減率）や初層の装飾に唐塔との類似性を見出し，建立年代の再検討が必要と述べる［向井佑介2006：186-188］。

⒄　地宮奉納石経幢の頂蓋の拓影は宋暁珂［2008：32］に収める。法身偈（法舎利頌）と法舎利の関係については杉本卓洲［2007：181-185］を参照。

⒅　ちなみに不空訳本では，宝思惟訳本の第五句「灌頂印呪」，第六句「結界呪」，第七句「仏心呪」，第八句「心中心呪」に相当する陀羅尼をまとめて掲げたあと，「一切諸仏・諸大菩薩・声聞，異口同音説此大随求大明王無能勝陀羅尼甲冑密言句」（T.20：622c）と言い，これらの四陀羅尼を「甲冑密言」と称している。

⒆　典型的なものが慶州釈迦仏舎利塔の天宮南室から見つかった無軸紙本の雕印陀羅尼である。筆者が2006年と2007年に所蔵先の赤峰市バイリン右旗博物館にて実見したところ，この陀羅尼は『曼殊室利菩薩呪蔵中一字呪』『六字大明陀羅尼』『菩提場荘厳陀羅尼』『法舎利真言』『浴像功徳経法舎利偈』『造塔功徳経法舎利偈』『大集経呪』『仏説般若波羅蜜多心経』『智炬如来心破地獄真言』『梵本般若波羅蜜多心経』『仏説仏頂尊勝陀羅尼経』『観音満願真言』などを合揉したものである。徳新・漢漠君・韓仁信［1994：16］に本陀羅尼の末尾部分の写真図版を載せるが，不鮮明で判読が難しい。

⒇　『般若心経』は唐代においては密教経典として認識され，明代頃に至って顕教経典として解釈されるようになった。その末尾に付された gate gate pāragate pārasaṃgate bodhi-svāhā. の陀羅尼が本経における核心であり最も重要となる［福井文雅1989：5-6；14］。

(21)　表題下の記名に「大興善寺三蔵沙門不空奉詔訳」とある（『北塔』：pl.69-70）。

(22)　前註⒆参照。「梵本般若波羅蜜多心経　大興善寺三蔵沙門不空奉詔訳」と表題および記名を掲げて経文を載せる。

(23)　名号の表記は一部異なり，『八大菩薩曼荼羅経』では「弥勒」を「慈氏」，「執金剛主」を「金剛手」，「止諸障」を「除蓋障」とするが，意味のうえでは同じである。浮雕の菩薩坐像の印相と持物は本経典の所説とほぼ一致し

ている。

⑷　阜新市富栄鎮郷貝利房村西山に塔址が現存する。

⑸　本石匣には蓋頂と匣身のほぼ全面に刻記が認められる。その刻記の録文
　　は『遼碑』：208-211に収める。以下に蓋頂面の刻記のみ移録しておく。
　　「……維清寧四年歳次戊戌年，顕州北趙太保寨白山院，建千仏舎利雑宝蔵経
　　塔一所。六月庚子朔十五甲寅日啓手，至七月己朔十五己未日未時，葬舎利
　　訖。観自在・慈氏・虚空・普賢・金剛手・曼殊室利・除蓋障・地蔵」

⑹　『新編諸宗教蔵総録』巻1（T.55：1172c-1173a）に著録。

⑺　第3章のⅣを参照。

⑻　過去七仏を説く経典としては曹魏・失訳『七仏父母姓字経』，東晋・仏陀
　　跋陀羅訳『観仏三昧海経』（巻10　念七仏品），東晋・瞿曇僧伽提婆訳『増壱
　　阿含経』（巻44　十不善品，巻48　礼三宝品），後秦・仏陀耶舎，竺仏念共訳
　　『長阿含経』（巻1　大本経），北宋・法天訳『七仏経』などがある。

⑼　咸雍8年（1072）「大遼大横帳蘭陵郡夫人建静安寺碑」（『満洲金石志』巻
　　2　pp.760-762，『上京碑刻』：299-301）。「起乎清寧八年庚子歳，成于咸雍
　　八年壬子歳。辰次一周，元功告畢。中其殿，則曼荼羅壇，泊過未（去の誤
　　り）七仏・明□（王？）・高僧之像在焉。双其楼，則修妬路蔵，泊賢聖諸
　　伝・章疏・抄記之部在焉」「静安寺碑」は赤峰市寧城県大明故城南の楡樹
　　林子郷蒙古十家子から見つかっており，このあたりが静安寺の所在地であ
　　ったようである。現在，本碑は遼中京博物館に移管され，正門そばの碑亭
　　に安置されている。ただし碑面の摩滅が激しく，判読は極めて困難である。

⑽　八大霊塔の名号とその側端の七仏の名号は次のとおり。「浄飯王宮生処
　　塔　一／南无金剛堅強消伏壊散仏　頭」「菩提樹下成仏塔　二／南无宝光月殿
　　妙尊音王仏　二」「鹿野苑中法輪塔／南无根威徳仏」「給孤独薗名称塔／南无
　　百億恒沙決定仏」「曲女城辺賽□塔／南无宝勝蔵仏」「耆闍崛山般若塔／南
　　无宝王火焔照仏」「菴羅衛林維摩塔／南无一切香花自在力王仏」「娑羅林中
　　円寂塔／八塔七仏名」　筆者の不明のため，残念ながらここに刻記された七
　　仏がいかなる経典の所説に基づくものか分からない。

⑾　「南天鉄塔」は『金剛頂経』を秘蔵していたとされる南インドの鉄塔。龍
　　猛菩薩がここで本経典を授かったという（唐・不空撰『金剛頂経大瑜伽秘
　　密心地法門義訣』巻上　T.39：808a-b）。『金剛頂経』は金剛界法の根本であ
　　り，その教主たる金剛界大日如来の象徴である。ここに大日如来と仏塔の
　　一体性が見て取れる。かかる認識に基づくものであろう，様々な仏具によ
　　って諸尊を表現する金剛界曼荼羅三昧耶会において大日如来は「五鈷杵上
　　の仏塔」で表現されている。

174

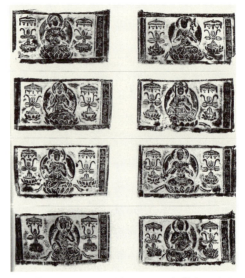

PL.17 朝陽北塔地宮石経幢 第一層上段幢座側面浮雕

PL.18 朝陽北塔地宮石経幢 第二層幢座側面浮雕

第5章　契丹仏塔に見える密教的様相　175

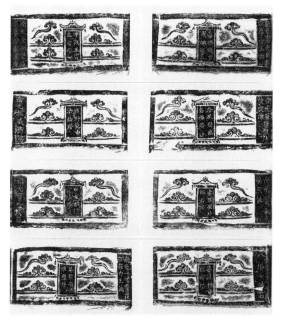

PL.19　朝陽北塔地宮石経幢　第三層幢座側面浮雕

PL.20　朝陽北塔天宮奉納経塔　第三重金筒

※　PL.17〜19→『北塔』：90-92，PL.20→『北塔』：pl.44

第6章　立体曼荼羅としての契丹仏塔

はじめに

　本章では，現存する契丹の仏塔のなかで最大の規模を誇る中京大塔（口絵4，章末の附表─⑧）を考察対象としてとりあげ，その初層壁面装飾の分析を通じて，中京と遼西地域における仏教文化上の相関を具体化するとともに，当該装飾自体のもつ意義を考えたい。

　契丹は「造塔の時代」と呼んでも過言ではないほど，仏塔の建立が盛んに行われた。当時の仏塔のなかには今もすがたをとどめるものが多く，内モンゴル自治区をはじめ，北京市，河北北部，遼寧，吉林，山西の各省，そしてモンゴル国内において確認される当該の仏塔の数は100を超えるという。現存する契丹の仏塔は大半が多角多層の密檐式塼塔である。その初層壁面には装飾（荘厳）を凝らすものが多く，仏龕を穿ち，天蓋を設け，仏・菩薩・天部・飛天・迦陵頻伽などの諸像を配置する。この傾向は遼西および内モンゴル東南部において顕著となり，とくに密教の尊格を据えるものが目立つ。中京大塔はそのなかのひとつである。このような仏塔の壁面装飾にも当時の信仰の様態や志向が明確に読み取れるのである。

　なお本章では壁面に密教の尊格を据えた仏塔を便宜的に「密教系仏塔」と総称する。

I　中京大塔の概要

　内モンゴル自治区赤峰市寧城県の県治・天義鎮の西方，ラオハ＝ムレン（老哈河）北岸の沖積平野に契丹の中京城址が存する。中京（府名は大定府）は五京のひとつに数えられ，聖宗文殊奴の統和25年（1007）に，契丹族の近族とされる奚の旧本拠地に新造された都市である。その都市プランは唐の洛陽の制度を擬したと言い，燕・薊方面（北京市とその近域）より

良工を選んで造営にあたらせた。東西4,200m, 南北3,500mの長方形を呈し，皇城・内城・外城の三重構成をとる。皇城内には祖廟と文殊奴の父母である景宗明扆と睿智皇后蕭燕燕の御容殿が置かれた（『遼史』巻39 地理志 中京大定府条，pp.481-482）。

重ねて述べてきたように，契丹の歴代皇帝は皇族・国舅族・大臣などを従えて季節ごとに特定の場所に宿営することを常態とし，国政と軍事に関わる重要事項は夏営地および冬営地において契丹・漢の両臣僚たちと議して決定された。このため中京に文殊奴以後の皇帝が常住することはなかったが，一方で北宋をはじめとする外国の使節が訪れると皇帝はここに接見し，また漢族地区の行政の一部を担当する捺鉢に随行しない官僚の駐在地として用いられるなど［李錫厚2001：81-85］，限定的ながら国家儀礼および国政の拠点としても機能していた。

この中京の外城内中央やや東寄り，内城南壁にほぼ接して屹立するのが「大塔」である。同じく外城内中央やや西南寄りに金代建立の「小塔」，外城南壁外の西に契丹時代建立の初層のみ残る「半截塔」が存し，中京城址内外には計3座の仏塔が確認される。

大塔は「大明塔」とも呼ばれる。いずれも通称であり，正式名は明らかでない。『元一統志』の記載に準じて「感聖寺塔」と呼ぶものもあるが［項春松1999：337-339］，直ちには従えない[1]。ゆえに本章では「中京大塔」で表記を統一している。

中京大塔は八角十三層の密檐式塼塔で，現高は約80m[2]，中国国内で第2位の高さを誇る巨塔である。1983年に本仏塔の修復が行われた際に第二層の塔檐上に「寿昌四年四月初八日（以下不明）」との墨書題記が見つかり［項春松1999：338］，この寿昌4年（1098）が建立の年次と考えられる。このことについては本章のⅣにおいて改めて触れる。

同じく第十二層の木椽の上には，

仏舎利塔
□□（馬歩？）指揮使銀青崇禄大夫検校司徒兼監察御□（史）

PL.21 中京小塔（左）　PL.22 中京半截塔（上）

　　　□年六月八日在此□営軍□入役永記

との墨書題記を見出せる。この題記の中行には，造塔関係者と思しき人物の官銜のみ確認され，このなかに「銀青崇禄大夫」と見える。本来これは「銀青光禄大夫」であるが，太宗堯骨の漢諱「徳光」の「光」字を避けて改めたものである［陳垣1997：117］。これより本題記は第二層塔檐のものと同じく契丹時代のものと考えてよい。この題記の人物は契丹軍制下の某軍（侍衛親軍馬歩軍か）指揮使であり，おそらく造塔に動員された彼の配下軍兵の統率・管理にあたったのであろう[3]。彼はまた検校司徒に監察御史を兼ねる高官であった。この人物の存在は，中京大塔の建立が国家の管轄下に遂行されたことを示唆するものである。

　さて，中京大塔の初層は装飾を凝らしている（章末 PL.28-35）。各壁面の中央に仏龕を穿ち，そのなかに蓮華座上に坐した主尊像（磚雕）を安置する。主尊坐像の両側に脇侍立像（磚雕）を1体ずつ据え，これら三尊の上方に天蓋と飛天を配置する。主尊坐像は南壁のみ宝冠仏，そのほかの七方壁は一般的な如来形をとる。脇侍立像は四方（東・西・南・北）壁が菩薩，四斜方（北東・北西・南東・南西）壁が力士である。各壁の両隅は二層

第6章 立体曼荼羅としての契丹仏塔　179

PL.23 錦州広済寺塔

PL.24 広済寺塔初層南壁の浮雕

塔の造形物をもって区切り，その上層に八大霊塔の名称を，下層に八大菩薩の名号を陰刻する。

　南壁主尊坐像をおさめる仏龕の左右縁上にはモンゴル文の題記を刻出し，清の咸豊4年（1854）に重修したことを記す。先述した1982年開始のものも含め，中京大塔はその建立以来，幾度か補修の手が入っている。しかしながら，とくに初層壁面の装飾に関しては，もともとの意匠を改めるような改修は施されていないと見る。

　かく判断する理由としては，まず中京大塔の初層壁面装飾の中核をなす各壁主尊坐像の像容とその配置が孤例ではなく，本仏塔と同じく契丹の後期に建立された錦州市の広済寺塔（附表―④）および北鎮市の崇興寺西塔（附表―⑤）にも認められるということ。つぎに詳細は本章のⅡ以降に論ずるが，各壁の主尊や，四方壁の脇侍菩薩立像によって表現された特定曼荼羅への関心が，同時代の石刻や文物を通じて，契丹における仏教信仰のひとつの特徴として浮かび上がるということ。これら2点より，筆者は中京大塔の初層壁面装飾を無修復の完全な原物とは断定しないまでも，良好

な状態で当時の意匠を保ち伝えるものと判断する。

　中京大塔に関する先行の報告や論考は複数存在するが[4]，尊像を中心とする初層壁面装飾の分析はまだ十分に尽くされていないため，改めて各壁の尊像の同定とその壁面における配置の分析を行い，もって当該壁面装飾の意味するところを明らかとしたい。

II　中京大塔初層壁面の尊像

（1）主尊坐像

　初層南壁（PL.28）の主尊坐像は，宝冠を被り，袈裟と僧祇支を併せまとい，左手人差し指を立て右手拳で握るいわゆる「智拳印」を結ぶ。本坐像が金剛界大日如来であることは間違いない。問題はほかの七方壁の主尊坐像である。像容は相似し，みな一様に頭部は螺髪，衣裳は南壁主尊と同じく袈裟と僧祇支を併用した如来形をとる。印相はおおむね説法印をとり，それぞれ両手の位置や角度を微妙に変えている。北西壁の主尊坐像のみ右掌を胸辺にあてている。これら七方壁の主尊坐像はいかなる尊格に同定されるのか。

　つとに鳥居龍蔵は中京大塔の初層壁面を唐・達磨栖那訳『大妙金剛大甘露軍拏利焔鬘熾盛仏頂経』（以下『大妙金剛経』と略記）の表現と捉え，南壁を除く七方壁の主尊坐像を本経典に説く仏頂輪王と断じた［鳥居龍蔵1976：417-420］。しかし『大妙金剛経』に現れる仏頂輪王は八尊あり，七方壁の主尊坐像と数が合わない[5]。また本経典によると仏頂輪王はそれぞれ持物を有するが[6]，壁面の主尊坐像は全て徒手で印を結んでいる。この2点より鳥居説には首肯し難い。

　これに対して杭侃［2002：591-592］と金申［2010：55-56］は初層の主尊坐像を慈賢の訳出した『妙吉祥平等秘密最上観門大教王経』（以下『大教王経』と略記）の所説に依拠したものと捉え，南壁以外の七方壁の主尊坐像を過去七仏[7]と見なしている。第5章のIVにも述べたように当該経典には毘盧遮那仏と過去七仏の相関を示唆する箇所がある。経典所説との対応を考えると，筆者もまた現段階ではこのように判断することが最も適当

と考える。初層各壁の主尊坐像の像容および配置が中京大塔と相似する錦
州市の広済寺塔と北鎮市の崇興寺西塔についても同様であろう。

　また正面より中京大塔の主尊坐像の同定を試みたものではないが，大原
嘉豊も同じ見解に至っている。大原は崇興寺西塔を例にとり，南壁を除く
七方壁の主尊坐像を過去七仏と見なした［大原嘉豊2006：35］。『大教王
経』には言及していないが，大原はこのように判断した理由として以下の
事例を挙げて当時における過去七仏信仰の盛行を指摘する。

　すなわち朝陽北塔の地宮に奉納された石経幢の幢座側面における過去七
仏像の彫出，皇族・耶律昌允の妻蕭氏が自家投下領（義州）に建立した静
安寺の仏殿における過去七仏像の安置，契丹時代の古刹・奉国寺の大雄殿
に据えられた過去七仏像の存在，そして慶州釈迦仏舎利塔の相輪下部覆鉢
に奉納された七仏法舎利塔の存在である[8]。

　いま上に加えてさらにひとつの事例を提示しておく。これは1972年に遼
寧省興城市の白塔峪塔（附表―⑦）付近の古井より見つかった大安8年
（1092）記「興城県覚花島海雲寺舎利塔碑誌銘」（『遼碑』：36）に確認され
る。本碑には次のように見える。

　　覚花島海雲寺空通山悟寂院，舎利塔を創建す。地宮内に，八角石蔵を
　　安置し，上に幷べて諸雑陀羅尼，造塔功徳経，九聖・八明王・八塔の
　　各名及び偈，一百二十賢聖・五仏・七仏の名号を鐫りたり[9]。

　覚花島は興城市の東南，遼東湾にうかぶ現在の菊花島を指し，契丹の頃
は巌州と号した。海雲寺は本島に存した名刹である。数多の章疏をものし，
また興宗只骨より深く帰依された契丹を代表する学僧の思孝の住寺として
知られる[10]。悟寂院に建立した舎利塔は現在の白塔峪塔を指すと見てよい。
つまり悟寂院の寺域は白塔峪塔の在所にあり，本院は海を隔てて大陸側に
置かれた海雲寺の分院であったことが分かる。

　注目すべきは白塔峪塔（悟寂院舎利塔）の地宮に奉納された八角形の石
蔵（石函）である。その頂面に刻した九聖以下諸尊の名号のなかに「五

仏」と「七仏」が認められる。まず「五仏」については，一般的に金剛界五仏と胎蔵五仏の両種が知られている。この石蔵に刻名された「五仏」は，その安置母体である白塔峪塔そのものが，初層四方壁の中央仏龕に金剛界四仏（阿閦，宝生，阿弥陀，不空成就）坐像を据えて金剛界法（『金剛頂経』系密教）への志向を表明することを踏まえ，当該四仏に大日如来を加えた金剛界五仏と見るべきであろう。つぎに「七仏」に関して，如来七尊の組み合わせには薬師七仏[11]などもあり，必ずしも過去七仏に限定されるわけではない。しかしながら，朝陽北塔石経幢の幢座側面浮雕をはじめとする諸事例に裏付けられた，当時の遼西地域を中心に認められる過去七仏信仰の盛行を踏まえるとき，同じく遼西に位置する白塔峪塔の奉納石蔵に刻名されたこの「七仏」は過去七仏である蓋然性が最も高い。

　金剛界五仏のうち阿閦・阿弥陀・宝生・不空成就の四仏は，大日如来の総徳を分かちもち，そこから流出したものであるので，大日如来の同体として解釈される［中村元ほか2002：340］。つまり金剛界五仏は金剛界大日如来そのものでもある。白塔峪塔の奉納石蔵頂面に刻名された金剛界五仏を同様に解釈するとき，この金剛界五仏と過去七仏の名号の併刻という行為の背後に認めるべきは，やはり毘盧遮那仏と過去七仏の相関を示唆する『大教王経』の所説の影響であろう[12]。ここにも慈賢の訳経の受容が見て取れるのである。

　さて，中京大塔の初層七方壁の主尊坐像が過去七仏であるとして，それぞれどの尊格に同定されるのだろうか。そもそも過去七仏は密教尊のように特徴的な印相が設定されているわけではなく，尊格判断の材料に乏しい。「観仏」を説く東晋・仏陀跋陀羅訳『観仏三昧海経』（T.15：No.643）巻10 念七仏品には過去七仏の身容に関わる記述があるが，ここには各尊の身長や身光に言及するのみで，現実の造像において反映し得る特徴は見出せない。過去七仏を説く経典は上記のほかにも数種類が存在する[13]。このいずれにも造像に活かせる身容は説かれていない。このような事情によってか，中国における過去七仏の作例[14]においては，一般的な如来形をとり，ガンダーラ仏教美術の仏尊像にその祖形を見出す施無畏・与願印や説法印

などを結び，個々にあるいはグループとして[15]，おおむね類似した像容を呈している。この点は本節冒頭にも述べたように中京大塔七方壁の主尊坐像も同様である（この事実も当該七仏像を過去七仏と判断するひとつの材料となりえよう）。

　そこで，いまは像容に基づく同定を諦め，過去七仏のもつ特徴的性格に目を転じたい。周知の如く過去七仏には「劫 *skt. kalpa*」を時間単位として出現の時期がそれぞれ定められている。これについては過去七仏を説く経典の多くに明記される。そのなかで最も具体性を帯びる北宋・法天訳『七仏経』によると，時間的に最も遠い過去荘厳劫第九十一劫に毘婆尸仏，ついで同第三十一劫に尸棄仏と毘舎浮仏，現在賢劫第六劫に拘留孫仏，同第七劫に拘那含牟尼仏，同第八劫に迦葉仏，そして時間的に最も近い同第九劫に釈迦牟尼仏がそれぞれ出現したという（T.1：150a）。経典によって表現に若干の差異はあるが各仏の出現順は全て一致する。

　このように過去七仏には出現時期の設定を通じて明確な時間の概念が付与されていた。この特徴的性格は造像においても意識されている。造形化された過去七仏が，その配置空間（礼拝空間）に時間の流れを演出する場合があることは，つとに村松哲文［1995］の論証されたところである。このことを念頭において，改めて中京大塔初層の壁面装飾をながめてみよう。

　初層各壁が二層塔の造形物で区切られていることはすでに述べた。その上層には釈迦の生涯を象徴的に表現した八大霊塔が刻名されている（PL.25 A〜H上段）。いまその刻名位置に注目すると，釈迦の誕生を示す「浄飯王宮生処塔」が南壁の東隅に，同じく示寂を表す「娑羅林中円寂塔」が東壁の南隅に配されている。霊塔刻名をもって初層壁面に表現された釈迦の生涯において，その時間の経過が，南壁東隅から右まわりに設定されていたことが分かる。このような時間の流れは「右遶」を原則とする仏塔の礼拝様式に則したものと思われる。契丹では実際に仏塔の右遶礼拝が行われていたことも確認される[16]。中京大塔の参拝者は，初層南壁の大日如来坐像——これが本尊格であることは疑いをいれない——をまず礼拝し，ついで右回りに本仏塔を巡り，八大霊塔の刻名に釈迦の生涯を追いつつ彼

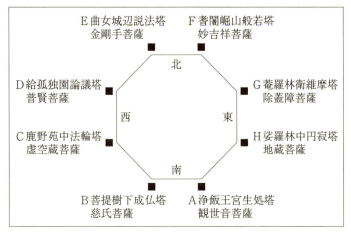

PL.25 中京大塔初層 二層塔刻名（上層：八大霊塔名，下層：八大菩薩名）

に思いを馳せたであろう。ちなみに八大霊塔の造形は遼西地域を中心に現存する契丹時代の仏塔に多く認められる（第5章のⅣ参照）。

　上の如く中京大塔初層壁面には時間の概念が与えられ，その流れが南壁を起点として右まわりに存在していたことが確認された。これに沿って七方壁の主尊坐像の同定を試みると，南壁の大日如来坐像の西隣つまり南西壁の主尊坐像が最も出現時期の早い毘婆尸仏，ついで西壁が尸棄仏，北西壁が毘舎浮仏，北壁が拘留孫仏，北東壁が拘那含牟尼仏，東壁が迦葉仏，そして南東壁が最も出現時期の遅い釈迦牟尼仏と考えられるのである。

（2）脇侍立像

　初層四方壁には中央の如来坐像の左右に菩薩立像を配置する。これらの菩薩立像が，唐・不空訳『八大菩薩曼荼羅経』（T.20：No.1167，以下『曼荼羅経』と略記）に説く八大菩薩，すなわち本経典における登場（列挙）順に，観音・慈氏（弥勒）・虚空蔵・普賢・金剛手・文殊（妙吉祥）・除蓋障・地蔵の各菩薩を表現したものであることは，各壁両隅の二層塔の下層における菩薩刻名（PL.25 A～H下段）より推量され，すでに神尾弌春［1982：69-70］や杭侃［2002：587-590］などが指摘している。契丹後期には八大菩薩とその所説経典『曼荼羅経』に対する関心の高まりが認めら

れ，とりわけ遼西地域にその痕跡を顕著に見出すことができることは第5章のⅣに述べたとおりである。

初層四方壁の菩薩立像が八大菩薩であるとして，つぎに各立像の同定が必要となる。ここではまず二層塔下層の菩薩刻名とこの側傍に位置する菩薩立像の関係を明確にしておかねばならない。具体的に言うと，たとえば初層南壁（PL.28）東隅の二層塔下層の刻名「観世音菩薩」が，そのすぐ西側（大日如来坐像の東側）に据えられた左手に蓮華を持つ菩薩立像の名称であるのか，ということである。この点について神尾弌春と杭侃は言及せず，竹島卓一［1944：189］は双方の一致を推定する。ところが双方が一致するものと考えると，初層四方壁の各菩薩立像の位置と像容が，『曼荼羅経』所説の八大菩薩曼荼羅における各菩薩の位置および身容と対応しないのである。

PL.26は『曼荼羅経』に説く八大菩薩曼荼羅を俯瞰視点より略図化したものである[07]。本図においては下方が中尊如来の視線の向く方向すなわち正面にあたる。斜め方向を含めて如来の前方に位置する菩薩は，文殊と除蓋障そして地蔵である。この配置に留意しつつ今度はPL.25 A〜H下段に示した二層塔の下層における菩薩刻名に目を向けよう。大日如来坐像を据える南壁が正面にあたることは自明である。当該壁面両隅の菩薩刻名は，東隅が「観世音菩薩」，西隅が「慈氏菩薩」である。大日如来坐像の東側の菩薩立像を観音，同じく西側の菩薩立像を慈氏と見なす場合，これは明らかに八大菩薩曼荼羅の菩薩位置とくいちがうことになる。

慈氏菩薩	虚空蔵菩薩	普賢菩薩
観自在菩薩	如来	金剛手菩薩
地蔵菩薩	除蓋障菩薩	文殊菩薩

前　方

PL.26『八大菩薩曼荼羅経』所説 八大菩薩曼荼羅

つぎに菩薩立像の像容について見てみよう。『曼荼羅経』の所説に従うと，八大菩薩には持物や印相そして頭冠の形状をもって次のような身容が設定されている。

- 観音……　左手）蓮華を持つ
　　　　　　右手）与願印
　　　　　　頭部）宝冠中に無量寿如来

- 慈氏……　左手）軍持を持つ
　　　　　　右手）施無畏印
　　　　　　頭部）宝冠中に仏塔

- 虚空蔵…　左手）宝を心上に持つ
　　　　　　右手）与願印

- 普賢……　左手）与願印
　　　　　　右手）利剣を持つ

- 金剛手…　左手）股辺に置く
　　　　　　右手）金剛杵を持つ
　　　　　　頭部）五仏宝冠

- 文殊……　左手）青蓮花を持つ
　　　　　　右手）与願印
　　　　　　頭部）五髻童子形

- 除蓋障…　左手）如意幢を持つ
　　　　　　右手）与願印

・地蔵……　左手）鉢を臍下に持つ
　　　　　　　　右手）掌を覆い被せる如く下に向ける

　これによると，観音は左手に蓮華を持ち，右手は与願印，頭部には無量
寿如来の化仏を頂く宝冠を被り，慈氏は左手に軍持（水瓶），右手は施無
畏印，頭部には仏塔を頂く宝冠を被るという。これに対して大日如来坐像
の東側の菩薩立像は，左手に蓮華を持ち，右手は与願印をとるが，宝冠を
被らない。よく見ると，本立像の頭頂部には複数の宝髻が表現されている
ことが分かる。同じく西側の菩薩立像は，左手に軍持ではなく幢を持ち，
右手は施無畏印ではなく与願印をとる。像容において大日如来坐像両側の
菩薩立像が観音と慈氏に相当しないことは明白であろう。
　上より二層塔下層の菩薩刻名とその側傍の菩薩立像の不一致が確認され
た。そこでいま菩薩刻名はひとまず無視し，各菩薩立像の像容のみに目を
向け，『曼荼羅経』に説く八大菩薩の身容と対照させて各々の同定を試み
る。
　まず先ほどより例として挙げている南壁の大日如来坐像両側の菩薩立像
から始めよう。東側の立像は，左手の持物と右手の印相が観音のそれと類
似するが，頭頂部に表現された複数の宝髻から「五髻童子形」をとる文殊
（妙吉祥）であることが分かる。西側の立像は左手に幢（如意幢）を持ち，
右手は与願印をとることから除蓋障と見て間違いない。
　つぎに初層東壁（PL.34）の北側の立像は，左手が与願印，右手は利剣
を握り，これは普賢に当てはまる。南側の立像は，左手が与願印をとり，
その手の位置は同じく与願印をとる普賢の左手の位置よりもやや低い。こ
れは本立像が左手を股辺に置いていることを表現したものであろう。右手
は金剛杵を握り，本立像が金剛手菩薩であることを知らしめる。
　初層北壁（PL.32）の西側の立像は，左手に軍持をもち，右手は施無畏
印をとり，これは慈氏と判断できる。東側の立像は，左手を胸のあたりま
であげて掌上に何かをのせ，右手は与願印をとる。そのしぐさより本立像
は虚空蔵と見なせる。

最後に初層西壁（PL.30）である。南側の立像は左手で鉢を持ち，右手でそれを覆っている。本立像は明らかに地蔵である。北側の立像は左手に蓮華を持ち，右手は与願印をとることから観音と判断できる。

このようにして同定された各菩薩立像の位置を図化したものがPL.27である。本図を見ると正面にあたる南壁に文殊と除蓋障が配されている。四方各壁に二菩薩ずつを配置するという構成上，地蔵が西壁の南側にずれることはやむをえないが，総体として各菩薩立像の位置はPL.26における各菩薩の位置と対応していることが分かる。すなわち初層四方壁の菩薩立像は明らかに『曼荼羅経』所説の八大菩薩曼荼羅を表現したものと判断できる。このことは各壁両隅の二層塔下層の菩薩刻名によってではなく，各菩薩立像の像容の分析によって初めて明確となるのである。

菩薩刻名と菩薩立像の位置に「ずれ」が生じた理由は定かでない。おそらくは二層塔の刻字工（またはこれに指示を出す者）が，『曼荼羅経』所説の八大菩薩曼荼羅における各菩薩の位置に意を払わず，本経典における八大菩薩の登場順にその名号を南壁東隅より右まわりで彫り進めたことに起因するものであろう。

なお杭侃［2002：592-593］は大塔壁面における八大菩薩の設置にも『大教王経』が関係していることを述べる。杭侃が注目したのは本経典の巻2と巻4に見える水壇と粉壇の両曼荼羅に関する所説である。巻2では地に浄水で曼荼羅を描いてそこに散華し，一華を散ずるごとに五仏・四波羅蜜・八菩薩それぞれの種字を順番に観想すべきことを説く[18]。巻4では土壇に色粉で曼荼羅を描き，この曼荼羅の中央に仏舎利塔，その四方に四仏（東：釈迦牟尼，南：毘盧遮那，西：無量寿，北：阿閦），その外周に八菩薩，四天女，四天王，四天，八大龍王などを順に粉布していくことを説く[19]。

たしかにどちらの曼荼羅にも八菩薩のすがたが見えているのであるが，これらの菩薩は大塔壁面の八大菩薩（『曼荼羅経』所説の八大菩薩）と完全には一致しない。すなわち巻2に認められる八菩薩は「観自在」「金剛手」「虚空蔵」「大悲」「地蔵」「普賢」「妙吉祥」「弥勒」であり，巻4のそれは

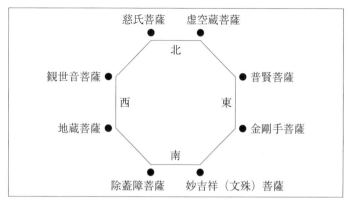

PL.27 中京大塔初層 八大菩薩立像配置

「観自在」「妙吉祥」「金剛手」「虚空蔵」「大悲」「地蔵」「金剛薩埵」「弥勒」である。両巻ともに「大悲」が「除蓋障」の代わりに入っている。巻4の「金剛薩埵」は普賢菩薩の同体異名［中村元ほか2002：350］とされるため，それほど問題はないが，「大悲」はこの言葉自体が観音菩薩の特性を表すため[20]，一般的には当該菩薩を指すことが多く，「除蓋障」の同体異名とは見なせないように思える。くわえて両巻の八菩薩の列挙順は互いに異なるうえ，大塔壁面の八大菩薩の列挙順とも一致しない。

　これらのことより大塔壁面上の八大菩薩の配置は『大教王経』の上記所説そのものを忠実になぞったものとは言えない。しかしながら同塔壁面の主尊の配置に『大教王経』の影響が認められる以上，同様に本経典を参照し，そこに説かれた水壇・粉壇の両曼荼羅における菩薩八尊を，当時流行した『曼荼羅経』所説の八大菩薩曼荼羅に置換して，これを壁面に配置した可能性はあるだろう。そうであるならば，大塔の四斜方壁に据えた主尊坐像両側の力士立像8体も『大教王経』巻4の粉壇曼荼羅に粉布された四天王と四天[21]に典拠を得たものかもしれない。

Ⅲ　契丹の過去七仏と八大菩薩曼荼羅

　中京大塔は第十二層の墨書題記が示すとおり，釈迦の舎利を納める「仏

舎利塔」である。その初層七方壁に釈迦牟尼仏に至るブッダの系譜すなわち過去七仏の坐像を据え，各壁両隅の二層塔上層に釈迦の生涯を象徴的に表現する八大霊塔を刻名したことは，ひとつにはこの点を意識したものと言える。一方で，南壁には壁面諸尊像の本尊格として金剛界大日如来を配置する。大日如来と仏塔の一体性についてはすでに述べたところである[22]。中京大塔は釈迦の表現であるとともに金剛界大日如来の表現であった。ここに見出せる両尊格の相即には，契丹時代の教学の主流を担い，当時の密教にも強く影響を与えた華厳における仏の三身観（法身・毘盧遮那仏，報身・盧舎那仏，応〔化〕身・釈迦牟尼仏）の存在を根底に認めるべきであろう[23]。

　中京大塔を含めて章末の附表に提示した契丹の密教系仏塔は，そのほとんどが金剛界尊格を壁面に配置する。ここにうかがえる金剛界法への志向は，道殿『顕密円通成仏心要集』や覚苑『大日経義釈演密鈔』など当時の教学典籍にも見出せ［松永有見1930：5-9］，契丹における密教信仰の傾向であったことを知らしめる。

　すでに考察したとおり，中京大塔上の過去七仏坐像は出現時期の早い順に南西壁より右回りに配置され，南壁には大日如来の坐像を据える。大日如来（毘盧遮那仏）は「所有一切の如来」[24]，すなわち過去・現在・未来における全ての仏そのものとして捉えられる存在であり，南壁の大日如来坐像は他七壁の過去七仏坐像によって表現されたブッダの系譜の起点にして帰結点であることを主張しているようにも見える。これはともかく，大塔壁面における大日如来と過去七仏の並置には，明らかに両尊格の相関が意識されている。かかる意識を直接的に生み出したものが『大教王経』の所説であったことは間違いなかろう。ただし当時の契丹社会においては，前段に述べたとおり金剛界法への志向が存在し，また静安寺と奉国寺における過去七仏像の安置や慶州釈迦仏舎利塔における七仏法舎利塔の奉納の事実が示すように，過去七仏そのものについての関心も認められる。『大教王経』はこのような個別的信仰のうえに受容されたものと考えるべきであろう。

第6章　立体曼荼羅としての契丹仏塔　　191

　ここで契丹当時の過去七仏信仰の特徴についてながめたい。まず念頭に
置いておくべきことが，北朝時代のものを中心に現存する過去七仏の作例
の多くに未来仏である弥勒が並置されている事実である［村松哲文1995］。
これは過去七仏を説く『増壱阿含経』（巻48 礼三宝品）や『観仏三昧海経』
（巻10 念七仏品）において，弥勒が過去七仏を継ぐ存在として言及される
ことに関わる。村松の説に基づくと，過去七仏像と弥勒像の並置が意図す
るところは，その配置空間（礼拝空間）に「過去」（荘厳劫三仏），「現在」
（賢劫四仏），「未来」（弥勒）の仏法の流れを表現することにあり，さらに
これと絡んで，弥勒を本尊とする場合には，相対化される尊格（過去七
仏）によって弥勒を仏法の流れのなかに位置付けることにあったとされる。
　一方，契丹に目を戻すと，この当時の過去七仏の作例には弥勒の並置は
確認されない。奉国寺大雄殿の過去七仏像しかり，慶州釈迦仏舎利塔奉納
の七仏法舎利塔しかり，石刻史料上に認められる静安寺仏殿の過去七仏像
もまたしかり。中京大塔・広済寺塔・崇興寺西塔の初層壁面や朝陽北塔地
宮奉納石経幢の幢座側面における過去七仏像も同じである。この点，大原
嘉豊［2006：35］が指摘するとおり，契丹における過去七仏の作例には北
朝以来の造形伝統との断絶がたしかに存在する。
　契丹においては唯識教学の盛行と相まって兜率往生への関心は低くない
が[29]，北朝の如く弥勒を本尊とする造像が目立つこともなく，弥勒信仰の
総体的な高調は確認されない。このことは弥勒を伴わない過去七仏の作例
を現出せしめた背景としておさえておくべきである。これに関わって過去
七仏そのものに対する関心の高まりも見出す必要があろう。過去七仏が弥
勒の相対的尊格——極言すれば付随的尊格——としての立場をはなれ，一
個の帰依対象として強く認識され，そのもたらす功能に人々のまなざしが
向けられていたことをうかがわせるのである。
　つとに宮坂宥勝［1970］が論証した如く，過去七仏は雑密経典に取り込
まれ，密教の流れのなかで継承されている。宮坂はパーリー聖典の
Ātānātiya-Suttanta（阿吒曩胝経，漢訳失）をとりあげ，rakkhā（護経＝攘
災呪）として位置付けられた，過去七仏帰依文を骨子とする本経が，雑密

経典の『孔雀経』系統に受容され，さらに，これら『孔雀経』の影響下に
成立した北宋・施護訳『守護大千国土経』に受け継がれたことを述べる。

　ここで注目されるのが，宮坂も指摘する如く『守護大千国土経』には過
去七仏の威神力による「攘災」が明言されることである。もちろん北宋に
訳出されたこの経典が契丹において浸透していたと断ずることはできな
い[26]。しかしながら『守護大千国土経』に先行して成立した『孔雀経』系
統の経典のひとつにして，契丹時代の版本[27]も確認される唐・不空訳『仏
母大孔雀明王経』巻上に，

　　是等の諸世尊（＝過去七仏），みな大威徳を具え，諸天は供養を広め，
　　みな敬信の心を生じ，一切の諸鬼神，みな歓喜の念を生じ，我をして
　　常に安穏たらしめ，衰厄より遠離せしむるなり[28]。

と説くことから明らかなように，過去七仏の攘災功能は，『守護大千国土
経』の所説として北宋治下に独り現れたものではなく，伝統的認識として
継承されたものである。『守護大千国土経』における過去七仏の攘災功能
への明言は，Āṭānāṭiya-Suttanta から『孔雀経』系統に受け継がれた過去
七仏に対する見方を再確認したものと言える。

　契丹の弥勒を伴わない過去七仏信仰は，毘婆尸仏から釈迦牟尼仏に至る
「過去（荘厳劫）」から「現在（賢劫）」までのブッダとその系譜に対する尊
崇であるとともに，七仏自身がもたらす功能として雑密経典の所説に裏付
けられたこの「攘災」を強く意識したものと判断できる。過去七仏を信奉
する当時の人々の視線は，弥勒の出現する遥か未来世ではなく，過去から
連なるいま現在にこそ強く注がれていたと考えてよかろう。

　ちなみに現実世界における利益の顕現をもって現世への志向を表明する
点では，八大菩薩曼荼羅もまた同様である。『曼荼羅経』によると，八大
菩薩曼荼羅は如来が補怛落伽山の聖観音菩薩の宮殿において宝蔵月光菩薩
に説いたものである。本曼荼羅の密言をわずかでも聞けば長寿の楽しみを
得ることができ，本曼荼羅を法に依って建てればあらゆる悪逆がみな消滅

第6章　立体曼荼羅としての契丹仏塔　　193

し，求めるところの全ての利益と願望が悉く成就するという[29]。

　ここで八大菩薩曼荼羅の中尊についても触れておく。そもそも『曼荼羅経』はその曼荼羅の中尊を「如来真金色身，三十二相坐蓮華台」と記すのみで尊格名を明記しないこともあり，インド以来の中尊を含む八大菩薩の作例においてはその中尊が固定されていない。たとえばインドのオリッサ州ラトナギリ第一僧院内庭に安置される八大菩薩像浮雕[30]やスタインが蒐集した吐蕃期敦煌の八大菩薩図像[31]は胎蔵大日如来を中尊としている。一方，安西楡林窟の第25窟主室東壁に描かれた同じく吐蕃期の八大菩薩曼荼羅経変[32]は盧舎那仏を中尊とする。高麗の八大菩薩図像においては阿弥陀如来を中尊に据えるものが確認される［鄭于澤1994］。

　目を漢訳経典に転ずると，仏頂尊勝陀羅尼の念誦法を説いたもののなかに，唐・不空訳『仏頂尊勝陀羅尼念誦儀軌法』（T.19：No.972）がある。本儀軌によると，その修法の一部として，仏頂尊の画像を東壁に掛けた浄室中に，縄をもってPL.26と同じ八大菩薩曼荼羅を構築し，その中央に「毘盧遮那仏の位を安ず」るという。本儀軌は不空の訳出とされるが唐の中・後期に補修された疑いのある典籍で，その修法は胎蔵法（『大日経』系統）に依るという［長部和雄1990：28］。7世紀後半に仏陀波利や杜行顗などが訳出して以来，貴賤僧俗を問わず盛んに信奉された仏頂尊勝陀羅尼。その念誦法に八大菩薩曼荼羅が登場し，しかもその中尊を「毘盧遮那仏」と明示する。その修法の軸は胎蔵法であるから，中尊の毘盧遮那仏は胎蔵大日如来を意識していたと見てよい。遅くとも唐代後期には，前掲のオリッサや吐蕃期敦煌の作例に見出せる，胎蔵大日如来を八大菩薩曼荼羅の中尊とする認識が確立していたようである。

　契丹における八大菩薩曼荼羅の作例としては朝陽北塔の天宮に奉納された三重経塔の第三重金筒（第5章PL.20）上のものを挙げることができる。この金筒の表面に金剛界大日如来と八大菩薩の坐像が線刻されていることは何度も述べた。本筒を平面に展開すると金剛界大日如来を中心として，その周囲八方位に八大菩薩が位置することに気付く。この線刻菩薩像の像容を『曼荼羅経』に説く八大菩薩の身容と対比させてそれぞれを同定し，

その位置を PL.26 と照らし合わせると，双方は完全に一致するのである。
この作例は，契丹に顕著となる金剛界法への志向のもとに，当時の八大菩
薩曼荼羅における中尊の認識が，先行する胎蔵大日如来から金剛界大日如
来へと推移したことを可視的に知らしめるものと言える。かように推移し
た中尊に対する認識が金剛界大日如来の表現である中京大塔における八大
菩薩曼荼羅の配置を裏付けたのである。

Ⅳ　中京大塔初層壁面の語るもの——結びにかえて——

　杭侃［2002：593-594］は中京大塔の建立時期を，1983年の修復時に第
二層の塔檐上に見つかった墨書題記に依拠して道宗査刺の寿昌4年
（1098）と考える。たしかに杭侃がその理由のひとつとして挙げるとおり，
聖宗文殊奴の時期に中京に赴いた北宋使者の行程録[33]には大塔について全
く言及しておらず，この時期に本仏塔が存在していなかったことはほぼ確
実と言える。これにくわえて査刺の治下の寿昌年間以前に中京に入った北
宋使者の行程録[34]にも大塔の存在が語られていないことは，本仏塔の創建
を寿昌4年とする見解を後押しするものであり，これより著者も杭侃の説
に賛同する。

　このことを踏まえたうえで，中京大塔の主尊坐像の像容と配置が錦州市
の広済寺塔および北鎮市の崇興寺西塔のそれと相似することに注目したい。
広済寺塔は査刺の清寧3年（1057）に建立されたものである[35]。一方の崇
興寺西塔の建立時期も広済寺塔のそれと相前後すると考えられているから
［竹島卓一1944：253-255］，重熙末から清寧のあいだであろう。中京大
塔・広済寺塔・崇興寺西塔は，その初層壁面に『大教王経』に相関の示さ
れた大日如来（毘盧遮那仏）と過去七仏を主尊として設定する，同一系統
の仏塔である。広済寺塔・崇興寺西塔と中京大塔の相違としては，前者の
両塔が各壁主尊の両側に脇侍として全て菩薩立像を据えること，そして八
大霊塔の造形や名号を配置しないことである。両塔の脇侍菩薩立像（各16
体）は一部に中京大塔のものと同様の像容を呈するが，当然ながら『曼荼
羅経』に説く八大菩薩とは数が合わず，これを表現したものとは言えない。

『大教王経』にも管見の限り適当な菩薩十六尊の組み合わせは確認されない。あるいは金剛界曼荼羅において阿閦・宝生・阿弥陀・不空成就それぞれの如来の四方を囲む合計16の菩薩，いわゆる「十六大菩薩」との見方もあるだろうが，肝心の金剛界四仏そのものが壁面に配されていないため，いささか説得力に欠ける嫌いがある。現段階では伝統的な「一仏二菩薩」の配置法に則った汎用的荘厳と見ることが最も妥当ではないだろうか。

　中京大塔の初層壁面には広済寺塔と崇興寺西塔に据えない八大菩薩曼荼羅と八大霊塔を配置しており，この両塔に比べて装飾の内容と表意が重層化している。三塔の建立時期の前後関係に注意を払うとき，ここに造形上の発展を認めることができよう。すなわち中京大塔の初層壁面装飾は，広済寺塔と崇興寺西塔の様式を下敷きに成立したものと考えられるのである。

　そもそも中京と遼西地域はもともと不可分の関係にあった。すでに高井康典行が詳論したとおり，中京大定府の設置後，少なくとも重熙年間（1032-55）頃まで，本京と遼西地域はひとまとまりの地域として国家に扱われていた。これは設置当初の中京の経済が開発の先行した遼西地域に依存していたことと深く関わる［高井康典行2007］。契丹の中期に新造された中京にとって，鮮卑系の前燕が4世紀に都を定めてより大凌河流域の一大拠点都市として機能し続けた朝陽とここを中心とする遼西地域は，まさしく依拠すべき先進地帯であった。

　仏教もまた例外ではない。遼西地域は伝統的に仏教信仰の盛んな場所であり，前燕君主の慕容皝が龍城（朝陽市）東の山上に建立した龍翔仏寺[36]や，北魏・孝文帝の祖母の馮太后が祖先を追慕して同じく龍城に建立した思燕仏図[37]をはじめとして，寺院・仏塔の存在を史料上に少なからず見出すことができる。北魏時代に開窟された錦州市義県の万仏洞のようにその余韻をいまに伝える遺跡も確認される。また第2章のⅡに述べたように，契丹においては経・律・論の三学を修める三学寺が興中府（朝陽市）の西に置かれ，さらに当時を代表する華厳学僧の道㲀や鮮演が本府内もしくはその近郊の寺院に止住するなど，とくに朝陽市一帯は仏教学研究の中心でもあった。

中京大塔の壁面主尊坐像の像容と配置に認められる広済寺塔および崇興寺西塔との相似は，遼西地域から中京に仏塔の荘厳様式が伝達されたこと，さらにすすめてこの中京の仏教信仰が遼西地域との密接な関わりのなかで形成されたことを物語っている。

　現在の史資料の状況から中京大塔・広済寺塔・崇興寺西塔の壁面装飾のみなもとを求めると，行き着くのは朝陽北塔の地宮奉納石経幢である。第５章のⅣにおいてとりあげたように，本石経幢の第一層幢身下部の上段幢座側面には「八大菩薩」，第二層幢身下部の幢座側面には「過去七仏」，そして第三層幢身下部の幢座側面には「八大霊塔」をモチーフとする浮雕が認められる。初層四方壁に金剛界四仏坐像を彫出する朝陽北塔とここに奉納された石経幢は金剛界大日如来のあらわれである。この石経幢の幢座側面における上記モチーフの浮雕の配置は，三塔，とくに中京大塔の初層壁面において忠実になぞられている。つまり中京大塔の初層壁面装飾はこの石経幢の意匠をより大規模に再現したものと言える。朝陽北塔においては奉納石経幢の幢座浮雕という人目につかない「内的荘厳」として表現された，大日如来と過去七仏，八大菩薩曼荼羅，そして八大霊塔それぞれに対する志向が，広済寺塔と崇興寺西塔を経て，中京大塔に至り，仏塔壁面装飾という衆人可視の「外的荘厳」へと全面的に展開したのである。

　このような内的荘厳から外的荘厳への展開が道宗査剌の時代に現れたことは興味深い。広済寺塔は，その内部に皇太后の下賜した仏舎利を奉納したというから，査剌政権の主導下に建立されたものである可能性が高い。崇興寺西塔については判断材料が乏しいためひとまず措くが，中京大塔については，高さ約80mの極めて巨大な仏塔を造りあげるためには莫大な費用と労働力が必要となること，その所在地である中京が限定的ながら契丹後期において国家儀礼および国政の拠点としても機能していたこと，さらに第十二層の木橡上に政府高官の関与を示す「□□指揮使銀青崇禄大夫検校司徒兼監察御□」との墨書題記が確認されることなどを踏まえると，その建立もまた政権のもとで行われたと見てよい。とすれば，これらの仏塔の壁面における各モチーフの配置には，査剌政権の意向が反映されてい

たと考えることが自然である。

　上記を踏まえて，中京大塔の壁面モチーフを眺めると，ここにふたつの事柄を読み取ることができる。ひとつは各モチーフのもたらす功能に対する査剌政権の強い希求と期待である。過去七仏は「攘災」，八大菩薩曼荼羅は「延寿」「滅罪」など，そして八大霊塔は「延寿」「智慧増長」など[38]，いずれも現実世界における利益の顕現に関わっている。とくに国家運営を担う者の立場から見ると，「攘災」「延寿」あたりが最も重視された功能であったことが推測される。

　いまひとつは，慈賢系統の密教と不空系統の密教の双方に対する査剌政権の意識である。各壁主尊と脇侍のモチーフに読み取れる，過去七仏と大日如来および八大菩薩曼荼羅への志向は，慈賢の訳経所説と不空の訳経所説の相互的な受容を示唆する。これが壁面装飾すなわち外的荘厳として衆人に可視化されたことは，当時の密教が密教行者のみならず僧俗一般に開放されていた社会状況（第4章参照）と明らかにリンクする。査剌政権は大塔の初層壁面を情報媒体として，両系統の密教の社会的な認知と広まりを意識していた。慈賢系統と不空系統の密教の双方を称揚することによって，査剌政権の志向する仏教が，唐代仏教の単純な模倣にとどまらないことを表明したのである。さらに考えを進めるならば，このことは，契丹が唐の後継国家にとどまらず，これを超越した存在であることを主張したものと捉えることもできよう。

註

(1)　『元一統志』巻2　大寧路古蹟条「感聖寺，在大定府豊宝坊。有仏舎利塔，遼統和四年建」（p.211）　本記事中の感聖寺の仏舎利塔を中京大塔と見なしたようであるが，本仏塔の建立された統和4年（986）には，まだ中京は造営されていない。本記事には紀年の疑問や豊宝坊の位置比定など解決すべき問題がある。

(2)　中京大塔の現高は先行報告によってばらつきがある。国家文物局［2003：209-210］によると81.14mあるという。

(3)　契丹においては仏塔建立事業に軍隊を動員する場合があった。その実例は慶州釈迦仏舎利塔の建立に確認される。第1章のⅣの（1）および古松

崇志 [2006A：146] を参照。

⑷　主要なものとしては，鳥居龍蔵 [1936：pl.308-317]，鳥居龍蔵 [1976：417-420]，竹島卓一 [1944：183-190]，神尾弍春 [1982：65-66]，姜懐英・楊玉柱・于庚寅 [1985]，内蒙古文物考古研究所・寧城県博物館 [1991]，項春松 [1999：337-339；400]，杭侃 [2002]，王光 [2006：218-223] などがある。

⑸　『大妙金剛経』の所説では，如来が八方に八色輪を現し，各々の輪中に光聚仏頂輪王・一切仏頂輪王・白繖蓋仏頂輪王・勝頂輪王・一切蓋障仏頂輪王・黄色仏頂輪王・一字最勝頂輪王・無辺音声仏頂輪王の計8尊を顕現させる（T.19：339c-340a）。

⑹　たとえば白繖蓋仏頂輪王は白傘，一字最勝頂輪王は八輻の金剛輪を持物とする。

⑺　過去七仏は，毘婆尸仏 Vipaśyin，尸棄仏 Śikhin，毘舎浮仏 Viśvabhū（以上，過去荘厳劫三仏），拘留孫仏 Krakucchanda，拘那含牟尼仏 Kanakamuni，迦葉仏 Kāśyapa，釈迦牟尼仏 Śākyamuni（以上，現在賢劫四仏）の計7尊。

⑻　これらの事例については第5章のⅣにも触れた。事例の典拠などはそちらを参照のこと。

⑼　「覚花島海雲寺空通山悟寂院，創建舎利塔。於地宮内，安置八角石蔵，於上幷鐫諸雑陀羅尼，造塔功徳経，九聖・八明王・八塔各名及偈，一百二十賢聖・五仏・七仏名号」

⑽　思孝の事績とその著作については野上俊静 [1980] を参照。

⑾　「七仏薬師」とも言う。唐・義浄訳『薬師瑠璃光七仏本願功徳経』（T.14：451）に説かれる善名称吉祥王如来・宝月智厳光音自在王如来・金色宝光妙行成就如来・無憂最勝吉祥如来・法海雷音如来・法海勝慧遊戯神通如来・薬師瑠璃光如来の七仏を指す。

⑿　興宗只骨の重煕11-13年（1042-44）に修復された朝陽北塔に慈賢の訳出陀羅尼が刻されているのであるから，彼の訳経はこれ以前に行われていたことになる。一方，悟寂院舎利塔（白塔峪塔）の建立と，その地宮における当該石蔵の安置は道宗査刺の大安8年（1092）である。

⒀　過去七仏を説く経典としては，本論中に述べた『観仏三昧海経』のほかに，後秦・仏陀耶舎・竺仏念共訳『長阿含経』（巻1　大本経 T.1：No.1），北宋・法天訳『七仏経』（T.1：No.2），曹魏・失訳『七仏父母姓字経』（T.1：No.4），東晋・瞿曇僧伽提婆訳『増壱阿含経』（巻44 十不善品，巻48礼三宝品 T.2：No.125）などがある。

⒁　甘粛省酒泉の馬徳恵石塔浮雕をはじめとする北涼時代の一連の過去七仏像浮雕 [張宝璽2001：1-15；pl.1-60]，同じく甘粛省の慶陽北石窟寺第165窟に安置された北魏時代の過去七仏立像 [甘粛省文物工作隊・慶陽北石窟

寺文管所1985：6-21；pl.3-9]，雲岡第13窟の南壁第三層に据えられた過去
七仏立像［雲岡石窟文物保管所1990：pl.118；pl.120]，そして義県奉国寺の
大雄殿に安置された契丹時代の過去七仏坐像などが知られている。

(15) 中国の過去七仏の作例には，七仏が全て同じ像容をとるのではなく，複
数の像容を示すものがある。たとえば義県奉国寺の過去七仏像は，南面し
て並列し，東から数えて第二，第三，第四，第五仏が説法印をとり，第一，
第六，第七仏が左手は第二仏以下とほぼ同じであるが，右手を膝辺にまで
下げる［杜仙洲1961：15]。右手の上下位置に注目すれば，これを下げる第
一，第六，第七仏の三尊と，これを上げる第二，第三，第四，第五仏の四
尊にグループ化できる。ここには過去七仏に設定された過去荘厳劫三仏と
現在賢劫四仏の区分に対する意識が働いていたことも考えられる。

(16) 大定20年（1180）「中都大昊天寺妙行大師碑銘」（『北拓』46：143）「師
（＝志智）得病之初，右遶六塔，令諸僧誦右遶仏塔経」 志智は契丹の帝室
耶律氏と通婚する国舅族の出身者。道宗査刺と懿徳皇后蕭観音の援助をう
けて燕京に大昊天寺を建立し，その初代住持となった。

(17) 『曼荼羅経』は版本によって文字の異同があるほか菩薩の位置を示す文言
のいくつかに誤りが見える。最も誤りの少ない版本は高麗蔵本（巻36：
No.1304）であり，観音の位置を「曼荼羅中」（正しくは「如来右辺」）と誤
記するが，そのほかの菩薩の位置を示す文言は正確である。PL.27は麗本お
よびこれを底本とする大正蔵本（巻20：No.1167）に基づき作成したもので
ある。

(18) 『房山遼金』21：526，T.20：912b-c

(19) 『房山遼金』21：542-543，T.20：924c-925c

(20) 唐・伽梵達摩訳『千手千眼観世音菩薩広大円満無礙大悲心陀羅尼』
（T.20：106b)「仏告総持王菩薩言，善男子汝等当知，今此会中有一菩薩摩
訶薩，名曰観世音自在。従無量劫来，成就大慈大悲，善能修習無量陀羅尼
門，為欲安楽諸衆生故，密放如是大神通力」

(21) 粉壇の東南隅に延寿天王，西南隅に護命天王，西北隅に吉祥天王，東北
隅に富貴天王，東門内に金剛王天，西門内に黒大天，南門内に大自在天，
北門内に大大天をそれぞれ粉布する。四天王は富貴天王を除いて甲冑を帯
び武具を持ち，四天もまた金剛杵・戟・刀・金剛杖といった武具を持つと
言い，あたかも粉壇曼荼羅の内院を守護するかのようである。大塔壁面の
力士像は一部摩滅して像容が分かりにくいが，南西壁（PL.29）と北西壁
（PL.31）の像は上半身裸で手に武具を持ち，北東壁（PL.33）と南東壁
（PL.35）の像は甲冑を身につけ，手に武具を持っているように見える。南
西壁と北西壁の力士像が四天，北東壁と南東壁の力士像が四天王であろう
か。

⑫　第5章の註(31)を参照。

⑫　契丹の華厳思想とその密教に対する影響については鎌田茂雄［1965：604-618］を参照。また当時の造形における華厳三身観の表現例としては，朝陽北塔の天宮に奉納された石函東壁上の線刻三身仏像を挙げることができる［大原嘉豊2006：35-36］。

⑫　唐・実叉難陀訳『大方広仏華厳経』（T.10：415c）に「所有一切毘盧遮那如来」，唐・金剛智訳『金剛頂瑜伽中略出念誦経』（T.18：237c）に「所有一切如来」と見える。

⑫　契丹屈指の唯識学僧として名高い詮明が『観弥勒菩薩上生兜率天経』の注釈書3種（『新編諸宗教蔵総録』巻1，T.55：1172a）を撰述したほか，慶州釈迦仏舎利塔から本経典の完本と残巻が見つかっている［徳新・張漢君・韓仁信1994：21］。また通遼市扎魯特旗魯北鎮南方の馬力罕山には兜率宮への引導図と思しき契丹時代の壁画がのこる［今野春樹2002］。なお契丹における唯識教学の盛行については竺沙雅章［2000C：4-12］に詳しい。

⑫　契丹と北宋は書禁によって典籍の交易を禁じていたが，実際には主に高麗を通じて両国の典籍は流通していた。『守護大千国土経』は契丹において続刻された房山石経のなかに入っており（『房山遼金』19：557-580），当該石経の底本であった契丹蔵にこれが入蔵されていたことになる。本経典が契丹に伝わっていたことは間違いない。

⑫　応県の仏宮寺木塔より発現。完本ではなく巻上の残巻である（『秘蔵』：194-195）。

⑫　「是等諸世尊，皆具大威徳，諸天広供養，咸生敬信心，一切諸鬼神，皆生歓喜念，令我常安穏，遠離於衰厄」（T.19：421a）

⑫　「若諸有情纔聞此密言者，得長寿楽。……若有有情，依法建立此八曼荼羅一遍者，所有十悪五逆謗方等経皆悉銷滅，一切所求義利勝願悉得成就」（T.20：675b）

⑳　頼富本宏［1990：613］を参照。

㉛　8世紀末から9世紀中頃に成立。田中公明［2000：20-38］を参照。

㉜　8世紀後半に成立。敦煌研究院［1990：pl.37；pl.39］を参照。

㉝　路振『乗軺録』（『宋朝事実類苑』巻77，pp.1010-1016）および王曽「上契丹事」（『続資治通鑑長編』巻79，pp.1794-1796）。路振は統和26年（1008）に，王曽は開泰元年（1012）にともに生辰使として契丹に入り中京に赴いている。とくに王曽は中京城内西南隅の岡上に仏寺があったことに触れているほどであるから，かりに城内に大塔が存在していれば必ずこれに言及したはずである。

㉞　陳襄『使遼語録』および沈括『熙寧使虜図抄』。陳襄は咸雍3年（1067）に，沈括は大康元年（1075）にそれぞれ入朝して中京に赴いている。

㉟ 嘉靖11年（1532）記「広済寺重修前殿記」（『康熙錦州府志』巻10，p.366）に金の中靖大夫・高璉の撰した塔記の概要を述べる箇所があり，そこに「有磚塔，亭亭凌空，二百五十尺，中分八方，方鑴仏像一坐，龕中両像旁立，中嵌一銅鏡。共十三層，毎層八角，毎角横出楠木，椽題冒以銅獣，呑口綴以銅鈴，毎層中各嵌銅鏡三面，冠以鎏金銅頂。造於遼道宗清寧間，蔵皇太后所降之舎利子也」と見える。塔の層角数や尊像の配置様式など現存の広済寺塔のそれと一致する記載が認められる。広済寺塔は道宗査刺の清寧年間に建立され，塔内には皇太后（興宗仁懿皇后蕭撻里もしくは聖宗欽愛皇后蕭耨斤）の下賜した仏舎利を奉納したという。『寰宇訪碑録』巻10に「大広済寺塔記，正書，清寧三年。奉天錦州」（p.402）とあるように広済寺には清寧3年の紀年をもつ「大広済寺塔記」がかつて存在した。高璉の記すとおり広済寺塔の創建が清寧年間であるならば，この「大広済寺塔記」は本仏塔の建立に即して立石されたものと考えられる。

㊱ 『晋書』巻109 慕容皝載記「時有黒龍白龍各一，見于龍山，皝親率群僚観之，去龍二百余歩，祭以太牢。二龍交首嬉翔，解角而去。皝大悦，還宮，赦其境内，号新宮曰和龍，立龍翔仏寺于山上」（pp.2825-2826）

㊲ 『魏書』巻13 文成文明皇后伝「承明元年，尊曰太皇太后，復臨朝聴政。太后性聡達，自入宮掖，粗学書計。及登尊極，省決万機。……太后立文宣王廟於長安，又立思燕仏図於龍城，皆刊石立碑」（pp.328-329）

㊳ 八大霊塔の典拠である『大乗本生心地観経』巻1 序品には「若造八塔而供養，現身福寿自延長，増長智慧衆所尊，世出世願皆円満」（T3.296a）と見える。

PL.28 中京大塔初層南壁

PL.29 中京大塔初層南西壁

第6章 立体曼荼羅としての契丹仏塔　203

PL.30 中京大塔初層西壁

PL.31 中京大塔初層北西壁

PL.32 中京大塔初層北壁

PL.33 中京大塔初層北東壁

第6章 立体曼荼羅としての契丹仏塔　205

PL.34 中京大塔初層東壁

PL.35 中京大塔初層南東壁

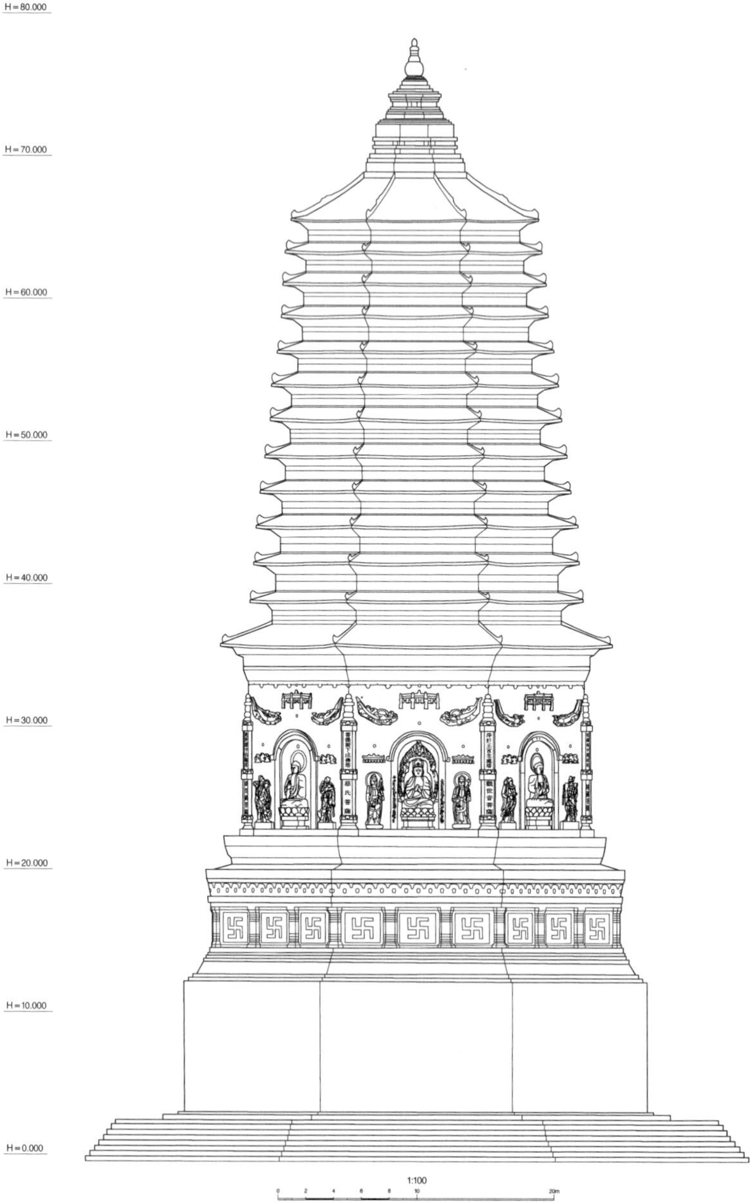
H=80.000
H=70.000
H=60.000
H=50.000
H=40.000
H=30.000
H=20.000
H=10.000
H=0.000
1:100
0
2
4
6
8
10
20m

PL.36 中京大塔 立面図（南面）

【附表】契丹の主要な密教系仏塔　※〔四方壁〕は東・西・南・北壁、〔四斜方壁〕は北東・北西・南東・南西壁を指す

仏塔名称	建立時期	所在地	様式（現塔高）	初層壁面の設置尊像
① 朝陽北塔	隋建、重熙11-13年(1042-44)に大幅改修	遼寧・朝陽市	方形十三層密檐式（42.55m）	〔四方壁〕金剛界四仏
② 雲接寺塔	①の改修以後	遼寧・朝陽市鳳凰山	方形十三層密檐式（約32m）	〔四方壁〕金剛界四仏
③ 大宝塔	①の改修以後	遼寧・朝陽市鳳凰山北	方形十三層密檐式（約16.5m）	〔四方壁〕金剛界四仏
④ 広済寺塔	清寧3年(1057)	遼寧・錦州市	八角十三層密檐式（71.25m）	〔南壁〕金剛界大日 〔七方壁〕如来
⑤ 崇興寺西塔	④の建立と相前後	遼寧・北鎮市	八角十三層密檐式（42.63m）	〔南壁〕金剛界大日 〔七方壁〕如来
⑥ 崇興寺東塔	⑤の建立以後	遼寧・北鎮市	八角十三層密檐式（43.85m）	〔各壁〕宝冠如来
⑦ 白塔峪塔	大安8年(1092)	遼寧・興城市白塔峪郷	八角十三層密檐式（約43m）	〔四方壁〕金剛界四仏 〔四斜方壁〕文字碑刻
⑧ 中京大塔	寿昌4年(1098)	内モンゴル・赤峰市寧城県	八角十三層密檐式（約80m）	〔南壁〕金剛界大日 〔七方壁〕如来
⑨ 上京南塔	不明	内モンゴル・赤峰市バイリン左旗林東鎮南郊	八角七層密檐式（約25m）	〔四方壁〕金剛界四仏 〔四斜方壁〕特定困難

結　論

　本論で述べてきたことを振り返っておきたい。第1章から第3章までは，契丹後期の政権と仏教の関係を具体化することに眼目を置いた。

　第1章では，慶州（内モンゴル・赤峰市バイリン右旗ソボルガソム）が五京（とりわけ燕京）に匹敵する仏教都市として契丹支配階層に認識されていた状況を，本州における僧録司の設置事実から明らかにした。かかる認識が生み出された背景としては，本州が夏・秋両季の捺鉢の拠点であったこと，そして聖宗文殊奴の追善に供する奉陵州であったことを挙げることができる。

　文殊奴の時期以降，慶州近域は夏と秋の捺鉢の宿営地として選択され，宮廷・政府の所在域となった。興宗只骨が慶州を造営すると，ここは両季の捺鉢の拠点都市として機能した。皇帝以下の支配階層が1年を通じて移動生活をおくるなか，定期的に彼らと接触をもつ慶州は，実質的に五京に匹敵する都市として認識されるに至ったと見る。

　また慶州は仏教に基づく先帝（文殊奴）供養の場となっていたのであり，その象徴が章聖皇太后蕭耨斤の命によって州内に建立された釈迦仏舎利塔であった。只骨政権は慶州を在京僧官たる僧録司の設置対象地とし，その追善の場としての本州の格式を向上させた。ここには只骨の意向のみならず，宮廷に勢力を振っていた母后蕭耨斤の意向が強く反映されていたと考える。当然ながら前段に述べた，捺鉢の拠点都市としての性格に対する認識も作用していよう。

　先帝追善の場としての慶州の格式向上は，本州の奉仕対象である永慶陵に眠る文殊奴本人のみならず，その配である蕭耨斤と生子の只骨に対する

権威付けに結びつく。かかる格式の向上を僧官という国家の宗教制度上に遂行した点に，只骨政権が国家的規模で仏教との結合を推進していくひとつの過程を読み取ることができるのである。

第2章では，契丹の教学を担った学僧に注目した。ここでは華厳学僧として知られる鮮演に焦点をあて，道宗査剌と治下学僧の関係ならびに当時における学僧の著作の対外（高麗）流通のありかたを具体的に提示した。

査剌は国内の学僧たちを夏と冬の捺鉢の宿営地に召致していた。とくに鮮演の場合は，この両季ごとに恒常的に宿営地に召し出されたうえ，冬営地から春営地に至る帝の移動にも随行していた。ここに遊牧君主の季節移動と連動する学僧のありかたが明確に示されている。査剌にとって宿営地における学僧の召致は，仏法の談義を通じて彼らの学識を評価・確認し，その教学の有形化，つまり著作としての刊行を決定する機会でもあった。これはすなわち査剌による教学の取捨選別と見ることができる。当時の契丹における教学の流通が，政権の主導のもとに行われていた側面を認めることができるのである。

このことは契丹国内のみならず国外に対してもあてはまる。高麗の義天は入麗した使者を介して契丹の支配階層や僧とつながりをもち，典籍収集のための情報網を契丹国内に張り巡らせていた。このような状況下に，義天は鮮演の存在を知り，親交を結んだ使者の耶律思斉を通じて，鮮演に章疏の撰集と刊行を要請した。義天の請をうけた思斉は，査剌に奏上してその許可を求めており，高麗への流通を前提とした教学典籍の撰述・刊行に，皇帝の裁可というプロセスが介在していたことが分かる。また当時の契丹・高麗間の交易が主に公的使節の往来に依拠して行われていたなか，義天の入手した査剌朝に刊行された教学典籍は，ほぼすべて政権と距離の近い高位の学僧の手になるものであった。このふたつの事柄は，当時の契丹における対高麗の教学典籍の流通に政権が関与していたことを示唆するのである。

第3章では，教学とならんで契丹仏教を特徴付ける菩薩戒に目を向けた。ここでは査剌による「内殿懺悔主」の創置と『発菩提心戒本』の撰述・流

布を手がかりとして，当時の契丹における菩薩戒と皇帝権力の関係の一面を明らかにした。

　査剌および天祚帝阿果の治世においては，夏と冬の捺鉢宿営地に，学僧のみならず伝戒僧もまた定期的に召致されていた。皇帝の命に応じて宿営地に赴いた伝戒僧は，「内殿」と呼ばれる帳幕において皇帝や皇族，国舅族，大臣などに対して菩薩戒を授戒したのである。皇帝をはじめとする契丹支配階層の受菩薩戒は，成仏の階梯である菩薩の立場を獲得するという信仰的動機に加えて，菩薩戒をその身に護持することで，世俗上の立場や権力を保全するという現実的動機に基づくものであった。

　査剌は「内殿懺悔主」を創置して恒策と正慧大師をもってこれに充て，両僧の師である守臻の系統の菩薩戒を契丹支配階層の護持戒として権威付けた。くわえて帝は，菩薩戒の授戒儀を内容に含む『発菩提心戒本』を自ら撰述し，これを治下の伝戒僧に賜与して授戒の際に使用させた。教学のみならず菩薩戒の展開もまた政権に主導されていた状況がこれらの事例に読み取れよう。査剌はこのような行動によって菩薩としての高い自立性ないし個性を表明し，父・只骨を超越した菩薩性をもつ帝王であることを主張したのである。

　第4章から第6章までは，契丹後期の社会における仏教信仰の様態を，密教的側面から具体化することに眼目を置いた。

　第4章では，当時に通行した菩薩戒の授戒儀（授戒作法書）に注目し，ここに内在する不空系統の密教の要素を指摘した。

　考察対象として用いたものは，房山石経中の志仙記『発菩提心戒一本』と仏宮寺木塔発現の『受戒発願文』である。これらは唐・不空訳『受菩提心戒儀』を下敷きとした「菩提心戒」の授戒儀である。菩提心戒は，不空によって密教の行者が入壇灌頂前に受ける戒として確立したと言われるが，上記ふたつの授戒儀に説く戒は一般的な菩薩戒である。菩薩戒の受戒は僧俗全般にわたる信仰的実践のひとつであり，これが不空の『受菩提心戒儀』に基づく授戒儀によって行われていた事実に，当時の契丹社会において，不空系統の密教が普遍化して影響を与えていた状況を読み取ることが

できるのである。

第5章では，契丹国内東方の一大仏教盛行地である遼西地域に目を向け，当該地域の中心都市であった覇州（遼寧・朝陽市）におけるその信仰のありかたに迫った。ここにおいては，只骨朝に大規模な修復が行われた朝陽北塔の奉納文物を手がかりとして用いた。

北塔地宮の重層石経幢に刻まれた各種陀羅尼のなかには，契丹・慈賢訳出の2種の陀羅尼が含まれている。ひとつが『仏説金剛大摧砕延寿陀羅尼』，いまひとつが『大随求陀羅尼』である。これにくわえて，本経幢の第二層幢身下部の幢座側面には「過去七仏」の浮雕が認められる。これは慈賢訳『妙吉祥平等秘密最上観門大教王経』に説く過去七仏と毘盧遮那仏（大日如来）の相関を意識したものである。慈賢の訳出した陀羅尼と密教経典，すなわち慈賢系統の密教が，信仰の実用に供されていたことを，本経幢のうえに確かめることができるのである。くわえて，本経幢の幢座側面には「八大菩薩」の浮雕が含まれており，慈賢系統の密教と唐の不空系統の密教の相互的な受容を示唆するものとして注目される。

第6章では，前章に明らかとした朝陽北塔奉納石経幢の幢座側面浮雕に認められる信仰的傾向を，中京城址（内モンゴル・赤峰市寧城県）に現存する大塔の壁面上に確認した。さらに，遼西地域から中京に至る仏塔の荘厳様式の伝達を見出し，中京の仏教信仰が遼西地域との密接な関わりのなかで形成されたものであることを論じた。

中京大塔は高さ約80mの巨塔であり，その規模から考えても，査剌政権が建立に関与していた可能性が非常に高い。ここで留意すべきは，朝陽北塔において，地宮奉納石経幢という人の目に触れない「内的荘厳」として表現された，過去七仏と大日如来ならびに八大菩薩に対する志向が，中京大塔においては，衆人可視の「外的荘厳」と言うべき塔初層壁面の装飾として表現されたことである。ここには，各壁面モチーフのもたらす功能——とくに「攘災」や「延寿」など現実性を帯びたもの——に対する希求や期待の顕在化とともに，慈賢系統と不空系統の密教が，査剌政権の後押しのもとに，一般僧俗の間に開放されていた状況が読み取れるのである。

以上，本論では，石刻や寺塔の仏教文物を活用して，契丹後期の政権と仏教の関係，ならびに当時の仏教信仰の具体相を提示した。いずれも既存の文献史料だけでは明確化することが困難な内容であり，契丹仏教史研究において石刻などの第一次史資料を活用することの有用性が証明できたと思う。

　本論を振り返ったとき，改めて認識を強くすることは，契丹後期の政権が仏教と極めて密接に結合していたことである。とりわけ道宗査剌は，治下学僧の教学を著作の刊行というかたちで国内外に流通させたほか，内殿懺悔主や召致伝戒僧をもって宮帳内殿に自らを含めた契丹支配階層の受菩薩戒を行い，また『発菩提心戒本』を撰述・流布して国内に受菩薩戒のひとつのスタンダードを築き上げた。当時の仏教が，一面において，政権の主導のもとに展開していたことに間違いはない。

　かかる状況は，当時の仏塔の建立・重修事業にも顕著に認められる。章聖皇太后蕭耨斤による慶州釈迦仏舎利塔の建立はそのひとつの好例と言えよう。一方，目を遼西の朝陽北塔に向けると，本仏塔の地宮に奉納された石経幢には，慈賢の訳経に対する志向と影響が見て取れる。慈賢は「国師」の肩書きを帯びるとおり，契丹においては国家の師表として遇された高位僧である。慈賢に対するこのような処遇の背景には，彼の訳経に対する政権側の強い関心を認めるべきであろう。慈賢の訳経に対する志向は，決して覇州の在地の官民や仏教界だけにとどまるものではなかった。広済寺塔（遼寧・錦州市）や中京大塔など，政権の管轄下に建立された覇州以外の所在仏塔に，慈賢の訳経の所説に影響を受けた尊像配置（大日如来と過去七仏）を見出せることが，これを裏付けている。

　とくに後者の中京大塔の存在には注目すべきである。契丹後期において限定的ながら首都機能を果たした中京大定府，そのほぼ中心に屹立する大塔は，当時の契丹を象徴する国家的建造物と捉えることができる。この巨塔の壁面に配された尊像群は，唐代以来の伝統的な不空系密教の基礎のうえに慈賢の密教を位置付けたものと言え，両密教への志向と，その流布における査剌政権の積極的な関与を示唆する。当該の壁面装飾は，査剌政権

の求める仏教が，唐代仏教の単純な模倣にとどまらないこと，ひいては，契丹が唐の後継国家にとどまらず，これを超越した存在であることを視覚的に主張するものであったと言えよう。

仏法を政権にとりこむ点において，中京大塔の建立は，先述した査剌による教学の流通や受菩薩戒の促進と同一の軌道上にあるものと考えられる。そうして査剌政権の示したかかる方向性は，当時の対外情勢と決して無関係ではない。

査剌に先立つ興宗只骨は，房山石経の続刻や『契丹大蔵経』の編纂といった大規模な仏教事業を推進し，国家的規模で仏教へと傾倒していった。この事象の背景について，谷井俊仁［1996］は，澶淵の盟を契機とする皇帝権力の保全手段の転換を指摘する。すなわち当該盟約の締結によって北宋との軍事的対立が解消されるなか，契丹皇帝の権力保全の手段が従来の「対外軍事行動の成功」から「仏教」にシフトしたとするのである。契丹の方向性の転換を，澶淵の盟に求めた谷井のこの見解はまことに示唆に富むように思える。

澶淵の盟の締結によって，様々な民族を包括した複数の国家が共存・並立するかたち――古松崇志［2007］のいう「澶淵体制」――が確立するなか，これらの国家の相関によって形成された多元的な広域世界（東部ユーラシア）に共有し得る思想・理念を求めると，その筆頭として相応しいのは，中華という枠組みに収斂せざるを得ない儒教や道教ではなく，この枠組みをはるかに越えたところに人々を受け入れる余地をもつ仏教であろう。

この視点にたつとき，北宋を睥睨してこの広域世界の中心に君臨した契丹[1]において，仏教が国家的規模で受容されたことは必然の趨勢と言える。たとえば査剌が受菩薩戒の促進をもって菩薩皇帝としての性格を鮮明に打ち出したことは，あまねく人々を救済対象とする「菩薩」の普遍性を帯びることによって，契丹を含めたこの広域世界の主導者としての立場を表明したものと見ることができないだろうか。かつて査剌は自ら金泥で『菩薩三聚戒本』なる典籍を著した。この菩薩戒典籍は，金を経て元に受け継がれ，カアンの管理のもとに治下の伝戒僧に賜与（実質的には貸与）され，

人々の受戒に供された[2]。査刺の「菩薩性」が，契丹という枠組みと時代を越えて意識されていたことは間違いないのである。

　とりわけ澶淵の盟以後，12世紀前半頃までの東部ユーラシアは，契丹を中心に，仏教をひとつの秩序ないし紐帯としてつながる広域世界であった可能性がある。かかる見解を裏付けるためには，当然ながらひとり契丹だけでなく，近接の地域・時代に対象を拡大して考証を積み重ねていくことが必要不可欠である。このことを今後の課題としたい。

　　註
　(1)　10-12世紀の東部ユーラシアにおける契丹の優位性については杉山正明
　　　［2005：209-213］を参照。
　(2)　査刺御製の『菩薩三聚戒本』については第4章の註(32)を参照。

初出一覧

各章の初出は次のとおり。ただし本書に再構成するなかで題目の変更，内容の加筆・修正，および一部内容の章間移動を行っている。

第1章　契丹帝后の崇仏の場――興宗朝における慶州の位相――
→「遼代興宗朝における慶州僧録司設置の背景」『仏教史学研究』46(2)，仏教史学会，pp.1-22，2003年（藤原崇人［2003］）

第2章　契丹皇帝と学僧――道宗朝の学僧鮮演とその著作をめぐって――
→「契丹（遼）後期政権下の学僧と仏教――鮮演の事例を通して」『史林』93(6)，史学研究会，pp.30-62，2010年（藤原崇人［2010］）

第3章　契丹皇帝と菩薩戒――菩薩皇帝としての道宗――
→「契丹（遼）後期の王権と菩薩戒」森部豊・橋寺知子編『アジアにおける文化システムの展開と交流』関西大学出版部，pp.129-161，2012年（藤原崇人［2012］）

第4章　契丹の授戒儀と不空系密教
→「契丹（遼）の授戒儀と不空密教」荒川慎太郎・渡辺健哉・高井康典行編『遼金西夏研究の現在』2，東京外国語大学アジア・アフリカ言語文化研究所，pp.1-23，2009年（藤原崇人［2009A］）

第5章　契丹仏塔に見える密教的様相――朝陽北塔の発現文物より――
→「北塔発現文物に見る11世紀遼西の仏教的諸相」『関西大学東西学術研究所紀要』44，関西大学東西学術研究所，pp.1-19（横組），2011年（藤原崇人［2011］）

第6章　立体曼荼羅としての契丹仏塔
→「契丹（遼）の立体曼荼羅――中京大塔初層壁面の語るもの」『仏教史学研究』52（1），仏教史学会，pp.1-25，2009年（藤原崇人［2009B］）

史料・文献一覧

史　料

【正史・通史・文集類】

『魏書』北斉・魏収撰，中華書局，1974年

『晋書』唐・房玄齢等撰，中華書局，1974年

『旧唐書』後晋・劉昫等撰，中華書局，1975年

『遼史』元・脱脱等撰，中華書局，1974年

『金史』元・脱脱等撰，中華書局，1975年

『契丹国志』宋・葉隆礼撰，国学文庫（第三編），1933年

『大金国志校證』宋・宇文懋昭撰，崔文印校證，中華書局，1986年

『続資治通鑑長編』宋・李燾撰，中華書局，1995年

『宋朝事実類苑』宋・江少虞撰，上海古籍出版社，1981年

『朱文公校　昌黎先生文集』唐・韓愈撰，宋・朱熹校，『四部叢刊初編（縮本）』第39冊，
　　　　台湾商務印書館，1975年　所収

『欒城集』宋・蘇轍撰，上海古籍出版社，1987年

『高麗史』李氏朝鮮・鄭麟趾等編，国書刊行会，1977年

『二十五史補編』二十五史刊行委員会原編，中華書局，1956年

【紀行・地方志類】

『遼海叢書』（1-5）金毓黻編，遼瀋書社，1984年（再刊）

『使遼語録』宋・陳襄撰，『遼海叢書』4　所収

『松漠紀聞』宋・洪皓撰，『遼海叢書』1　所収

『熙寧使虜図抄』宋・沈括撰，『永楽大典』巻10877「虜」

『遼東行部志』金・王寂撰，『遼海叢書』4　所収

『元一統志』元・孛蘭肸等撰，趙万里校輯，中華書局，1966年

『日下旧聞考』清・于敏中等撰，北京古籍出版社，1983年

『重修滑県志』民国・王蒲園等纂，民国21年鉛印本，『中国方志叢書　華北地方113』成文
　　　　出版社，1968年　所収

『続武陟県志』民国・史延寿等纂，民国20年刊本，『中国方志叢書　華北地方107』所収

『天鎮県志』清・胡元朗纂，乾隆4年刻本，中国科学院図書館編『稀見中国地方志彙刊
　　　　4』中国書店，1992年　所収

『豊潤県志』清・牛昶煦等修，民国10年鉛字重印本，『中国方志叢書　華北地方150』所収

『康熙錦州府志』清・劉源溥・孫成修，范勲纂，康熙21年修，民国23年鉛印本，『中国地
　　　　方志集成　遼寧府県志輯16』鳳凰出版社・上海書店・巴蜀書社，2006年　所収
『民国朝陽県志』民国・周鉄錚修，沈鳴詩等纂，民国19年鉛印本，『中国地方志集成　遼
　　　　寧府県志輯23』鳳凰出版社・上海書店・巴蜀書社，2006年　所収

【金石書・石刻図録類】
『遼金元石刻文献全編』(1-3) 国家図書館善本金石組編，北京図書館出版社，2003年
『金石萃編』清・王昶撰，『遼金元石刻文献全編』2　所収
『山右石刻叢編』清・胡聘之撰，『遼金元石刻文献全編』1　所収
『常山貞石志』清・沈濤撰，『遼金元石刻文献全編』3　所収
『八瓊室金石補正』清・陸増祥撰，『遼金元石刻文献全編』1　所収
『満洲金石志』羅福頤撰，『遼金元石刻文献全編』3　所収
『遼上京地区出土的遼代碑刻彙輯』劉鳳翥・唐彩蘭・青格勒編，社会科学文献出版社，
　　　　2009年
『遼代石刻文編』向南編，河北教育出版社，1995年
『遼代石刻文続編』向南・張国慶・李宇峰輯注，遼寧人民出版社，2010年
『遼寧碑誌』王辰晶編，遼寧人民出版社，2002年
『山西碑碣』山西省考古研究所編，山西人民出版社，1997年
『北京図書館蔵中国歴代石刻拓本彙編』(全100冊) 北京図書館金石組編，中州古籍出版
　　　　社，1990年
『北京遼金史迹図志』(上下) 梅寧華主編，北京燕山出版社，2003・04年
『朝鮮金石総覧』朝鮮総督府編，1919年
『寰宇訪碑録』清・孫星衍・邢澍撰，国学基本叢書156，台湾商務印書館，1968年　所収

【仏教史料】
『大正新脩大蔵経』高楠順次郎等監，1924-34年
『卍続蔵経』中国仏教会影印卍続蔵経委員会編，1968年
『顕密円通成仏心要集』契丹・道殿撰，T.46：No.1955
『釈摩訶衍論賛玄疏』契丹・法悟撰，『続蔵』第72冊　所収
『釈摩訶衍論通玄鈔』契丹・志福撰，『続蔵』第73冊　所収
『大日経義釈演密鈔』契丹・覚苑撰，『続蔵』第37冊　所収
『華厳経談玄決択』契丹・鮮演撰，『続蔵』第11冊 (巻2-6)・『金沢文庫資料全書』2　華
　　　　厳篇 (巻1) 所収
『大覚国師文集 (含外集)』高麗・義天撰，建国大学校出版部，1974年

『続高僧伝』唐・道宣撰，T.50：No.2060

『宋高僧伝』宋・賛寧等撰，T.50：No.2061

『広清涼伝』宋・延一編，T.51：No.2099

『補続高僧伝』明・明河撰，『続蔵』第134冊 所収

『仏祖歴代通載』元・念常撰，T.49：No.2036

『新編諸宗教蔵総録』高麗・義天撰，T.55：No.2184

『入唐新求聖教目録』日本・円仁撰，T.55：No.2167

『至元法宝勘同総録』元・慶吉祥等集，『大正蔵』別巻『昭和法宝総目録』2 所収

『応県木塔遼代秘蔵』山西省文物局・中国歴史博物館編，文物出版社，1991年

『房山雲居寺石経』中国仏教協会編，文物出版社，1978年

『房山石経 遼金刻経』（全22冊）中国仏教協会編，中国仏教図書文物館，1986-93年

文　献

【日文】（編著者五十音順）

愛親覚羅烏拉熙春［2006］『契丹文墓誌より見た遼史』松香堂書店

浅井覚超［1987］「『大随求陀羅尼』梵蔵漢対照研究」『密教文化』162，pp.104-91（逆頁）

井上順恵［1981］「遼代千人邑会について」『禅学研究』60，pp.105-128

今野春樹［2002］「草原の菩薩」『貝塚』58，pp.15-20

雲岡石窟文物保管所［1990］『雲岡石窟』2，平凡社・文物出版社

大野法道［1954］『大乗戒経の研究』山喜房佛書林

大原嘉豊［2006］「朝陽北塔に現れた遼仏教の一側面」京都大学大学院文学研究科21世
　　　紀 COE プログラム「グローバル時代の多元的人文学の拠点形成」『遼文化・
　　　遼寧省調査報告書』京都大学大学院文学研究科，pp.31-51

大屋徳城［1988］『高麗続蔵雕造攷』国書刊行会　初刊は［1937］便利堂

長部和雄［1990］『唐代密教史雑考』溪水社

勝又俊教［1977］「秘密三昧耶仏戒儀の成立について——仏教儀礼の整備・展開の視点
　　　から——」仏教民俗学会編『仏教と儀礼 加藤章一先生古稀記念論文集』国書
　　　刊行会，pp.1-21

加藤清一［1995］「空海と澄観——真言と華厳との関係——」『印度学仏教学研究』44
　　　（1），pp.99-105

鎌田茂雄［1965］『中国華厳思想史の研究』東京大学出版会

————［2001］『新中国仏教史』大東出版社

神尾弌春［1982］『契丹仏教文化史考』第一書房　初刊は［1937］満州文化協会

上川通夫［2012］「日本中世仏教の成立」『日本中世仏教と東アジア世界』塙書房，
　　　pp.91-121　初出は［2006］『日本史研究』522

河上麻由子［2005］「隋代仏教の系譜――菩薩戒を中心として――」『東アジアと日本』
　　　2，pp.13-23

―――――［2010］「唐の皇帝・皇太子の受菩薩戒――太宗朝を中心に――」『仏教史学
　　　研究』53（1），pp.1-20

木村清孝［1980］「鮮演の思想史的位置」仏教史学会編『仏教の歴史と文化』同朋舎，
　　　pp.306-320

―――――［1992］『中国華厳思想史』平樂寺書店

九州国立博物館［2011］『草原の王朝 契丹 美しき3人のプリンセス』西日本新聞社

氣賀澤保規［1996］『中国仏教石経の研究 房山雲居寺石経を中心に』京都大学学術出版
　　　会

澤本光弘［2008］「契丹（遼）墓誌データ集成表（稿）」臼杵勲・木山克彦編『北東アジ
　　　ア中世遺跡の考古学的研究 平成19年度研究成果報告書』文部科学省科学研究
　　　費補助金特別研究促進費，pp.44-59

塩入良道［1963］「中国仏教儀礼における懺悔の受容過程」『印度学仏教学研究』11
　　　（2），pp.353-358

―――――［1964］「中国仏教に於ける礼懺と仏名経典」『結城教授頌寿記念仏教思想史論
　　　集』大蔵出版，pp.569-590

―――――［1984］「中国初期仏教における礼懺――律に関係ない懺悔の事例――」『那須
　　　政隆博士米寿記念仏教思想論集』成田山新勝寺，pp.531-544

島田正郎［1979］「契丹の再生礼」『遼朝史の研究』創文社，pp.339-347　初出は
　　　［1951］『和田清先生還暦記念 東洋史論叢』講談社

―――――［1993］『契丹国 遊牧の民キタイの王朝』東方書店

白石典之［2008］「ヘルレン河流域における遼（契丹）時代の城郭遺跡」荒川慎太郎・
　　　渡辺健哉・高井康典行編『遼金西夏研究の現在』1，東京外国語大学アジア・
　　　アフリカ言語文化研究所，pp.1-21

杉本卓洲［2007］『ブッダと仏塔の物語』大法輪閣

杉山正明［2005］『中国の歴史08 疾駆する草原の征服者』講談社

関野　貞［1936］「満洲に於ける北魏唐遼時代の文化的遺蹟」（口頭報告要旨）『東方学
　　　報（東京）』6，pp.828-829

高井康典行［2007］「遼代の遼西路について」『福井重雅先生古希・退職記念論集 古代
　　　東アジアの社会と文化』汲古書院，pp.467-486

高雄義堅［1975］「宋代の僧官制度」『宋代仏教史の研究』百華苑，pp.34-56

嵩　満也［2004］「朝陽北塔発掘調査報告書から見る遼代仏教文化の特色」嵩満也編
　　　　『中国北方仏教文化研究における新視座』龍谷大学国際社会文化研究所，
　　　　pp.137-156

竹島卓一［1944］『遼金時代の建築と其仏像』龍文書局

竹島卓一・島田正郎［1976］『中国文化史蹟　増補　東北篇』法藏館

武田和哉他［2006］『草原の王朝・契丹国（遼朝）の遺跡と文物』勉誠出版

田中公明［2000］『敦煌　密教と美術』法藏館

谷井俊仁［1996］「契丹仏教政治史論」氣賀澤保規［1996］pp.133-191

田村實造［1937］「契丹仏教の社会史的考察」『大谷学報』18（1），pp.32-47

―――［1939］「遼宋の交通と遼国内に於ける経済的発達」『満蒙史論叢』2，日満文
　　　　化協会，pp.1-113

竺沙雅章［2000］『宋元仏教文化史研究』汲古書院

―――［2000A］「遼代華厳宗の一考察――主に，新出華厳宗典籍の文献学的研究
　　　　――」竺沙雅章［2000］pp.110-167　初出は［1997］『大谷大学研究年報』49

―――［2000B］「宋代仏教社会史について」竺沙雅章［2000］pp.443-462　初出は
　　　　［1996］佐竹靖彦他編『宋元時代史の基本問題』

―――［2000C］「宋元時代の慈恩宗」竺沙雅章［2000］pp.3-26　初出は［1983］『南
　　　　都仏教』50

―――［2000D］「新出史料よりみた遼代の仏教」竺沙雅章［2000］pp.83-109　初出
　　　　は［1994］『禅学研究』72

―――［2000E］「『開宝蔵』と『契丹蔵』」竺沙雅章［2000］pp.312-335　初出は
　　　　［1991］『古典研究会創立二十五周年記念国書漢籍論集』

―――［2000F］「燕京・大都の華厳宗――宝集寺と崇国寺の僧たち――」竺沙雅章
　　　　［2000］pp.215-252　初出は［2000］『大谷大学史学論究』6

―――［2000G］「遼代の避諱について」竺沙雅章［2000］pp.253-268　初出は
　　　　［1997］『東方学会創立五十周年記念東方学論集』

―――［2000H］「宋代における東アジア仏教の交流」竺沙雅章［2000］pp.58-82
　　　　初出は［1987］『仏教史学研究』31（1）

―――［2010］「遼金代燕京の禅宗」『禅学研究』88，pp.115-148

塚本善隆［1975］「遼代の石経続刻事業」『中国近世仏教史の諸問題（塚本善隆著作集
　　　　5）』大東出版社，pp.491-536

土橋秀高［1980］「俊䒢律師の提起せる菩薩戒重受の問題」『戒律の研究』永田文昌堂，
　　　　pp.1033-1055

妻木直良［1912］「契丹に於ける大蔵経彫造の事実を論ず」『東洋学報』2，pp.317-340

鄭　于澤［1994］「高麗時代の阿弥陀八大菩薩図──広福護国禅寺所蔵阿弥陀八大菩薩図を中心として──」頼富本宏編『密教大系　密教美術Ⅰ』法藏館，pp.404-424

礪波　護［2005］「天寿国と重興仏法の菩薩天子と」『大谷学報』83（2），pp.1-15

苫米地誠一［1989］「義操の授菩提心戒本について」『大正大学綜合仏教研究所年報』11，p.160

──────［1990］「唐代密教に於る菩提心戒授戒儀について」『宗教と文化──斉藤昭俊教授還暦記念論文集──』こびあん書房，pp.357-382

鳥居龍蔵［1936］『考古学上より見たる遼之文化図譜』4，東方文化学院東京研究所

──────［1976］「遼の文化を探る」『鳥居龍蔵全集』6，朝日新聞社，pp.369-555

敦煌研究院［1990］『安西榆林窟』平凡社・文物出版社

中　純夫［1996］「応県木塔所出「契丹蔵経」と房山石経遼金刻経」氣賀澤保規［1996］pp.193-239

中村　元［1959］『宗教と社会倫理』岩波書店

──────［2001］『広説仏教語大辞典』（上中下），東京書籍

中村元ほか［2002］『岩波仏教辞典　第二版』岩波書店

中村　淳［1993］「元代法旨に見える歴代帝師の居所──大都の花園大寺と大護国仁王寺──」『待兼山論叢（史学）』27，pp.57-82

西脇常記［2009］『中国古典社会における仏教の諸相』知泉書館

野上俊静［1953］『遼金の仏教』平樂寺書店

──────［1953A］「遼朝と仏教」野上俊静［1953］pp.3-35　初出は［1932］『大谷学報』13（4）

──────［1953B］「遼代に於ける仏教研究」野上俊静［1953］pp.36-55　初出は［1933］『MAYŪRA』2

──────［1980］「遼代の学僧思孝について──房山石経の一つの紹介──」仏教史学会編『仏教の歴史と文化』同朋舎，pp.295-305

八田幸雄［1985］『主要密教経軌解説』平河出版社

廣瀬憲雄［2010］「倭国・日本史と東部ユーラシア──6〜13世紀における政治的連関再考──」『歴史学研究』872，pp.30-38

福井文雅［1989］「新発現慈賢訳音『梵本般若波羅蜜多心経』」『仏教学』26，pp.1-19

藤原崇人［2003］［2009A］［2009B］［2010］［2011］［2012］→前掲「初出一覧」参照

船山　徹［1995］「六朝時代における菩薩戒の受容過程──劉宋・南斉期を中心に──」『東方学報・京都』67，pp.1-135

──────［1996］「疑経『梵網経』成立の諸問題」『仏教史学研究』39（1），pp.54-78

古松崇志［2006A］「慶州白塔建立の謎をさぐる——11世紀契丹皇太后が奉納した仏教文物——」京都大学大学院文学研究科21世紀 COE プログラム「グローバル時代の多元的人文学の拠点形成」『遼文化・遼寧省調査報告書』京都大学大学院文学研究科，pp.133-175

───［2006B］「考古・石刻資料よりみた契丹（遼）の仏教」『日本史研究』522，pp.42-59

───［2006C］「法均と燕京馬鞍山の菩薩戒壇——契丹（遼）における大乗菩薩戒の流行——」『東洋史研究』65（3），pp.1-38

───［2007］「契丹・宋間の澶淵体制における国境」『史林』90（1），pp.28-61

松井　太［2013］「契丹とウイグルの関係」荒川慎太郎・澤本光弘・高井康典行・渡辺健哉編『契丹［遼］と10〜12世紀の東部ユーラシア』勉誠出版，pp.56-69

松永有慶［1973］『密教の相承者——その行動と思想——』評論社

松永有見［1930］「宋遼時代の密教」『密教研究』38，pp.1-19

満洲国国務院文教部［1976］『満洲国古蹟古物調査報告書（一）錦州省の古蹟』国書刊行会（覆刊）初刊は［1936］

三上次男［1970］「張棣の金国志すなわち金図経について」『金代政治制度の研究』中央公論美術出版，pp.26-35　初出は［1963］『岩井博士古希記念典籍論集』開明堂

道端良秀［1957］『唐代仏教史の研究』法藏館

宮坂宥勝［1970］「過去七仏の系譜」『高野山大学論叢』5，pp.1-24

向井佑介［2006］「朝陽北塔考——仏塔と墓制からみた遼代の地域——」前掲『遼文化・遼寧省調査報告書』，pp.177-222

村田治郎［1988］『中国建築史叢考　仏寺仏塔篇』中央公論美術出版

村松哲文［1995］「過去七仏図像に関する考察」『美術史研究』33，pp.53-74

森部　豊［2010］『ソグド人の東方活動と東ユーラシア世界の歴史的展開』関西大学出版部

山崎　宏［1939］「唐代の僧官に就いて——僧統・僧録・僧正——」『史潮』9（2），pp.18-68

───［1942］「隋の高祖文帝の仏教治国策」『支那中世仏教の展開』清水書店，pp.274-354

横内裕人［2008A］「高麗続蔵経と中世日本——院政期の東アジア世界観——」『日本中世の仏教と東アジア』塙書房，pp.365-404　初出は［2002］『仏教史学研究』45（1）

───［2008B］「遼・高麗と日本仏教——研究史をめぐって——」『東アジアの古代文化』136，pp.23-37

史料・文献一覧　223

頼富本宏［1990］『密教仏の研究』法藏館

【中文】（編著者音読み五十音順）

闇文儒・傅振倫・鄭恩淮［1982］「山西応県仏宮寺釈迦塔発現的『契丹蔵』和遼代刻経」
　　　　『文物』1982（6），pp.9-19

王　　光［2006］『遼西古塔尋踪』学苑出版社

王　志華［2009］「解読朝陽北塔遼代舍利銀棺上的涅槃図」遼寧省遼金契丹女真史研究
　　　　会〔編〕『遼金歴史与考古』1遼寧教育出版社，pp.305-309

王承礼・李亜泉［2001］「従高麗義天大師的著述考察遼和高麗的仏教文化交流」張暢耕
　　　　主編『遼金史論集』6，社会科学文献出版社，pp.52-81

王　振芬［2000］「金皇統八年千仏印及其相関問題」『北方文物』2000（2），pp.37-38

王　未想［1987］「遼上京発現遼代鮮演墓碑」『遼海文物学刊』1987（1），pp.51-54

―――［2002］「遼上京城址周囲出土的墨書銘文骨灰匣」『北方文物』2002（1），
　　　　pp.43-47

蓋　之庸［2002］『内蒙古遼代石刻文研究』内蒙古大学出版社

甘粛省文物工作隊・慶陽北石窟寺文管所［1985］『慶陽北石窟寺』文物出版社

祁英濤・李世温・張暢耕［1979］「山西応県釈迦塔牌題記的探討」『文物』1979（4），
　　　　pp.26-30

魏　良韜［1987］『西遼史研究』寧夏人民出版社

姜懐英・楊玉柱・于庚寅［1985］「遼中京塔的年代及其結構」『古建園林技術』1985
　　　　（2），pp.32-37

姜　吉仲［2004］『高麗与宋金外交経貿関係史論』文津出版社

業　露華［1984］「北魏的僧官制度」『世界宗教研究』1984（2），pp.67-71

金　　申［2010］「浅析五重舍利宝塔的内容和製作年代」『歴史文物』204，pp.54-65

顧　吉辰［1993］『宋代仏教史稿』中州古籍出版社

杭　　侃［2002］「遼中京大明塔上的密宗図像」紀念文集編輯委員会編『宿白先生八秩
　　　　華誕紀念文集』下冊，文物出版社，pp.587-595

項　春松［1999］『赤峰古代芸術』内蒙古大学出版社

―――［2007］「遼国交通駅道及駅館述略」王禹浪他編『東北遼代古城研究彙編』上，
　　　　哈爾濱出版社，pp.38-47

国家文物局［2003］『中国文物地図集　内蒙古分冊』下冊，西安地図出版社

謝　重光［1986］「晋――唐僧官制度考略」『世界宗教研究』1986（3），pp.31-46

謝重光・白文固［1990］『中国僧官制度史』青海人民出版社

宿　　白［1985］「独楽寺観音閣与薊州玉田韓家」『文物』1985（7），pp.32-48

朱　子方［1987］「関于遼代鮮演大師的幾個問題」『遼海文物学刊』1987（1），pp.55-
　　　59
朱子方・王承礼［1990］「遼代仏教的主要宗派和学僧」『世界宗教研究』1990（1），
　　　pp.122-133
宋　暁珂［2008］『朝陽遼代画像石刻』学苑出版社
中国仏教図書文物館房山石経研究組［1985］「房山石経中保存的契丹国慈賢訳経」『法
　　　音』1985（1），pp.34-37
中国歴史博物館・内蒙古自治区文化庁［2002］『契丹王朝──内蒙古遼代文物精華──』
　　　中国蔵学出版社
中国歴史博物館遥感与航空撮影考古中心・内蒙古自治区文物考古研究所編［2002］『内
　　　蒙古東南部航空攝影考古報告』科学出版社
張　雲涛［2007］『北京戒台寺石刻』北京燕山出版社
張　漢君［1994］「遼代慶州白塔建塔碑銘考」内蒙古文物考古研究所編『内蒙古文物考
　　　古文集』1，中国大百科全書出版社，pp.475-485
張漢君・張暁東［2000］「釈迦仏舎利塔歴次修葺概述」『内蒙古文物考古』2000（2），
　　　pp.66-71
張剣波・王晶辰・董高［1992］「朝陽北塔的結構勘察与修建歴史」『文物』1992（7），
　　　pp.29-37
張修桂・頼青寿［2001］『遼史地理志彙釈』安徽教育出版社
張　宝璽［2001］『甘粛仏教石刻造像』甘粛人民美術出版社
趙　超［2003］『古代墓誌通論』紫禁城出版社
張暢耕・寧立新・支配勇［2001］「契丹仁懿皇后与応州宝宮寺釈迦塔」張暢耕主編『遼
　　　金史論集』6，社会科学文献出版社，pp.99-144
朝陽北塔考古勘察隊［1992］「遼寧朝陽北塔天宮地宮清理簡報」『文物』1992（7），
　　　pp.1-28
陳　垣［1997］『史諱挙例』上海書店出版社
陳　述［1981］『全遼文』中華書局
陳　明達［2001］『応県木塔』文物出版社
鄭　紹宗［1997］「豊潤天宮寺発現的遼代刻経」内蒙古文物考古研究所編『内蒙古文物
　　　考古文集』第2輯，中国大百科全書出版社，pp.531-536
唐　彩蘭［2005］『遼上京文物擷英』遠方出版社
杜　暁敏［2009］「朝陽北塔仏舎利与遼代舎利崇拝」前掲『遼金歴史与考古』1，
　　　pp.293-298
徳新・張漢君・韓仁信［1994］「内蒙古巴林右旗慶州白塔発現遼代仏教文物」『文物』

1994（12），pp.4-33

杜　仙洲［1961］「義県奉国寺大雄殿調査報告」『文物』1961（2），pp.5-16

内蒙古文物考古研究所・寧城県博物館［1991］「遼中京大塔基座覆土発掘簡報」『内蒙古文物考古』1991（1），pp.58-63

任紅・里蓉［2009］「論古代朝陽仏教文化興盛的原因及歴史地位」『遼寧大学学報　哲学社会科学版』37（4），pp.111-115

傅　楽煥［1984］「遼代四時捺鉢考五篇」『遼史叢考』中華書局，pp.36-172

布資須納徳［1955］『西遼史』中華書局（梁園東訳註）

北京遼金城垣博物館［2005］『北京遼金文物研究』北京燕山出版社

游　彪［2003］『宋代寺院経済史稿』河北大学出版社

楊　衛東［2007］『古涿州仏教刻石』河北教育出版社

楊　新［2007］『薊県独楽寺』文物出版社

羅　炤［1983］「《契丹蔵》的雕印年代」『中国歴史博物館館刊』5，pp.15-17

李　錫厚［2001］「遼中期以後的捺鉢及其与斡魯朶中京的関係」『臨潢集』河北大学出版社，pp.73-85

劉大志・王志華［2009］「朝陽北塔天宮発現的"七宝塔"初探」前掲『遼金歴史与考古』1，pp.299-304

遼寧省文物考古研究所・朝陽市北塔博物館［2007］『朝陽北塔　考古発掘与維修工程報告』文物出版社

【欧文】

Biran, Michal［2005］*The Empire of the Qara Khitai in Eurasian History.* Cambridge University Press

Steinhardt, Nancy Shatzman［1997］Liao Architecture. University of Hawai'iPress

あとがき

　本書は2011年秋に関西大学に提出した博士論文に基づき，一部に加筆・修正を施したものである。同大学の森部豊・原田正俊・井上克人の三先生にはご多忙のなか論文審査の労をお取り頂いたことに，まずは心から御礼申し上げる。審査において賜ったさまざまなご意見やご教示をどれほど反映させることができたのか，いささか不安に感じるところであるが，ともあれ頂戴した評価を心の支えとして，無事に博士論文を本書のかたちで出版することが叶った。

　大学入学時に漠然と抱いていた騎馬遊牧民や農牧狩猟民に対する関心は，学部および大学院の指導教員であった藤島建樹先生の導きによって確信へと変わった。当初は女真族の建てた金朝の制度史・社会史を中心に研究していたが，2002年に初めて参加した遼金西夏史研究会の存在が，著者に大きな転機をもたらした。モンゴル帝国や元はともかく，これに先立つ契丹や金は当時マイナーな研究対象であったため，著者はここにやりがいを感じ，あえて足を踏み入れた。しかしながら，奇しくもほぼ同世代の研究者が少なからず当該時代史の研究を志しておられることを，この研究会を通じて初めて知った。みな興味深いテーマをもって研究に邁進され，現在は契丹・金・モンゴル・元時代を中心とする政治史・社会史・国際関係史などの分野の第一線で活躍しておられる。これら諸兄の研究から多くの学問的刺激を受ける一方で，彼らとは異なる方向性をもって研究を進めることの必要性を強く感じた著者が，自分なりの武器として選んだものが「仏教史」であった。

　大学院在籍時の演習や史料講読の授業において道宣の『続高僧伝』や志磐の『仏祖統紀』などがテキストとして用いられていたこともあり，一般的に敬遠されがちな仏教関係史料も著者にとっては身近な存在であった。

あとがき　227

くわえて幸運なことに，中国仏教史研究の第一人者である竺沙雅章先生が京都大学退官後に著者の母校に招かれていた縁で，先生のご研究に直接触れる機会を頻繁に得ることができた。竺沙先生を通して感じ取った仏教史研究の意義と醍醐味が，結果として著者の進むべき研究の方向性を定めてくれたように思う。

　当初は金・元代仏教史に至るための助走程度の感覚で始めた契丹仏教史の研究であったが，2005年に初めて内モンゴルを訪れ，慶州城址にのこる釈迦仏舎利塔を実際に目の当たりにしたことで，この感覚は一変した。碧空に向かってそびえ立つ白亜の仏塔は，まさしく契丹人が草原に築いた仏国土の残影であった。季節移動において慶州に足を踏み入れる契丹皇帝以下の支配階層はもとより，ここに住まう人々，さらにはこの地を訪れる北宋・西夏・高麗・西ウイグルなど周辺諸国の使節や商人たち，彼らはこの仏塔に何を想い，何を願ったのか。白塔を見上げながらこのような問いかけが頭をよぎり，契丹と仏教の関わりに強く興味を抱くようになった。これ以後，契丹の政権・社会と仏教の関係の具体化を優先課題として心に定め，関連する論文をものし，研究報告を行い，これらを集成して博士論文を執筆した。その結果として生まれたものが本書である。近年格段に良くなりつつある史料環境のもと，いくつかの新たな知見を提示することができたと考えているが，考察の不十分な点や誤りも少なくないだろう。読者の方々の御批正を乞いたい。

　ふりかえって著者は人との出会いに恵まれていたように思う。指導教員の藤島建樹先生からはいわゆる征服王朝（中央ユーラシア型国家）史研究のダイナミズムを，竺沙雅章先生からは仏教史研究の方法論と重要性を学ぶことができた。森部豊先生には著者の継続してきた研究にご留意頂き，関西大学への博士論文の提出をお認め頂いた。三先生とのご縁がなければ，本書を刊行することは叶わなかったであろう。

　松田孝一・森田憲司・村岡倫・松川節の各先生には，大学院博士課程入学時から現在に至るまで，石刻の会や元史の会などにおいて大変お世話になっている。桂華淳祥・西尾賢隆・松浦典弘・井黒忍の各先生には母校に

おける仏教石刻の研究会でご一緒させて頂いた。これらの研究会で学んだことは著者の研究に大いに役立っている。臼杵勲先生には中国における史蹟・文物調査の機縁を与えて頂いた。当該の調査は，魏堅先生（中国人民大学）の按排のもと，馬鳳磊（赤峰博物館）・万雄飛（遼寧省文物考古研究所）両先生のアテンドを得て，武田和哉・高橋学而・澤本光弘・町田吉隆の各先生とともに実施してきた。この現地調査で得た経験や知見は著者の研究を支えるひとつの柱となっている。原田正俊・吉田一彦両先生には，関西大学東西学術研究所や科研の共同研究にお誘い頂き，日本仏教史分野との連携の機会を与えて頂いた。今後，契丹や金の仏教史研究においても日本仏教との比較史的視座が不可欠となることは間違いない。このほかにも多くの方々との出会いがあり，そのおかげで現在の自分がある。研究は決して自分ひとりの力だけで遂行できるものではない。このことを常に胸に刻み込み，感謝の念とともに今後の研究人生を謙虚に歩んでいきたい。

　最後になるが，本書の刊行に際しては，株式会社法藏館の戸城三千代編集長と秋月俊也氏のお力を賜った。この場をかりて厚く御礼申し上げる。

　また著者を支え続けてくれる家族に対して，人生の先輩として，また研究者として最も尊敬する父，いつも朗らかに著者を励ましてくれた亡き母，そして著者の人生の最大の活力である妻と息子に心から感謝の意を表したい。

　なお本書は日本学術振興会平成26年度科学研究費補助金研究成果公開促進費〔学術図書・課題番号265096〕の交付を受けて刊行するものである。関係各位にも御礼申し上げる。

　　2015年2月

　　　　　　　　　　　　　　　　　　　　　　藤 原 崇 人

索　引

1. 本文中の主要な人名・地名・書名・事柄等を採取した。
2. 配列は50音順とした。
3. 章題・節題・図版キャプション・表・註の語句は採取対象外とした。
4. 「契丹」は頻出語であるため採取対象外とした。
5. 用語によっては掲載頁を一部省いたものもある。

あ行——

阿果……5, 59, 61, 64, 92, 95〜98, 102, 108〜110,
　　119, 120, 137, 210
阿古只…………………………………39, 40, 43, 45
浅井覚超……………………………………159, 161
阿閦…………………133, 147, 167, 169, 182, 195
阿保機………………………………………………4, 5
阿弥陀…………………133, 147, 167, 169, 182, 195
安史の乱……………………………………………7
安西楡林窟………………………………………193
安徳県…………………………………………151, 154
安徳州………………………………………………154
懿州…………………………………………………56
倚晴閣雑抄………………………………………100
一行………………………………………………118
伊通河………………………………………………62
一切仏菩薩名集……………………………………92
懿徳皇后〔蕭観音〕………………………………56
井上順恵……………………………………………10
医巫閭山…………………………………………58, 99
イルキン……………………………………………4
印経院……………………………………71, 72, 74, 76
飲馬河………………………………………………62
ウイグル……………………………………………3
右街僧録……………………………………………29
蔚州…………………………………………103, 126
右奉宸…………………………………………36, 37
盂蘭盆………………………………………………43
蘊珪…………………………23, 26〜28, 150, 151
雲居寺………………6, 7, 92, 94, 111, 119, 120, 138
雲接寺塔…………………………59, 153, 154, 168
永安山…………………………………………61, 109
永慶陵…………………………………………20, 208
営州…………………………………………………58, 152
永州…………………………………………………44, 61

永清県……………………………………………93, 95
永泰寺……………………………………63, 92〜95, 98
睿智皇后〔蕭燕燕〕……………………5, 41, 54, 177
易州…………………………………………………29
慧聚寺…………………………6, 11, 64, 90, 98, 102, 136
燕京……6, 11, 29, 31, 41〜43, 45, 54〜58, 63, 64, 71,
　　72, 74, 76, 89, 90, 92〜95, 97, 100〜102, 109,
　　120, 136, 146
燕京管内左街僧録…………………………………28
円首建塔碑………………………………22, 24, 37
延昌寺……………………………………………151
円仁………………………………………………124, 125
円福寺………………………………………………63
閭文儒………………………………………………9
王華…………………………………………………71
王萼…………………………………………………68
応県………………6, 9, 11, 14, 33, 92, 123, 128, 138
王光………………………………………………168
王子温………………………………………………91
応州…………………………………………………29, 128
応州僧正…………………………………………34, 35
応州当寺沙門祈福願文…………………………33, 34
王晶辰……………………………………………147
王承礼…………………………………………9, 51, 68
王鼎…………………………………………………90, 91
王未想………………………………………………52
大原嘉豊………………………………………11, 181, 191
大屋徳城……………………………………………67
長部和雄…………………………………………193
小野妹子…………………………………………153
オリッサ州………………………………………193
オルド…………………………………………20, 27, 37
オルド属州…………………………………………20

か行——

海雲寺……………………………92, 99, 102, 165, 181

開教寺……………………………………4
開悟寺………………………………64, 97
懐州〔河東〕………………………………33
懐州〔内蒙〕………………………………53, 54
会昌の廃仏………………………………7
懐素…………………………………………94
戒台寺………………………6, 11, 90, 136
会寧府……………………………………31
開封市……………………………………26
開宝蔵……………………………………6
開封府…………………………………26, 31
戒本…………………57, 104, 122〜124, 128
開龍寺…………………15, 54〜57, 59, 61, 62, 74, 99
懐陵………………………………………53
開魯県……………………………………62
覚苑………………9, 63, 65, 66, 76, 118, 190
覚花島……………92, 99, 102, 165, 181
学僧……6, 7, 9, 11, 16, 17, 51, 53, 56, 58〜60, 64, 66,
　67, 71, 74〜76, 89, 92, 99, 107, 165, 181, 209,
　210, 212
過去七仏…156, 165〜168, 170, 180〜183, 190〜
　192, 194, 196, 197, 211, 212
荷沢神会…………………………………69
滑州…………………………………33, 149
勝又俊教…………………………………120
加藤精一…………………………………138
河南府……………………………………26
鎌田茂雄………………………9, 16, 105
神尾弌春………10, 153, 165, 184, 185
上川通夫………………………………11, 118
カラハン朝………………………………5
河上麻由子………………………………89
漢……………………………………………58
閣厩使…………………………………36, 37
巌州………………………………………181
灌頂……121, 131, 133〜135, 137, 138, 210
灌頂〔人名〕…………………………90, 104
韓仁信…………………15, 22, 24, 57
韓知古……………………………………4, 11
観仏三昧海経……………………182, 191
韓昉………………………………………136
巌母童…………………………………55, 56
祁英濤……………………………………128
帰義寺……………………………………100
疑経………………………………………135
義県………………………………165, 195
宜州………………………………………33

義州………………………………166, 181
魏書………………………………………4, 12
義成軍……………………………………149
義成軍節度使……………………………151
義操………………………………127, 138
契丹国志………………………………12, 42
契丹蔵………………6, 7, 9, 10, 14, 128
契丹大蔵経……………6, 99, 164, 213
義天………52, 67〜76, 102, 136, 209
義天録……………………………………102
熙寧使虜図抄………………12, 41, 42
木村清孝………………………9, 53, 58
姜吉仲……………………………………73
堯骨………………………4, 53, 54, 178
教蔵都監………………………………67, 72
業露華……………………………………34
玉田県……………………………………98
魚児濼……………………44, 61, 62, 109
御製本……………122〜128, 135〜137
金……………7, 9, 14, 28, 31, 33, 34, 213
欽愛皇后〔蕭耨斤〕………15, 36, 55
金志…………………………31, 33, 35
金史…………………………………31, 41
近住五戒儀………………………………127
錦州市…………165, 179, 181, 194, 195, 212
近住八戒儀………………………………127
金申………………………………166, 180
空海…………………………………99, 127
纈絲淀……………………44, 61〜64, 74
孔雀経……………………………………192
クチュルク………………………………5
旧唐書……………………………………37
功徳使……………………………………26
グル＝カン………………………………5
軍巡院……………………………………37
奚…………………………………152, 176
恵果………………………………127, 132
薊県……………………………10, 15, 165
薊州………………………………………98
慶州……11, 17, 20, 21, 26〜29, 35, 37, 39, 41〜46,
　55, 61, 109, 208
慶州釈迦仏舎利塔……3, 11, 15, 57, 151, 164, 166,
　181, 190, 191, 212
慶州僧判官………………………………23
慶州僧録………23, 26〜28, 72, 151
慶州白塔……20〜22, 25, 27, 28, 35〜38, 43
慶州白塔螭首造像建塔碑………………20, 22

景宗〔明扆〕……………4, 39, 41, 54, 123, 177
慶陵……………………………………44, 61
華厳…6～9, 11, 51, 53, 57～59, 105, 107, 113, 190
華厳経……………………………106, 124
花厳経玄談決択記………………………57, 58
華厳経疏……………………………58, 138
華厳経随疏演義集玄記……………………59
華厳経随疏演義鈔…………………………58
華厳経随疏演義逐難科……………………59
華厳経随品讃……………………76, 105, 107
華厳経随品讃科……………………107, 165
華厳経談玄決択……………………………53
華厳寺……………………………………59
元……………7～9, 12, 74, 123, 213
元一統志…………………………………177
元史………………………………………12
顕州………………………………………165
建州………………………………………154
玄奘………………………………………57
顕忠坊……………………………………55
玄寧軍節度使………………………23, 26, 36
顕密円通成仏心要集…………104, 118, 190
小泉恵英…………………………………15
興王寺………………………………67, 68, 72
黄花灘塔…………………………………154
杭侃…………166, 180, 184, 185, 188, 194
恒簡……………………64, 94, 97～99, 108
恒劭…………………………………92, 93
洪皓………………………………………33
広済寺塔………179, 181, 191, 194～196, 212
恒策…63, 64, 94, 95, 97～101, 105, 107, 111, 210
弘州………………………………103, 126
項春松………………………………62, 177
興城市………………………………92, 168, 181
後秦…………………………………58, 99
興聖宮……………………………………20
興宗〔只骨〕……3, 5～7, 9～11, 15, 17, 20, 26, 28,
　53, 61, 89, 92, 99, 101, 112, 123, 128, 146, 148,
　149, 165, 181, 208, 213
興中県……………………………………58
興中府………………26, 58, 59, 71, 146, 195
後唐………………………………………29
恒徳………………………………………39
孝文帝……………………………………195
広平淀………………………………44, 61
弘法寺………………………6, 71, 72, 74, 76
高麗…6, 11, 52, 59, 67～69, 72～76, 102, 136, 193,

　209
高麗続蔵経………………………………67
黄龍府……………………………57, 61, 62, 74
国師………………………………89, 158, 212
悟寂院……………………………………181
悟鉢………………………………………136
五代………………………………8, 9, 20, 29
五台山……………………………………125
五台山僧官………………………………29
五代十国……………………………………3
五智如来…………………………………133
国舅族……………………39, 43, 61, 177, 210
兀欲…………………………………39, 59
悟敏………………………102, 104, 136, 137
金剛界五仏……………………133, 169, 182
金剛界四仏……147, 148, 153, 167, 182, 195, 196
金剛界大日如来……165, 167, 180, 182, 190, 193,
　194, 196
金剛界法…9, 17, 118, 119, 133, 134, 153, 182, 190,
　194
金剛摧砕陀羅尼…………………………158
金剛大師…………………………………97
金剛頂経………………9, 17, 118, 133, 153, 182
金光明経…………………………………57
混同江…………44, 59, 61, 62, 74, 97, 108, 109

さ行──

再生儀……………………………………40
再生礼………………………………40, 41
左街僧録…………………………………29
槃古………………………………………56
朔州市………………………………6, 33, 92, 123
左承制……………………………………37
左右街都僧録……………………………29
査剌…5～7, 11, 16, 17, 51, 52, 55～76, 89, 90, 92,
　94～113, 119, 122, 126, 128, 136～138, 165,
　194, 196, 197, 209～214
三燕………………………………146, 153
三学寺………………………………59, 195
撒葛只……………………………………39
懺悔……………………90～94, 96, 127
三京諸道僧尼都総管………………………4
懺悔主……………………………………94
懺悔上人…………………………………91
三綱………………………………………120
三宝感応要略録…………………………28
三宝六師外護文………………………57, 58

志延……………………………………76
思燕仏図……………………………195
塩入良道………………………………91,92
紫金寺…………………………………101,109
慈賢……12,157～159,161～164,166～170,180,
　182,197,211,212
至元法宝勘同総録……………………162
至元録…………………………………162,163
思孝………92,99,102,107,122,127,138,165,181
思孝本…………………………………122～128
只骨…3,5～12,15～17,20,26,28,35～46,53,56,
　89,92,99,101,105,108,112,113,123,146,
　148,149,151,165,181,208～211,213
志実……………………………76,107,165
資治通鑑………………………………12
寺主……………………………………120
自誓受戒儀……………………………127
志仙………………………119,120,135,210
志仙本…………119～126,128～135,137,138
志達…………………………64,98,99,107
志智……………………………………56
七仏経…………………………………183
日下旧聞考……………………………27,100
実叉難陀………………………………105,124
支配勇…………………………………11,128
司馬光…………………………………12
志磐……………………………………12
志福…………………………58,73,76,99
四分律…………………………………135
四分律刪繁補闕行事鈔評集記………89
島田正郎………………………………12,40
釈迦…11,12,22,151,165,166,168,169,183,189,
　190
釈摩訶衍論…………58,65,72,73,75,99,101
釈摩訶衍論賛玄疏…………58,63,65,99
釈摩訶衍論通玄鈔…………………58,99
釈摩訶衍論通賛科……………………99
釈摩訶衍論通賛疏…………56,58,99,100
釈摩訶衍論通賛大科…………………99
謝重光…………………………29,31,34
従教…………………………………23,26
重元……………………………………39,110
十重四十八軽戒………………………106,135
重修桑乾河橋記……………102,126,135
授戒儀…11,18,90,104,119,122,123,125～128,
　130,131,133,134,137,138,210
受戒発願文………………129,130,138,210

粛宗……………………………………68
宿白……………………………………10
守護大千国土経………………………192
朱子方…………………………………9,51,52
守常……………………………………91
守臻…56～58,73,76,93～95,98～101,105,108,
　112,210
述律……………………………………53,123
述律月理朶……………………………36,39
守道………………………64,98,99,107
受菩提心戒儀………125,129,131,138,210
授菩提心戒本………………………128,138
淳欽皇后〔述律月理朶〕………………36,39
順州……………………………………29
順州管内都綱…………………………35
順帝……………………………………12
純密………………………………8,17,118
蕭阿古只………………………………36
正慧大師…64,92～96,98～101,105,107,108,
　111,210
静琬……………………………………7
蕭衍……………………………………104
蕭燕燕…………………………5,41,54,177
松花江……………………………44,61,62
蕭観音…………………………………56
上京〔会寧府〕…………………………31
上京〔臨潢府〕…4,17,27,29,37,38,43,52,54～
　57,59,61,62,74,91,99,101,150
上京管内僧録…………………………150
上京管内都僧録……………………28,35
上京帰化軍……………………………37,38
上京僧録………………………………27
上京南塔………………………………15,168
上京碑刻〔略号〕……………………14,52
上京北塔………………………………15
浄源……………………………………67
昭玄寺…………………………………34
蕭孝恵…………………………………56
蕭孝先…………………………………39
蕭孝穆…………………………………39,56
上座……………………………………120
蕭涅卜…………………………………38
省慈……………………………………150
省章……………………………………150
章聖皇后〔蕭耨斤〕…23,35,36,151,208,212
蕭撻里………………11,39,94,128,151
承天皇太后〔蕭燕燕〕…………………54

上都‥‥‥‥‥‥‥‥‥‥‥‥‥‥‥‥74	石州‥‥‥‥‥‥‥‥‥‥‥‥‥‥‥‥33
蕭梅斤‥‥‥15,17,35～41,43,45,46,55～57,151,	析津府‥‥‥‥‥‥‥‥‥‥‥‥‥‥‥29
208,212	赤峰市‥‥‥3,15,18,20,27,44,52,55,61,91,168,
浄土教‥‥‥‥‥‥‥‥‥‥‥‥‥‥8,9	176,208,211
松漠紀聞‥‥‥‥‥‥‥‥‥‥‥‥‥‥33	赤峰市博物館‥‥‥‥‥‥‥‥‥‥‥22
蕭匹敵‥‥‥‥‥‥‥‥‥‥‥‥‥‥38	施護‥‥‥‥‥‥‥‥‥‥‥‥‥‥‥192
昭敏‥‥‥‥‥‥‥‥‥‥‥‥‥‥‥4	石経寺‥‥‥‥‥‥‥‥‥‥‥‥‥‥119
彰武軍‥‥‥‥‥‥‥‥‥‥‥‥‥‥150	禅‥‥‥‥‥‥‥‥‥‥‥‥‥‥8,9,11
蕭菩薩哥‥‥‥‥‥‥‥‥‥‥‥‥36,38	鮮演‥‥11,17,51～64,67,70～76,99～101,107,
成唯識論‥‥‥‥‥‥‥‥‥‥‥‥‥57	195,209
書禁‥‥‥‥‥‥‥‥‥‥‥‥‥‥6,13	前燕‥‥‥‥‥‥‥‥‥‥‥58,146,153,195
女古オルド‥‥‥‥‥‥‥‥‥‥‥20,27	宣演大師‥‥‥‥‥‥‥‥‥‥‥‥23,150
女真‥‥‥‥‥‥‥‥‥‥‥‥‥‥‥5	澶淵体制‥‥‥‥‥‥‥‥‥‥‥112,213
新羅‥‥‥‥‥‥‥‥‥‥‥‥‥‥‥72	澶淵の盟‥‥‥‥‥‥10,12,112,213,214
シラ＝ムレン‥‥‥‥‥‥‥‥‥4,61,62	鮮演墓碑‥‥‥‥51～55,57～61,67,74
清‥‥‥‥‥‥‥‥‥‥‥‥‥‥21,179	善規‥‥‥‥‥‥‥‥‥‥‥‥92,93,96
仁懿皇后〔蕭撻里〕‥‥‥‥‥‥128,151	詮暁‥‥‥‥‥‥‥‥‥‥‥‥‥‥58
任紅‥‥‥‥‥‥‥‥‥‥‥‥‥‥146	千人邑会‥‥‥‥‥‥‥‥‥‥‥‥10
真言‥‥‥‥‥‥‥‥‥‥‥66,125,134	鮮卑‥‥‥‥‥‥‥‥‥‥‥‥‥58,195
潘州‥‥‥‥‥‥‥‥‥‥‥‥‥‥‥29	善無畏‥‥‥‥‥‥‥‥‥‥‥118,133
秦楚国大長公主‥‥‥‥‥‥‥‥‥‥55	詮明‥‥‥‥‥‥‥‥‥‥‥‥‥‥58
真定府‥‥‥‥‥‥‥‥‥‥‥‥‥‥31	増壱阿含経‥‥‥‥‥‥‥‥‥‥‥191
真福寺‥‥‥‥‥‥‥‥‥‥‥‥‥127	僧羯磨‥‥‥‥‥‥‥‥‥‥‥‥‥94
新編諸宗教蔵総録‥‥67,70,75,102,124,127,136	僧官‥‥‥‥17,20,21,27～29,31,33,46,209
隋‥‥‥‥‥‥‥7,20,90,146,147,152～155,169	総管府‥‥‥‥‥‥‥‥‥‥‥‥31,33
随願往生集‥‥‥‥‥‥‥‥‥‥‥‥28	宋暁珂‥‥‥‥‥‥‥‥‥‥‥‥‥150
崇雅‥‥‥‥‥‥102～104,126,135～137	曹渓慧能‥‥‥‥‥‥‥‥‥‥‥‥69
崇謹‥‥‥‥‥‥‥‥‥‥‥‥‥‥94	桑乾河‥‥‥‥‥‥‥‥‥‥‥103,126
崇興寺西塔‥‥‥‥179,181,191,194～196	僧正‥‥‥‥‥‥‥‥‥‥‥‥‥20,34
崇仙寺‥‥‥‥‥‥‥‥‥‥‥‥58,99	僧正司‥‥‥‥‥‥‥21,29,31,33～35
図志〔略号〕‥‥‥‥14,90,94,95,136	宗天皇太后〔蕭撻里〕‥‥‥‥‥‥‥94
スタイン‥‥‥‥‥‥‥‥‥‥‥‥193	曹彬‥‥‥‥‥‥‥‥‥‥‥‥‥‥54
静安寺‥‥‥‥‥‥‥‥166,181,190,191	雑密‥‥‥‥‥‥‥‥‥‥‥‥‥118
西夏‥‥‥‥‥‥‥‥‥‥3,6,101,136	僧録‥‥‥‥‥‥‥27,34,95,102,126,150
西京〔河南府〕‥‥‥‥‥‥‥‥‥‥26	僧録司‥‥‥‥17,20,21,26,29,33,35,43,45,46,208
西京〔大同府〕‥‥‥‥29,31,102,126	続高僧伝‥‥‥‥‥‥‥‥‥‥‥‥152
西京僧録‥‥‥‥‥‥‥‥‥‥‥‥103	続資治通鑑長編‥‥‥‥‥‥‥‥12,40
成州‥‥‥‥‥‥‥‥‥‥‥‥‥‥‥29	蘇轍‥‥‥‥‥‥‥‥‥‥‥‥63,111
成州管内僧政‥‥‥‥‥‥‥‥‥‥‥35	
西晋‥‥‥‥‥‥‥‥‥‥‥‥‥‥153	**た行——**
世宗〔兀欲〕‥‥‥‥‥‥‥‥‥39,59	
聖宗〔文殊奴〕‥‥‥5,6,9,11,14,20,36,38,44,46,	大安山‥‥‥‥‥‥‥‥‥‥‥94,95,97
54,55,57,61,73,110,176,194,208	大安山観音堂記‥‥‥‥‥‥‥‥94,97
斉天皇后〔蕭菩薩哥〕‥‥‥‥‥‥36,38,39	大覚国師外集‥‥‥‥‥‥‥52,67,68,71
青峰塔‥‥‥‥‥‥‥‥‥‥153,154,168	大教王経‥‥‥‥180～182,188～190,194,195
西遼河‥‥‥‥‥‥‥‥‥‥‥‥‥‥62	太原府‥‥‥‥‥‥‥‥‥‥‥‥‥31
西楼‥‥‥‥‥‥‥‥‥‥‥‥‥‥‥4	大興安嶺‥‥‥‥‥‥‥‥‥‥‥‥4
	大広寺‥‥‥‥‥‥‥‥‥‥‥‥‥4

大昊天寺‥‥‥‥‥‥‥‥‥‥‥‥‥‥56
大興府‥‥‥‥‥‥‥‥‥‥‥‥‥‥‥31
太子寺‥‥‥‥‥‥‥‥‥‥‥‥‥‥‥92
太師大師‥‥‥‥‥‥‥‥‥54〜56,101
大乗起信論‥‥‥‥‥‥‥‥‥‥‥‥‥99
大乗懺悔儀‥‥‥‥‥‥‥‥‥‥‥‥127
大乗八関斎戒儀‥‥‥‥‥123,128,131
大乗本生心地観経‥‥‥‥‥‥‥‥‥168
大仁恵‥‥‥‥‥‥‥‥‥‥‥‥‥70,71
大随求陀羅尼‥‥‥158,159,161〜163,169,170,
211
太祖〔阿保機〕‥‥‥‥‥‥‥‥‥4,36
太祖〔趙匡胤〕‥‥‥‥‥‥‥‥‥‥6
太宗〔堯骨〕‥‥‥‥‥‥‥4,53,54,178
太宗〔趙匡義〕‥‥‥‥‥‥‥‥‥‥54
胎蔵五仏‥‥‥‥‥‥‥‥‥‥‥‥182
胎蔵大日如来‥‥‥‥‥‥‥‥193,194
胎蔵法‥‥‥‥‥‥‥‥‥‥‥118,193
大定府‥‥‥‥12,18,29,31,38,43,55,61,71,91,98,
170,176,195,212
大都‥‥‥‥‥‥‥‥‥‥‥‥‥‥‥74
大塔〔中京大塔〕‥‥‥12,18,177,188〜190,194,
197,211,212
大同市‥‥‥‥‥‥‥‥‥102,126,128
大同府‥‥‥‥‥‥‥‥‥‥29,31,102
大日経‥‥‥‥‥‥‥‥‥66,118,193
大日経義釈演密鈔‥‥‥‥9,63,65,118,190
大日如来‥‥‥133,150,167〜170,182〜185,187,
190,194,196,197,211,212
大方広仏華厳経‥‥‥‥‥‥‥‥105,124
大宝塔‥‥‥‥‥‥‥‥59,153,154,168
大妙金剛経‥‥‥‥‥‥‥‥‥‥‥180
大明塔‥‥‥‥‥‥‥‥‥‥‥‥‥177
大凌河‥‥‥‥‥‥‥‥‥‥58,146,195
高井康典行‥‥‥‥‥‥‥‥‥‥‥195
沢州‥‥‥‥‥‥‥‥‥‥‥‥‥‥‥33
涿州‥‥‥‥‥‥‥‥‥‥‥‥‥‥‥29
竹島卓一‥‥‥‥‥‥‥12,153,185,194
谷井俊仁‥‥‥‥‥‥‥10,38,39,41,112,213
田村實造‥‥‥‥‥‥‥‥‥‥‥10,62
陀羅尼‥‥‥3,11,16,17,25,66,118,125,148,155,
157〜159,161〜163,167,169,170,211
多利思比孤‥‥‥‥‥‥‥‥‥‥‥153
達磨栖那‥‥‥‥‥‥‥‥‥‥‥‥180
湛睿‥‥‥‥‥‥‥‥‥‥‥‥‥‥‥53
タングート‥‥‥‥‥‥‥‥‥‥‥‥3
断事沙門‥‥‥‥‥‥‥‥‥‥‥‥‥34

智顗‥‥‥‥‥‥‥‥‥‥‥‥90,104
智佶‥‥‥‥‥‥‥‥‥‥‥‥71〜73
智炬‥‥‥‥‥‥‥‥‥‥‥‥‥‥‥69
竺沙雅章‥‥‥‥9〜11,57,58,69,105,131
竹林寺‥‥‥‥‥‥‥‥‥‥‥‥55,56
地持経‥‥‥‥‥‥‥‥‥‥‥‥‥107
智泉寺‥‥‥‥‥‥‥‥‥‥‥‥‥‥7
中京‥‥‥‥12,18,29,38,43,55,58,59,61,71,91,98,
99,170,176,177,194〜196,211,212
中京大塔‥‥‥168,176〜184,189〜191,194〜197,
211〜213
中都‥‥‥‥‥‥‥‥‥‥‥‥‥‥‥31
長安‥‥‥‥‥‥‥‥‥‥‥‥26,125
張惟保‥‥‥‥‥‥‥‥‥‥23,26,36
澄淵‥‥‥‥‥‥‥89,101,105,108,112
澄観‥‥‥‥‥‥‥‥‥‥9,58,138
張漢君‥‥‥‥‥‥‥15,21,22,24,57
趙匡胤‥‥‥‥‥‥‥‥‥‥‥‥‥‥6
趙匡義‥‥‥‥‥‥‥‥‥‥‥‥‥54
張暁東‥‥‥‥‥‥‥‥‥‥‥‥‥21
張剣波‥‥‥‥‥‥‥‥‥‥‥‥147
趙孝厳‥‥‥‥‥‥‥‥‥‥‥‥‥66
張暢耕‥‥‥‥‥‥‥‥‥‥‥11,128
張棣‥‥‥‥‥‥‥‥‥‥‥‥‥‥‥31
朝陽県‥‥‥‥‥‥‥‥‥‥‥‥153
朝陽市‥‥‥‥11,15,18,26,58,59,146,150,153,155,
168,169,195,211
朝陽南塔‥‥‥‥‥‥‥‥‥‥‥‥146
朝陽北塔‥‥‥‥11,15,26〜28,146,181,182,191,
193,196,211,212
朝陽北塔考古勘察隊‥‥‥‥‥‥‥147
チルク‥‥‥‥‥‥‥‥‥‥‥‥‥‥5
陳垣‥‥‥‥‥‥‥‥‥‥‥‥‥‥178
沈括‥‥‥‥‥‥‥‥12,41,43,44,109
都維那‥‥‥‥‥‥‥‥‥‥‥‥120
通州‥‥‥‥‥‥‥‥‥‥‥‥‥‥‥33
通遼市‥‥‥‥‥‥‥‥‥‥3,15,62
塚本善隆‥‥‥‥‥‥‥‥‥‥58,99
土橋秀高‥‥‥‥‥‥‥‥‥‥‥‥107
妻木直良‥‥‥‥‥‥‥‥‥‥‥‥‥9
鄭于澤‥‥‥‥‥‥‥‥‥‥‥‥193
鄭恩淮‥‥‥‥‥‥‥‥‥‥‥‥‥‥9
提轄使‥‥‥‥‥‥‥‥‥‥‥‥‥37
帝師‥‥‥‥‥‥‥‥‥‥‥‥‥‥‥74
迭剌部‥‥‥‥‥‥‥‥‥‥‥‥‥‥4
涅魯古‥‥‥‥‥‥‥‥‥‥‥‥‥110
天開寺‥‥‥‥‥‥‥‥‥‥‥‥‥91

伝戒僧……6, 11, 16, 57, 64, 71, 89, 93, 99, 100, 101, 104, 105, 107, 108, 111 〜 113, 136, 137, 210, 212, 213
天宮寺……………………………………9, 92
天慶寺………………………………71, 136
田重進……………………………………54
天授皇帝…………………………………59
天津市…………………………10, 15, 165
天成県………………………………126, 135
天祚帝〔阿果〕……5, 59, 61, 64, 92, 96〜98, 102, 108, 119, 120, 137, 210
殿中司……………………………………37
殿中省……………………………………36
殿直………………………………………37
天鎮県志…………………………………126
天寧寺……………………………………95
天王寺……………………………………95
伝菩薩戒壇主大師………………………90
天雄寺……………………………………4
転輪聖王…………………………………106
唐……3〜6, 8〜11, 16, 20, 26, 29, 34, 36, 51, 57, 58, 72, 89, 94, 105, 119, 121, 124, 125, 128, 138, 148, 152, 157, 159, 163, 164, 168, 170, 176, 180, 184, 192, 193, 197, 211〜213
棠陰坊……………………………………56
道殷…………………………………104, 118, 190
投下領…………………………56, 166, 181
東京〔開封府〕…………………………26
東京〔遼陽府〕……………29, 31, 37, 62
董高………………………………………147
塔山塔……………………………………168
東晋…………………………………20, 182
道進………………………………………90
道清…………………………………23, 26, 27
道宗〔査刺〕……5, 11, 16, 17, 51, 56, 60, 61, 89, 90, 92, 94, 96 〜 98, 100, 102, 112, 119, 122, 128, 136, 165, 194, 196, 209, 212
東大寺東南院……………………………127
東頭供奉官………………………………37
道弼…………………………………59, 76, 195
東部ユーラシア………3, 5, 7, 8, 11, 112, 213, 214
東平府……………………………………31
東平房塔…………………………………154
洮児河……………………………………61
杜暁敏……………………………………155
徳雲………………………………………92
徳新…………………………………15, 22, 24, 57

トクト……………………………………12
独楽寺…………………………10, 15, 165
都綱………………………………………20
杜行顗……………………………………193
都綱司……………………………29, 31, 33, 34
トゴン・テムル…………………………12
杜仙洲……………………………………165
礪波護……………………………………153
吐蕃…………………………………3, 193
苫米地誠一…………121, 125, 128, 131, 132
鳥居龍蔵…………………………………180
トルキ山古墓……………………………3
敦煌………………………………………193
嫩江………………………………………61
曇無讖……………………………………90

な行──

内殿懺悔主……17, 64, 89, 92, 94〜101, 105, 107, 108, 111〜113, 209, 210, 212
中純夫……………………………………10
中村淳……………………………………74
中村元…………………………105, 123, 182
捺鉢……17, 43〜46, 61, 62, 66, 70, 74, 75, 95, 177, 208〜210
南京〔燕京〕……………………………29, 59
南京〔開封府〕…………………………31
南宗禅……………………………………69
南宋…………………………………8, 12, 31, 33
南天鉄塔…………………………………169
南北朝…………………………………20, 89
西ウイグル…………………………3, 6, 11
西脇常記…………………………………11
入唐新求聖教目録………………………124
日本…………………………………6, 67
仁寿舎利塔……………………152, 154, 155, 169
仁王護国経融通疏………………………57
仁王護国般若波羅蜜多経………………57
寧城県………18, 55, 91, 168, 176, 211
寧立新…………………………………11, 128
野上俊静………………10, 51, 122, 165

は行──

排押………………………………………39
廃仏………………………………………153
バイリン右旗博物館……………………22
白山院……………………………………165
白塔〔慶州釈迦仏舎利塔〕……20, 41〜43, 46

白塔碑‥‥‥‥‥‥‥‥‥20,22,24～28,35～38
白塔峪塔‥‥‥‥‥‥‥‥‥‥168,181,182
白文固‥‥‥‥‥‥‥‥‥‥‥‥29,31,34
覇州‥11,26,27,29,146,147,150～155,157,164,
　168～170,211,212
覇城県‥‥‥‥‥‥‥‥‥‥‥‥‥‥151
八王分舎利‥‥‥‥‥‥‥‥‥156,168,170
八十華厳‥‥‥‥‥‥‥‥‥‥‥105,124
八大菩薩‥‥150,156,164,165,167,170,179,184,
　185,187～189,193,196,211
八大菩薩曼荼羅‥‥‥‥185,188,189,192～197
八大菩薩曼荼羅経‥‥‥‥‥‥164,165,184
八大菩薩曼荼羅経科‥‥‥‥‥‥‥165
八大菩薩曼荼羅経疏‥‥‥‥‥‥‥165
八大菩薩曼荼羅経崇聖抄‥‥‥‥‥165
八大霊塔‥‥147,156,168,170,179,183,184,190,
　194～197
八稜観塔‥‥‥‥‥‥‥‥‥‥154,168
八斎戒‥‥‥‥‥‥‥‥‥‥‥‥‥123
八田幸雄‥‥‥‥‥‥‥‥‥‥‥‥131
筏提摩多‥‥‥‥‥‥‥‥‥‥‥58,99
半截塔‥‥‥‥‥‥‥‥‥‥‥‥‥177
般若‥‥‥‥‥‥‥‥‥‥‥‥‥‥168
般若波羅蜜多心経‥‥‥‥‥‥‥27,150
潘美‥‥‥‥‥‥‥‥‥‥‥‥‥‥54
非辱‥‥‥‥‥‥‥‥‥‥‥‥‥‥101
秘蔵〔略号〕‥‥‥‥‥14,33,123,128～130
非濁‥‥‥‥‥‥‥‥‥‥‥‥‥28,92
毘盧遮那仏‥‥166,167,180,182,190,193,194,211
憫忠寺‥‥‥‥‥‥‥‥‥‥‥‥‥58
馮太后‥‥‥‥‥‥‥‥‥‥‥‥‥195
傳楽煥‥‥‥‥‥‥‥‥‥‥‥‥44,62
不空‥‥‥11,57,119,121,125,129,131～133,138,
　157,159,163,164,167,170,184,192,193,
　197,210,211
不空系密教‥‥‥‥‥‥‥119,121,138,212
不空成就‥‥‥‥‥133,147,167,169,182,195
不空本‥‥‥‥‥‥‥132～134,137,138
布薩‥‥‥‥‥‥‥‥‥‥‥‥122,123
藤原崇人‥‥‥‥‥‥‥‥‥‥‥11,12
阜新市‥‥‥‥‥‥‥‥‥‥‥‥‥168
傅振倫‥‥‥‥‥‥‥‥‥‥‥‥‥9
フス・オルド‥‥‥‥‥‥‥‥‥‥5
仏宮寺‥‥‥‥‥‥‥‥‥‥123,128,138
仏宮寺本‥‥‥‥‥‥‥129～134,137,138
仏宮寺木塔‥‥6,9,10,11,14,33,92,106,123,138,
　210

仏説金剛大摧砕延寿陀羅尼‥158,162,163,169,
　170,211
仏説報恩奉盆経‥‥‥‥‥‥‥‥‥39
仏祖統紀‥‥‥‥‥‥‥‥‥‥‥12,13
仏祖歴代通載‥‥‥‥‥‥‥‥‥‥138
仏陀跋陀羅‥‥‥‥‥‥‥‥‥‥‥182
仏陀波利‥‥‥‥‥‥‥‥‥‥157,193
仏頂尊勝陀羅尼‥‥‥‥‥‥‥‥158,193
仏頂尊勝陀羅尼念誦儀軌法‥‥‥‥193
仏名経典‥‥‥‥‥‥‥‥‥‥‥91,92
仏母大孔雀明王経‥‥‥‥‥‥‥‥192
武帝〔梁〕‥‥‥‥‥‥‥‥‥‥‥104
武帝〔北周〕‥‥‥‥‥‥‥‥‥‥153
船山徹‥‥‥‥‥‥‥‥‥‥‥90,135
フフホト市‥‥‥‥‥‥‥‥‥‥‥15
古松崇志‥‥‥11,42,61,63,64,90,97,98,101,102,
　108,111,112,136,213
普勒‥‥‥‥‥‥‥‥‥‥‥23,26,27
汾州‥‥‥‥‥‥‥‥‥‥‥‥‥‥33
文宗‥‥‥‥‥‥‥‥‥‥‥‥‥‥67
文帝‥‥‥‥‥‥‥‥‥‥152～155,169
平陽府‥‥‥‥‥‥‥‥‥‥‥‥‥31
北京市‥‥‥6,11,54,90,91,94,95,97,103,119,176
宝安‥‥‥‥‥‥‥‥‥‥‥‥‥‥152
法運通塞志‥‥‥‥‥‥‥‥‥‥‥12
鳳凰山‥‥‥‥‥‥‥‥‥‥‥‥59,153
報恩経‥‥‥‥‥‥‥‥‥‥‥‥39,40
報恩伝教寺‥‥‥‥‥‥‥‥‥‥58,99
鳳衛珠銀鎏金法舎利塔‥‥‥‥‥‥42,43
法均‥‥‥‥6,11,64,90,91,98～102,104,107,111,
　136,137
法均遺行碑‥‥‥‥‥‥‥‥90,91,136
宝宮寺‥‥‥‥‥‥‥‥‥‥123,130,131
宝厳寺‥‥‥‥‥‥‥‥‥‥‥‥‥56
法悟‥‥‥‥‥‥‥58,63,65,66,73,76,99
奉国寺‥‥‥‥‥‥‥‥‥165,181,190,191
法贖‥‥‥‥‥‥‥‥64,94,97,108～110
房山‥‥‥‥‥‥‥6,7,92,94,111,119,138
房山〔略号〕‥‥‥‥‥‥‥14,119,122
房山石経‥‥‥‥‥10,11,138,158,163,210,213
房山遼金〔略号〕‥‥‥14,92,119,158,159,162,
　163,166
宝思惟‥‥‥‥‥‥‥‥‥‥‥159,161
法舎利‥‥‥‥‥25,155～157,163,164,167,170
法舎利塔‥‥‥‥‥‥‥‥‥3,163,166
宝生‥‥‥‥‥‥‥133,147,167,169,182,195
奉宸司‥‥‥‥‥‥‥‥‥‥‥‥‥37

法天……183
奉福寺……89,92,101
宝峰寺……94
奉陵州……20,42,53,208
宝林伝……69,75
北魏……4,34,146,147,195
北使還論北辺事箚子……111
北周……153
濮州……149
北斉……34
穆宗〔述律〕……53,123
北宋…3,6,8,12,26,31,34,54,67,69,72,101,109,111,112,136,149,177,183,192,194,213
北拓〔略号〕……14,90,91,95,136
北鎮市……179,181,194
北塔〔朝陽北塔〕………18,59,146～155,162,164～169
北塔〔略号〕……15,26,27,147,149～151,156～158,161,164,167,169
北面御帳官……37
北涼……90,135
菩薩戒…6,8,11,16～18,57,64,71,89～91,93,95,100,101,104,105～113,118,119,123,127,134,135,137,138,209,210
菩薩戒義疏……90,104
菩薩戒纂要疏……57
菩薩国王……66,104,105
菩薩三聚戒本……213
菩薩十無尽戒儀……123,128,131
菩薩瓔珞本業経……90,107
保州……73
補続高僧伝……136,137
菩提心……106,120,124,130
菩提心戒…104,120～122,126,128～131,134,135,137,138,210
菩提心戒〔書名〕……57
菩提心戒儀……127
李吉只……39,110,111
北京〔大定府〕……31
法身偈……158
法相……8,9,57
発菩提心戒一本……119,120,123,124,138,210
発菩提心戒本……17,90,101,102,104,105,111,113,122～125,127,128,131,138,209,210,212
慕容跜……58,195
梵幢寺……152,154,155,169

梵本般若波羅蜜多心経……163
梵網戒……106,110,135
梵網経……90,106～108,110,135,137
梵網経科……107,165
梵網経会違通理鈔……107,165
梵網経手記……106

ま行——

摩訶衍論顕正疏……57,58
摩訶止観……113
松井太……11
松永有見……9,118,190
曼荼羅経……184,185,187～189,192～194
マンチュリア……3,5,62
万仏洞……195
弥陀山……42
弥陀邑……100
密檐式博塔……21,26,147,153,176,177
密教…6,8,9,11,16～18,51,66,118,121,125,128,130,131,133,134,137,138,147,167,169,170,176,182,190,197,210,211
密教系仏塔……176,190
宮坂宥勝……191
妙吉祥平等秘密最上観門大教王経……162,166,168,170,180,211
弥勒上生経疏科……57
弥勒上生経疏会古通今鈔……58
無畏三蔵禅要……133,134
向井佑介……154
無垢浄光陀羅尼……42
村田治郎……12
村松哲文……183,191
明晟……4,5,39,123,177
モンゴリア……3
文殊奴…5,6,9～11,15,20,27,36,38,39,41～46,54～57,61,73,110,176,177,194,208

や行——

薬師院……56
薬師公主……56
山崎宏……152
耶律……5,39
耶律思斉……68～74,76,209
耶律昌允……166,181
耶律大石……5
唯識……6,8,9,51,53,57,98,191
唯識論掇奇提異鈔……57

邑会·····10
裕窺·····90, 102, 104, 136, 137
雄州·····109
幽州·····7
祐世僧統·····67
楊堅·····152
揚州·····125
煬帝·····90
葉隆礼·····12
横内裕人·····11, 127

ら行──

ラオハ＝ムレン·····61, 62, 176
洛陽·····176
羅炤·····9
ラトナギリ·····193
李亜泉·····68
李錫厚·····177
利州·····92
李世温·····128
律·····6, 8, 51
李壽·····12
龍化州·····4
龍樹·····99
柳城·····58, 152
龍城·····195

龍翔仏寺·····195
里蓉·····146
梁·····104
良郷県·····97
遼史·····5, 12, 27, 28, 35～40, 54, 64, 68, 97, 98, 109, 110, 150, 177
遼上京博物館·····15, 52, 53
遼東行部志·····56
遼碑〔略号〕·····181
遼文〔略号〕·····13, 92
遼文続〔略号〕·····13
遼陽府·····29, 31, 37, 62
臨潢府·····4, 27, 29, 37, 38, 43, 52, 61, 62, 91, 150
礼懺·····91, 92
楼閣式塼塔·····21
六祖壇経·····69, 75
六聘山·····91

わ行──

和龍山·····59

Alphabet ──

Āṭānāṭiya-Suttanta·····191, 192
rakkhā·····191
Steinhardt·····12

藤原崇人（ふじわら・たかと）

1973年，大阪府生まれ。2001年，大谷大学大学院文学研究科仏教文化専攻博士後期課程満期退学。2012年，関西大学において博士（文学）取得。現在，関西大学東西学術研究所非常勤研究員・関西大学非常勤講師。専門は中国および北アジアを中心とする仏教史。論著に『草原の王朝・契丹国（遼朝）の遺跡と文物』（勉誠出版 2006年 共著），「元代華北における僧官の設置形態」（『内陸アジア史研究』第20号 2005年），「蕭妙敬と徒単太后──契丹（遼）仏教継承の一過程──」（宋代史研究会編『宋代中国の相対化』汲古書院 2009年），「草海の仏教王国──石刻・仏塔文物に見る契丹の仏教──」（荒川慎太郎ほか編『契丹［遼］と10～12世紀の東部ユーラシア』勉誠出版 2013年），「栴檀瑞像の遷転と10～14世紀東部ユーラシアの王権」（原田正俊編『日本古代中世の仏教と東アジア』関西大学出版部 2014年）などがある。

契丹仏教史の研究

2015年2月28日　初版第1刷発行

著　者	藤　原　崇　人	
発 行 者	西　村　明　高	
発 行 所	株式会社 法　藏　館	

〒 600-8153
京都市下京区正面通烏丸東入
電話　075（343）0030〔編集〕
　　　075（343）5656〔営業〕

装　　幀　　佐藤篤司
印刷・製本　　中村印刷株式会社

© 2015 Takato Fujiwara

ISBN978-4-8318-7388-0 C3022　　　　*printed in Japan*

モンゴル仏教の研究	嘉木揚凱朝	著	13,000円
アジアの灌頂儀礼　その成立と伝播	森　雅秀	編	4,000円
南北朝隋唐期佛教史研究	大内　文雄	著	11,000円
中国佛教史研究　隋唐佛教への視角	藤善　眞澄	著	13,000円
敦煌　密教と美術	田中　公明	著	18,000円
増補　敦煌佛教の研究	上山　大峻	著	20,000円
中国隋唐　長安・寺院史料集成 史料篇・解説篇	小野　勝年	著	30,000円
トルファン出土漢文仏典断片選影 旅順博物館蔵	旅順博物館・龍谷大学編		80,000円
高昌残影 出口常順蔵 トルファン出土仏典断片図録	藤枝　晃	編	200,000円

法藏館　　　　　　　　　　価格は税別